JN025143

3

最新 精神保健福祉士養成講座

一般社団法人 日本ソーシャルワーク教育学校連盟　編集

精神障害
リハビリテーション論

中央法規

刊行にあたって

　このたび、新カリキュラムに対応した社会福祉士と精神保健福祉士養成の教科書シリーズ（以下、本養成講座）を一般社団法人日本ソーシャルワーク教育学校連盟の編集により刊行することになりました。本養成講座は、社会福祉士・精神保健福祉士共通科目 13 巻、社会福祉士専門科目 8 巻、精神保健福祉士専門科目 8 巻の合計 29 巻で構成されています。

　社会福祉士の資格制度は、1987（昭和 62）年に制定された社会福祉士及び介護福祉士法により創設されました。後に、精神保健福祉士法が制定され、精神保健福祉士の資格制度が 1997（平成 9）年に創設されました。それから今日までの間に両資格のカリキュラムは 2 度の改正が行われました。本養成講座は、2019（令和元）年度の両資格のカリキュラム改正に伴い、刊行するものです。

　新カリキュラム改正のねらいは、地域共生社会の実現に向けて、複合化・複雑化した課題を受けとめる包括的な相談支援を実施し、地域住民等が主体的に地域課題を解決していくよう支援できるソーシャルワーカーを養成することにあります。地域共生社会とは支援する者と支援される者が一体となり、誰もが役割をもって生活していくことができる社会です。こうした社会を創り上げる担い手として、社会福祉士や精神保健福祉士が期待されています。

　そのため、本養成講座の制作にあたって、❶ソーシャルワーカーとしてアセスメントから支援計画、モニタリングに至る PDCA サイクルに基づく支援ができる人材の養成、❷個別支援と地域支援を一体的に対応でき、児童、障害者、高齢者等のさまざまな分野を横断して包括的に支援のできる人材の養成、❸「講義―演習―実習」の学習循環をつくることで、実践現場に密着した人材養成をする、を目的にしています。

　社会福祉士および精神保健福祉士になるためには、ソーシャルワークに必要な五つの科目群について学ぶことが必要です。具体的には、①社会福祉の原理・基盤・政策を理解する科目、②複合化・複雑化した福祉課題と包括的な支援を理解する科目、③人・環境・社会とその関係を理解する科目、④ソーシャルワークの基盤・理論・方法を理解する科目、⑤ソーシャルワークの方法と実践を理解する科目です。それぞれの科目群の関係性と全体像は、次頁の図のとおりです。

　これらの科目を本養成講座で学ぶことにより、すべての学生がソーシャルワークの基盤を修得し、社会福祉士ならびに精神保健福祉士の国家資格を取得し、さまざまな領域でソーシャルワーカーとして活躍され、ソーシャルワーカーに対する社会的評価を高めてくれることを願っています。

社会福祉士養成教科書の全体像

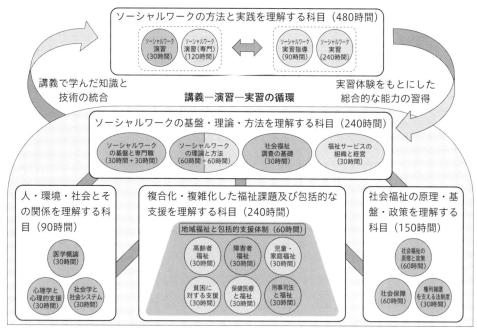

出典：厚生労働省「(別添)見直し後の社会福祉士養成課程の全体像」(https://www.mhlw.go.jp/content/000604998.pdf) より本連盟が改編

精神保健福祉士養成教科書の全体像

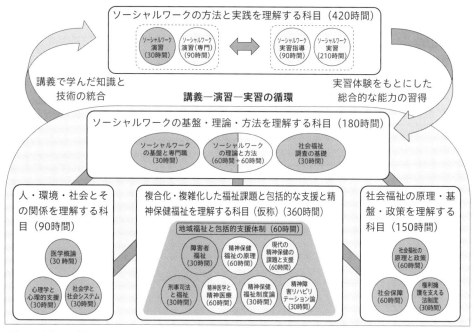

出典：厚生労働省「(別添)見直し後の社会福祉士養成課程の全体像」を参考に本連盟が作成

2020（令和2）年12月1日

一般社団法人日本ソーシャルワーク教育学校連盟
会長　白澤政和

はじめに

　2011（平成23）年に厚生労働省は、がん、脳卒中、心臓病、糖尿病という4大疾病に新たに精神疾患を加え、5大疾病とした。この背景には、厚生労働省が実施した2008（平成20）年の患者調査において、精神疾患の患者数が約323万人いることが明らかにされたということがある。これは、4大疾病で最も患者数が多い糖尿病（約237万人）を大きく上回り、がん（約152万人）の2倍に上っている。また、精神障害を原因とする労災認定件数の増加を受け、2014（平成26）年の労働安全衛生法の改正により、一定規模以上の事業場でストレスチェック制度の実施が義務づけられた。さらに、2022（令和4）年度からは高等学校の保健体育の教科書に精神疾患の記述が盛り込まれることになった。

　このようなメンタルヘルスを取り巻く環境の変化に伴い、精神保健福祉士が果たす役割は拡大し、従来の統合失調症者の地域移行支援やその後の地域定着支援、就労に関する支援だけでなく、精神保健に関する多様な支援もその視野に入ってきている。

　精神保健福祉士の配置・就労状況も変化している。従来、多くの精神保健福祉士は精神科病院に勤務していたが、その割合は2001（平成13）年には50.5％、2019（令和元）年には27.9％と減少している。これに対し、障害福祉サービス事業所などで働く精神保健福祉士は、2001（平成13）年の20.0％から2019（令和元）年には50.2％になるなど、増加している。保健（行政など）、教育（各種学校など）、司法（更生保護施設、刑務所等）や産業・労働（公共職業安定所（ハローワーク）、EAP企業、一般企業など）等、精神保健福祉士の活躍の場は拡大している。

　また、2013（平成25）年には、地域社会における共生の実現に向けて、社会参加の機会の確保および地域社会における共生、社会的障壁の除去に資するよう障害者自立支援法が改正され、障害者の日常生活及び社会生活を総合的に支援するための法律（障害者総合支援法）が施行された。さらに、2017（平成29）年には、「これからの精神保健医療福祉のあり方に関する検討会」報告書において、精神障害者が地域の一員として安心して自分らしい暮らしができるよう、医療、障害福祉・介護、社会参加、住まい、地域の助け合い、教育が包括的に確保された「精神障害にも対応した地域包括ケアシステム」の構築を目指すことが新たな理念として明記された。このほか、アルコール、薬物、ギャンブル等の各依存症などへの対策として、人材育成や依存症専門医療機関および依存症治療拠点機関等の地域の医療・相談支援体制の整備を推進することや、予防および相談から治療、回復支援に至る切れ目のない支援体制の整備の

推進が進められている。このようななか、制度横断的な知識を有し、適切なアセスメント、支援計画の策定・評価、関係者の連携・調整・資源開発までできるような、包括的な相談支援を担える人材が求められている。

　さて、「精神障害リハビリテーション論」は、旧専門科目にあった「精神保健福祉の理論と相談援助の展開」の内容のうち、「精神障害リハビリテーション」にかかわる部分が独立分離して新しい科目となったものである。このため、本書では、精神保健ソーシャルワークと精神障害リハビリテーションの関係を整理したうえで、精神障害リハビリテーションの内容について詳しく述べる形とした。また、今回の編集方針として、従来から行われているSST（社会生活技能訓練）や認知行動療法に加え、近年の新しい取り組みとしての家族支援、TEACCHプログラム、リカバリーカレッジ、マインドフルネス、オープンダイアローグ、当事者研究、ケアラーの支援、依存症のリハビリテーションとしてのSMARPP（スマープ）、CRAFT（クラフト）などについても取り上げている。

　読者には、社会の変化に対応するために求められるようになった精神障害リハビリテーションと、拡大する精神保健福祉士の役割についてしっかり学習してほしい。また、本書の執筆者はいずれも我が国におけるその分野の第一人者ばかりであり、最新の情報を盛り込むことができたと考えている。ぜひ、精神障害リハビリテーションの理念・方法を学んでほしい。

　なお、シリーズを通して、アクティブ・ラーニングに役立てるように、さらなる学びのヒントも示した。この教科書をきっかけにして、精神障害リハビリテーションへの理解を深めることを期待している。

編集委員一同

目次

第 5 章　精神障害リハビリテーションの動向と実際

本書では学習の便宜を図ることを目的として、以下の項目を設けました。

- ・学習のポイント……各節で学習するポイントを示しています。
- ・重要語句……………学習上、特に重要と思われる語句を色文字で示しています。
- ・用語解説……………専門用語や難解な用語・語句等に★を付けて側注で解説しています。
- ・補足説明……………本文の記述に補足が必要な箇所にローマ数字（ⅰ、ⅱ、…）を付けて脚注で説明しています。
- ・Active Learning……学生の主体的な学び、対話的な学び、深い学びを促進することを目的に設けています。学習内容の次のステップとして活用できます。

第1章

精神障害リハビリテーションとソーシャルワーク

　精神障害リハビリテーションは、従来は、精神医学リハビリテーション（精神科リハビリテーション）あるいは精神障害者リハビリテーションとされていた。しかし、医学的な治療が中心であった精神医学リハビリテーションは、歴史の経過のなかで本人主体の思想やリカバリーの哲学の影響を受け大きく変化してきている。

　このことにより、医学的な回復にとどまらず、一人の人として尊厳のある社会生活を送ることを保障することも視野に入れることが重視されるようになった。本章では、これらのことについて整理し、精神保健福祉士が行うソーシャルワークと精神障害リハビリテーションの関係を概説したい。

精神障害リハビリテーションとソーシャルワークの関係

学習のポイント

● 精神障害リハビリテーションの要素と特徴を理解する
● 精神保健ソーシャルワークの機能を理解する
● 精神障害リハビリテーションと精神保健ソーシャルワークの違いを理解する

1 精神障害リハビリテーションという用語について

Active Learning

歴史的な視点に立って、「精神障害リハビリテーション」という言葉の意義を考えてみましょう。

　精神障害リハビリテーションという用語は比較的新しいもので、従来は、精神科リハビリテーション（psychiatric rehabilitation）と呼ばれる用語が主に用いられていた。これは、精神障害者への対応としてのリハビリテーションが、医療の枠組みのなかで治療を行うということとして捉えられていたことを示している。しかし、1960 年代には個人の精神疾患の治療が最初にあるものの、しだいにリハビリテーションの対象領域は、医療の枠を超えて拡大され、精神障害者が生活する環境をもリハビリテーションの対象として視野に入れられるようになった。また、精神障害は、疾病と障害が併存しているとされる。そのため、疾病のみに限定するのではなく、疾病が影響して精神障害者の生活に支障が生まれると考えられるようになった。このほか、精神障害リハビリテーションの基礎である心理社会的治療・援助方法も急速に発展を遂げた。

　このような変化に伴い、1990 年代以降、医療中心の「精神科リハビリテーション」という用語ではなく、精神障害者という生活する人に焦点を当てた「精神障害者のリハビリテーション」や「精神障害者リハビリテーション」という用語が用いられるようになった。[1]そして、日本精神障害者リハビリテーション学会は、精神障害という用語が「精神疾患（mental disorder）」を意味する場合と、「精神の障害（mental disability）」を指すということを整理し、その両方の意味を含む「精神障害リハビリテーション」という用語を使用することを提案した。[2]また、精神障害リハビリテーションでは、精神障害者の社会生活全体を範囲として支援を行う必要性を指摘し、医師だけでなく、看護師、心理技術者、作業療法士等のコメディカルスタッフや社会福祉の専門職であるソー

シャルワーカー、その他就労や教育等の社会生活全般に関する専門家の多職種が、リハビリテーションにかかわるとしている。

　さらに近年、心理社会的リハビリテーション（phyco-social rehabilitation）という用語が使われるようになっている。また、地域での生活を中心とした地域リハビリテーション（community based rehabilitation：CBR）という考え方も提唱されている。

2　精神障害リハビリテーションとは

　精神障害リハビリテーションとソーシャルワークの関係を整理する際に、注意すべきことがある。精神障害リハビリテーションにおいては、医療、治療による精神症状の軽減が最初にあるということである。しかし、それにとどまらず、精神障害リハビリテーションの範囲は、社会環境の整備も含まれるようになってきており、拡大している。

　野中猛は、精神障害リハビリテーションを構成する要素を図1-1のように整理している。そして、「リハビリテーションは、症状軽減だけが目的ではなく、生活や人生の回復を目指すために、医療だけで解決するものではない」と述べている。ポイントを紹介する。

1　精神障害リハビリテーションの構成要素

❶疾病と障害に対する対策

・病気の特徴を理解し、対処するための薬物療法、対処技能の獲得、助言や保護を用意することが求められる。
・本人だけでなく、家族も病気に対処できるように教育を受ける。

❷障害をもつ者自身が主人公

・生活や人生の回復には、主体としての自分を取り戻すリカバリー（recovery）が求められる。
・リハビリテーションは、当事者と支援者が協働することが必要である。

❸目標と希望から始まる

・リハビリテーションには、生活目標と希望が不可欠である。
・サービス利用者自身が、自分が選んだ目的達成のために訓練を行う。

❹家族への支援

・家族はさまざまな心配や負担を抱えており、家族も支援が求められる。

★心理社会的リハビリテーション
1996年のWHOの定義では、①精神疾患による障害を対象にすること、②障害者が地域で自身にとって最適な自立レベルでの生活を目指すこと、③個人の力を高めることと環境を変えることの両面を含むこと、④さまざまな分野とレベルを含む複合的であること、⑤提供する方法は地理的・文化的・政治的・組織的条件によって異なること、が示されている。

★地域での生活を中心とした地域リハビリテーション
「障害をもつすべての人々のリハビリテーション、機会の均等、社会への統合を地域の中において進めるための戦略であると言われる。CBRは、障害をもつ人々とその家族、そして地域、さらに適切な保健、教育、職業および社会サービスが統合された努力により実践される」と表現されている。大田仁史編著，浜村明徳・下斗米貴子・澤俊二『地域リハビリテーション論Ver.7』三輪書店，pp.9-10，2018.

図1-1　精神障害リハビリテーションの構成要素

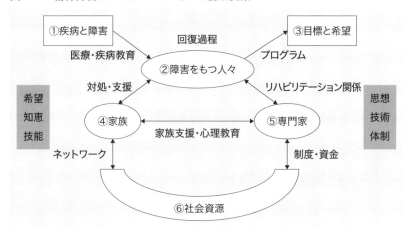

出典：野中猛『精神障害リハビリテーション論』岩崎学術出版社，p.18，2006.

❺専門家の技術

・病気そのものの治療のほかに、障害の特徴を踏まえた認知行動の障害への対応、障害をきちんと捉えたうえでの訓練や支援が求められる。

・さらに、支援では多職種協働が必要である。

❻社会環境の整備

・支援が十分に活かされるには、社会環境の整備が求められる。

・社会環境に働きかけることもリハビリテーション活動に含められる。

2 心理社会的リハビリテーションの要素

　精神障害リハビリテーションと同じ意味で用いられる心理社会的リハビリテーションにおいては、そのアプローチを特徴づける10の重要な要素が示されている。それらは、次のとおりである[5]。

❶個別化

　サービスは個人に合わせてカスタマイズする必要がある。プログラムの実施が非常に柔軟にでき、個人の選択によって変える必要がある。

❷希望

　最も重度の障害者でも、変化し成長する可能性を信じる。人は誰もが、開発される未活用の人的能力をもっている。

❸クライエント指向

　個人には、自己決定の権利と責任がある。これは、消費者がサービスと受ける期間などの決定を行うことを意味する。

④スキルに焦点を当てる

リハビリテーションの中核は、スキルの習得を通じて能力を高める。

⑤強さと能力

症状の軽減や過去の問題ではなく、現在の強さと能力に重点を置く。

⑥環境固有

特定の環境に関連して、強さと能力を評価する必要がある。また、スキルは使用される環境に関連して教えられる必要がある。

⑦環境サポート

環境を修正し外部サポートを構築することは、スキルを教えるのと同様に重要である。社会の変化（態度、権利、法律等の変更）が含まれる。

⑧パートナーシップアプローチ

専門的権威による障壁がない、親密な環境をつくることが不可欠。

⑨継続的なサポート

サポートが継続的に提供されることで、多くの困難を抱えた精神障害者が成功している。

⑩バランスの取れたスキルとサポート

人は、一度に一つか二つのスキルの向上／学習にのみ集中できる。そのため、現在向上に取り組んでいるスキルを習得し、または改善できるようになるためには、スキルが不足する領域のサポートを提供する必要がある。したがって、スキルとサポートは常に互いにバランスを取るようにする必要がある。

◼3 精神障害リハビリテーションの特徴

以上のことから、精神障害リハビリテーションの特徴を次の五つに整理する。

❶　精神疾患の治療とその対応から始まっている。

❷　当初は入院医療のなかでの対応が中心であった。

❸　精神疾患の軽減に伴い、退院後の地域生活での困難への対応が含まれるようになった。

❹　現在では治療のみならず、地域生活を送るために必要な環境への働きかけを含む。

❺　上記のため、コメディカルスタッフやソーシャルワーカーなどの福祉職を含む多職種での対応が重要である。

3 ▶ 精神保健ソーシャルワークとは

　一方で、精神保健ソーシャルワークは、精神障害があることによって生じる、一人の人としての尊厳が護れないことへの対応から始まっている。精神障害があることによって、無理解や偏見、差別を受け、人として当たり前と考えられるべき地域での生活や就労、結婚等の社会的人間としての活動に制限を受けたり、自己選択や自己決定などの活動の支障や社会的な排除が生じてしまうことへの対応である。そして、社会正義が護られないことや権利侵害への怒りと対応でもある。

■1 ソーシャルワーク専門職のグローバル定義

　ソーシャルワークとは何かについては、ソーシャルワークの定義に示されている。ここでは、国際的なソーシャルワークの団体であるIFSW（International Federation of Social Workers：国際ソーシャルワーカー連盟）およびIASSW（International Association of Schools of Social Work：国際ソーシャルワーク学校連盟）によって定められているソーシャルワーク専門職のグローバル定義を紹介する。

> 　ソーシャルワークは、社会変革と社会開発、社会的結束、および人々のエンパワメントと解放を促進する、実践に基づいた専門職であり学問である。社会正義、人権、集団的責任、および多様性尊重の諸原理は、ソーシャルワークの中核をなす。ソーシャルワークの理論、社会科学、人文学、および地域・民族固有の知を基盤として、ソーシャルワークは、生活課題に取り組みウェルビーイングを高めるよう、人々やさまざまな構造に働きかける。

　これに続き、ソーシャルワーク専門職のグローバル定義では、構造的障壁が人々のウェルビーイングと発展の障壁になることを述べている。そして、ソーシャルワーク専門職の中核となる任務として、社会変革・社会開発・社会的結束の促進、および人々のエンパワメントと解放があるとしている。構造的障壁は、不平等・差別・搾取・抑圧の永続につながることや、人種・階級・言語・宗教・ジェンダー・障害・文化・性的指向などに基づく抑圧や、特権の構造的原因の探求を通して批判的意識を養うこと、そして構造的・個人的障壁の問題に取り組む行動戦略を立てることは、人々のエンパワメントと解放をめざす実践の中核をなす。

★ソーシャルワーク専門職のグローバル定義
ソーシャルワーク専門職のグローバル定義は、数年間の検討を経て、2014年にIFSWおよびIASSWのメルボルン総会において採択された。定義は、「IFSW」のWebページの「APA Social Work?」のなかにある「GROBAL DEFINITION OF SOCIAL WORK」に示されている。https://www.ifsw.org/wp-content/uploads/ifsw-cdn/assets/ifsw_64633-3.pdf

不利な立場にある人々と連帯しつつ、この専門職は、貧困を軽減し、脆弱で抑圧された人々を解放し、社会的包摂と社会的結束を促進すべく努力するとされている。

このように、元来、ソーシャルワークは社会的な仕組みによって生じる貧困やその他人間のウェルビーイングを阻害するものへの対応である。そして、ソーシャルワーク専門職のグローバル定義においては、以下のことが原則として示されている。

> ソーシャルワークは、第一・第二・第三世代の権利を尊重する。第一世代の権利とは、言論や良心の自由、拷問や恣意的拘束からの自由など、市民的・政治的権利を指す。第二世代の権利とは、合理的なレベルの教育・保健医療・住居・少数言語の権利など、社会経済的・文化的権利を指す。第三世代の権利は自然界、生物多様性や世代間平等の権利に焦点を当てる。これらの権利は、互いに補強し依存しあうものであり、個人の権利と集団的権利の両方を含んでいる。

精神障害者を対象としたソーシャルワークにおいては、特に、第一世代の権利である誤解と偏見に基づく拷問や恣意的な拘束からの自由の侵害への対応が求められる。そして、精神障害があることから生じる第二世代の権利、すなわち教育・保健医療・住居や社会経済的権利の侵害への対応が求められる。また、地域を基盤としたソーシャルワークの機能が八つ示されている。

これらを整理すると、ソーシャルワークは、一人の人としてのウェルビーイング（尊厳）が侵害される状況への働きかけから始まっている。その状況は、その社会の仕組み・社会システムに起因した構造的障壁として捉えられる。そして、実際に困っている人に対しては、個別の対応を行いつつ、権利擁護活動も行う。さらに、社会環境（システム）に対して、困難を生み出さないように働きかける。

人のウェルビーイングを阻害するものとして、第一・第二・第三世代の権利の侵害があるが、そのなかには、精神障害があることによって生じるものが多く含まれる。それは、さまざまな生活ニーズ充足の困難をはじめとすることである。さらに、精神障害者はこれらの権利の侵害を重複して受けることがある。例えば、第一世代の権利侵害としては、精神障害に対する誤解や偏見によって、谷中輝雄が提唱した「ごく当たり前の生活」が阻害される。また、精神障害者の強制的な入院や社会的入院がある。次いで、第二世代の権利侵害としては、地域生活を送るため

★ **地域を基盤としたソーシャルワークの八つの機能**
❶広範なニーズへの対応、❷本人の解決能力の向上、❸連携と協働、❹個と地域の一体的支援、❺予防的支援、❻支援困難事例への対応、❼権利擁護活動、❽ソーシャルアクション、である。岩間伸之「地域を基盤としたソーシャルワークの機能——地域包括支援センターにおけるローカルガバナンスへの視角（特集地域福祉の視点から見るローカル・ガバナンス）」『地域福祉研究』第36巻，p.38，2008.

Active Learning
ウェルビーイングを阻害する要素について理解し、その解消のために求められる精神保健福祉士の役割について考えてみましょう。

★ **第一世代の権利**
自由権のことである。国民主権、基本的人権の尊重、所有権をいう。結社と表現の自由、信教の自由、職業選択の自由、移転の自由、不当に逮捕されない権利等がある。

★ **第二世代の権利**
社会権のことである。労働権、教育権、社会保障による生活権をいう。国家の財政出動による社会保障である福祉権・生活権・幸福追求権が制度化された。

★ 第三世代の権利
連帯の権利のことである。発展と人間開発・環境・平和の権利をいう。人権の適用範囲は、個人権から民族・集団の権利へと拡大した。

の居住の確保が難しいこと、学校教育での合理的配慮を受けられないこと等がある。そして、第三世代の権利侵害としては、就労ができにくいことによる社会貢献が阻害されることである。

　障害をもちつつも社会参加をするためには、さまざまなスキルも求められる。したがって、社会の一員として社会参加し、連携し協働するためには、精神障害者本人のスキルアップへの支援も必要となってくる。また、精神障害者との関係をつくり、維持するためには、本人と接する家族、同僚、上司、地域の人との関係づくりも重要となる。

■2 精神障害リハビリテーションと精神保健ソーシャルワークの違い

　このように見ていくと、結果として精神障害リハビリテーションと精神保健ソーシャルワークでは、同じような活動をしていても、精神障害者の困難を考える際の、出発点としての視座が異なることがわかる。ここでは、精神障害者の生活困難や権利の侵害への対応などを中心に述べたが、疾病や障害以外のことが原因の困難や権利の侵害もある。精神保健ソーシャルワークの場合には、人のウェルビーイングを阻害するさまざまな問題に対しても関わるという特徴がある。

◇引用文献
　1）野中猛『精神障害リハビリテーション』金剛出版，p.7，2006．
　2）蜂矢英彦・岡上和雄監『精神障害リハビリテーション学』金剛出版，p.2・9，2014．
　3）British Columbia Psychosocial Rehabilitation「*What is Psychosocial Rehabilitation?*」「*Psychosocial rehabilitation (also termed psychiatric rehabilitation or PSR)*」https://www.psyrehab.ca/pages/what-is-psr
　4）野中猛『精神障害リハビリテーション論』岩崎学術出版社，p.18，2006．
　5）前出3）

精神障害リハビリテーションにおける精神保健福祉士の役割

学習のポイント

● 精神障害リハビリテーションの原理を理解する
● ソーシャルワークの価値を理解する
● 精神障害リハビリテーションにおける多職種連携について理解する

1 精神障害リハビリテーションの原理

　精神保健福祉士は、ソーシャルワークを行うとともに、精神障害リハビリテーションを多職種連携によって行う際のメンバーでもある。そこで、精神保健福祉士が精神障害リハビリテーションにおいて果たす役割について整理していく。

　まずは、精神障害リハビリテーションの原理を示す。この原理は、元々精神科リハビリテーションの原理であるが、その内容は精神障害リハビリテーションにもあてはまる価値が示されている。

　レスラー（Rössler, W.）とドレイク（Drake, R. E.）は、精神科リハビリテーション（psychiatric rehabilitation）の原理として、リカバリー（recovery）の理念をその基盤として示している。[1) さらに、原理として❶自主性の尊重（respect for autonomy）、❷治療関係（therapeutic relationships）、❸意思決定の共有（shared decision-making）、❹スキルアップ（enhancing skills）、❺機会の増加（increasing opportunities）、❻差別とスティグマを最小限にするための支援の提供と環境改善（providing supports and improving the environment to minimize discrimination and stigma）の六つをあげている。そして、これらを実際に活用した支援の例として、個別就労支援プログラム（individual placement and support：IPS）と科学的根拠に基づく援助付き雇用（the evidence-based model of supported employment）を紹介している。

★ 個別就労支援プログラム（IPS）
精神障害者の就労したいという希望を尊重する。最初に就労（placement）を行い、そのうえで必要とされる個別の支援を行う。訓練してから就労するという従来の考え方と対比される。個別職業紹介とサポートによる援助付き雇用などとも訳されて使われている。

★ 科学的根拠に基づく援助付き雇用
科学的研究によって成果がある（根拠がある）と判断された雇用のこと。科学的根拠のある雇用のためには、一定の支援基準（フィデリティ）があり、その基準を忠実に行うことで成果が出ることが証明されている。

❶自主性の尊重

現代の自由主義的な民主主義においては、倫理的に法律に基づいた決定の権利をもっており、人の権利は極端な状況でのみ制限を受ける。重度の精神疾患をもつ人々には選択の権利があり、生活のさまざまな場面で自主的に行動する（選ぶ、拒否する）ことができる。強制は、可能な限り回避することができる。

❷治療的な人間関係

精神科リハビリテーションを効果的に行うには、クライエントと専門職間に密接な関係が必要である。そのため、他者との関係のなかで最も深刻な障害をもつ精神障害者には、治療的な人間関係が必要である。「自主性の尊重」は、治療的な人間関係のなかでうまくいく。

❸意思決定の共有

意思決定の共有には、専門家と精神障害者との協働が必要である。互いに治療や個人の目標等に関する情報を提供しあうことが重要である。たとえばIPSでは、精神障害者本人が仕事の選択、達成、雇用の継続などに関する意思決定を行う。また、精神障害者本人がしたいことが実現するように話し合い、支援を行う。

❹スキルアップ

IPSでは、就職したうえで、そこで必要なスキルを訓練する（place-then-train）。精神障害者にとって、実際の仕事に必要なスキルを学ぶため、効果が高い。

❺機会の増加

従来は専門家のサポートが中心だったが、家族等の対応スキルを向上させ、現実場面での友人、家族、家主、上司、同僚、教師などによる自然なかたちでのサポート（natural support：ナチュラルサポート）を可能にすることが重要だと考える。また、ピアサポートも重要である。

❻差別とスティグマを最小限にするための支援の提供と環境改善

地域で生活するには、住宅、雇用、社会参加、市民権の行使などの機会の保障が必要である。また、これらを活用できるようにするために、精神障害者を対象としたさまざまなサポートを行う。そのためには、障害者を対象とした法律、労働に関する法律の活用をしていく。また、精神障害者の雇用を拡大するために雇用主に対しても、障害を理解してもらったり、どのような対応が求められるかを知り、実際に対応の仕方を練習したりできるように支援する。

2 ソーシャルワークの価値

次に、精神障害者へのソーシャルワーク実践の基盤であるソーシャルワークの価値について説明する。ソーシャルワークはさまざまな分野と領域で行われているが、これらすべての元になっているものがソーシャルワークの価値である。

Active Learning
精神障害リハビリテーションの原理で示されている内容とソーシャルワークの価値を比較し、その結びつきについて検討してみましょう。

1 ソーシャルワーク固有の価値

ソーシャルワークには固有の価値があり、前述のソーシャルワークを実現するためには、これらが重要な役割を果たす。ソーシャルワークの価値としては、次のようなものがある。[2] この価値を実現するために、ソーシャルワーカーは専門職として存在するといえよう。

❶人権の尊重

ソーシャルワークでは、人間は「すべてかけがえのない存在」とし、人間の存在そのものを尊重する。人間は、障害のあるなし、性別、人種、年齢等に関係なく、人として尊厳のある存在であるとする価値である。

❷自己実現の権利

ソーシャルワークでは、個人は自己実現の権利をもつ存在であるとする。精神障害があっても、ない人と同じようにニーズをもち、ニーズの充足を通して社会的に価値のある存在として自己実現する。

❸自己決定の権利

ソーシャルワークでは、個人は自己実現の方法として自己決定の権利をもっている存在であるとする。すべての人は、自分のことは自分で知り、自分で考え、自分で決定したいという欲求をもっている。

❹問題の社会性

ソーシャルワークでは、個人の問題は人と環境の相互作用のなかで生まれるものであるとする。個人が抱える問題は、個人のみに責任があるのではなく、個人が接する他者との関係、あるいは他者が属する社会の仕組みや制度・習慣などによって大きく影響を受ける。個人に変化がなくても、環境が変われば問題でなくなることもある。

❺援助の価値

ソーシャルワークでは、前述のことを踏まえ、個人が所属する社会のなかで尊重され、自己実現、自己決定ができるように援助する。

■2 ソーシャルワークにおける重要な視点

　ソーシャルワークは、前述の❶〜❺の価値を実現するための活動である。そのため、これらの価値を実現するためにさまざまな原理や原則があり、ソーシャルワーカーに具体的な活動が求められる。

　このほか、ソーシャルワークにおいて、重要とされる視点として、ストレングスとエンパワメント、リカバリー、レジリエンスがある。

❶ストレングス

　ストレングス（strength）は、「強さ」「強み」と訳される。人は障害があっても潜在的に「強さ（ストレングス）」をもっていると考える。

　多くの精神障害者は、自分のもつ障害や置かれている状況によって、自分自身の「強さ」に対して自信をもつことができず、さまざまなことにチャレンジしようとしても、うまくいくという経験を積むことが困難である。その結果、自分はだめであると思いこんでいることが多い。

　ストレングスという考え方では、自分自身のことや生活状況については精神障害者自身が一番よく知っていると考える。そして、さまざまな状況のなかで、本人が本来潜在的にもっている「強さ」が発揮できなかったのだとする。なお、ストレングスには、精神障害者自身がもつストレングスと、環境がもつストレングスがある。

❷エンパワメント

　ソーシャルワークの領域でエンパワメント（empowerment）を援助理念として示したのはソロモン（Solomon, B.）である。ソロモンは、エンパワメントを、「スティグマ化された集団の構成メンバーであることに基づいて加えられた否定的な評価と差別的な待遇によってつくられたパワーの欠如状態（powerlessness）を減らすことを目的に、ソーシャルワーカーがクライエントとともに取り組んでいく過程」と定義している[3]。また、古寺久仁子はエンパワメント概念を整理し、「生態学的な人と環境との交互作用の理解を基盤とし、『スティグマを負った人々』『抑圧されたグループのメンバー』である人々や集団、コミュニティが、『パワーの欠如した状態（powerlessness）』にあるとき、そのような個人と集団、コミュニティが、ソーシャルワーカーとの対等なパートナーシップを媒介に、個人的・社会的（対人関係的）・政治的なパワーを取りもどし、さらに強化していく過程であり、それが可能になることを目指すものである」[4]としている。

　すべての人にはストレングスがあるが、環境との関係のなかでうまく発揮することができない。この状態をパワーレス（powerless）という。

せっかく力があっても、発揮できないのである。ここでいう環境として重要なものは、まずは周囲の人である。人と環境との接点としては、周囲の人との関係が大きな意味をもつ。精神障害者は、日常生活で関わる人との関係のなかでパワーレスを経験するからである。もちろん、周囲の人も含めて、より大きな地域や社会制度、文化などの影響も大きい。

　潜在的なストレングスは環境との関係のなかで発揮されるときにパワーとなる。パワーとは適応能力とされ、それは環境との肯定的な自己評価、満足感と関係しており、対人関係や環境に関わるものである[5]。また、パワーとは他者に影響を与えることができる能力であり、他者との関係のなかでの能力といえる。なお、「エンパワメントはエンパワメントアプローチとセルフエンパワメントの二つの側面に分けることができ、エンパワメントを当事者がエンパワーする活動としたときに、ソーシャルワーカーの視点と当事者の視点のどちらから捉えるか」[6]が重要である。

❸リカバリー

　リカバリーについて、SAMHSA（Substance Abuse and Mental Health Services Administration：米国薬物乱用精神保健管理局）は、「リカバリーとは、個人が自分の病気がない状態（ヘルス：health）と元気な状態（ウェルネス：wellness）を改善し、自主的な生活を送り、潜在能力を最大限に発揮する変化のプロセスである」[7]としている。そして、「この定義では、リカバリーを到達した状態としてではなく、プロセスとして説明している。完全な症状の寛解は、回復の前提条件でもプロセスの必要な結果でもない。リカバリーには、専門的な臨床治療を含む多くの経路がある。それは、薬物の使用、家族や学校からの支援、信仰に基づくアプローチ、ピアサポート、その他のアプローチである。また、リカバリーした人生をサポートする四つの主要な方法がある」[8]としている。

　その四つは、以下のとおりである。

❶　健康：症状を克服、管理、またはよりうまく生きることを学び、身体的および情緒的な健康をサポートする健康的な選択をする

❷　ホーム：安定した安全な住まい

❸　目的：仕事、学校、ボランティア活動、創造的な努力など、有意義な日常活動。自主的な生活を送る能力の向上。社会への有意義な関与

❹　コミュニティ：サポート、友情、愛、希望を提供する関係とソーシャルネットワーク

❹レジリエンス

レジリエンス（resilience）とは、「回復力」「復元力」、あるいは「弾力性」と訳される用語である。精神保健福祉領域では、逆境から素早く立ち直り、成長する能力[9]、あるいは、極度の不利な状況に直面しても、正常な平衡状態を維持することができる能力[10]といわれている。統合失調症を発症した人の予後から、患者によって転帰が良好だった人と不良だった人を比較検討した際に、背景要因に大きな違いがあったことが研究成果から示されている。また、低出生体重児として生まれたこと、精神疾患の親、不安定な家庭環境などのさまざまなリスクをもった子どもの1/3が良好な発達、適応をとげたこと、その他、親以外の養育者（おば、ベビーシッター、教師等）などとの強い絆や、教会やYMCA（Young Men's Christian Association：キリスト教青年会）などのコミュニティ活動への関与が、レジリエンスに重要であることを示した研究もある。

このようにレジリエンスとは、「リスクや逆境にもかかわらず、よい社会適応をすること」という意味である。そして、レジリエンスを定義するには、「リスク」あるいは「逆境」と、「よい社会適応」という二つの要素が必要となる。

3 精神障害リハビリテーションにおける多職種連携

精神障害者への支援を行うにあたって、包括的な支援を行うには、医師、看護師、心理技術者、作業療法士、精神保健福祉士（＝精神保健ソーシャルワーカー）をはじめ、インフォーマルな社会資源である家族、友人、地域の人々との連携が求められる。

1 多職種連携の定義

多職種連携とは、専門職連携実践（専門職連携、専門職共働）のことで、定義は、「保健医療福祉の2つ以上の領域（機関の異同は問わない）の専門職が、それぞれの技術と知識を提供し合い、相互に作用しつつ、共通の目標の達成を患者・利用者とともに目指す援助活動」である[11]。

2 精神保健福祉における多職種連携

精神保健福祉領域では、厚生労働省による「良質かつ適切な精神障害者に対する医療の提供を確保するための指針」（2014年）において、

医療従事者と精神障害者の保健福祉に関する専門的知識を有する者との連携に関する事項のなかに「精神科医療の質の向上、退院支援、生活支援のため、多職種との適切な連携を確保する」こと、および「チームで保健医療福祉を担う専門職種その他の精神障害者を支援する人材の育成と質の向上を推進する」ことが示されている。特に、地域医療に関しては、アウトリーチ（多職種チームによる訪問支援）について「医師、看護職員、精神保健福祉士、作業療法士等によるアウトリーチ（多職種チームによる訪問支援）を行うことのできる体制を病院及び診療所において整備し、受療が必要であるにもかかわらず中断している者や長期入院後退院し病状が不安定な者等が地域で生活するために必要な医療へのアクセスを確保する」とある。

3 多職種連携の種類と特徴

多職種連携の特徴は、大きく分けて三つに分類される[12][13]。それは、次のようなものである（**表1-1**）。

現時点では、これらのなかでもマルチディシプリナリーチームに関する研究では、マルチディシプリナリーモデルが専門サービスを提供するチームの標準となっていると報告されている[14]。他方、精神保健福祉領域では、ACT（assertive community treatment：包括型地域生活支援）チームにおけるチームはトランスディシプリナリーモデルのチームを目

★ACT
重い精神障害をもった人を対象とした、地域社会のなかで自分らしい生活を実現・維持できるよう包括的な訪問型支援を提供するケアマネジメントモデルの一つ。1970年代初頭にアメリカで始まった。

表1-1 多職種連携の種類と特徴

連携の種類	特徴
マルチディシプリナリーモデル	・チームのメンバーは互いに協力するが、本質的には別々に働く異なる分野の専門職で構成される ・各専門職は個別の治療やケアを行い、それぞれの目標も各専門職が個別に決定する ・チームが明確な方向性をもつためには、ケアカンファレンスにおけるリーダーシップが重要
インターディシプリナリーモデル	・マルチディシプリナリーチームよりも目標志向が強い ・患者が目標を達成できるように探索的に援助する ・綿密な協力が必要 ・1人のメンバーが異なる意見を主張するとチームへの影響が強い
トランスディシプリナリーモデル	・目的志向の一形態 ・異なる職種であっても、目的を共有し、共通した支援ができる ・1人のチームメンバーが1対1の患者＝治療者関係を結ぶ ・メンバー間の意見相違により引き起こされる混乱や苦悩を回避可能 ・各メンバーに高い力量が必要

指して活動されている。これは、精神障害リハビリテーションにおいては先に述べたように、医療から始まり社会生活への広がりのなかで多職種との連携が必要となってきたことが影響している。つまり、地域生活支援においては、精神障害者とのフラットな関係が重視されていることや当事者主体を重視することが重要であるからだと考えられる。

Active Learning

地域におけるアウトリーチチームとしてACTが挙げられています。日本におけるACTチームが、実際にどこでどのような実践をしているのか調べてみましょう。

■ 4 多職種アウトリーチチーム

　ここでいう多職種アウトリーチチームとは、ACT のことを指す。しかしながら、重度の精神障害者のみならず、精神障害者全体にとっても重要であり、地域での実践を重視する精神障害リハビリテーションに関係すると考えられる。

❶対象とする人々の状態

　対象とする人々の状態は、チーム自体の力量と、地域社会のニーズによってその適用の幅にある程度の広がりを求められる場合がある。

　例として、発達障害、心的外傷後ストレス障害（PTSD）などのために、対人関係に困難を生じひきこもりの生活が続いている人、頻回の入院を経験して生活の維持が難しい人、その他、高齢で精神障害のある人や認知症の人、児童思春期で精神疾患のある人も対象となる。

❷多職種アウトリーチチームの特徴

　ここでは、2015（平成 27）年の『研究から見えてきた、医療機関を中心とした多職種アウトリーチチームによる支援のガイドライン[15]』での記述を筆者が整理した内容を紹介する。特徴は以下のとおりである。

❶　「入院に頼らない」支援を目指す

❷　自院の患者ばかりに対象者が偏ることのないよう、保健所などが窓口機能（gate keeping）を担い、ケアカンファレンスを開いて協力機関と情報共有をしながら支援方針を決める

❸　スタッフは、精神科医、看護師、作業療法士、精神保健福祉士、心理技術者、ピアスタッフなど

❹　24 時間 365 日での対応

❺　対象者は精神障害を有する人々で、（認知症を含む）医療中断事例や長期ひきこもり、長期入院者などで、社会から孤立し、生活がうばわれてしまっている人

❻　関係性を築くために、本人も含めたケアカンファレンスを行う

❼　その後、医療も含めた支援を受け入れる

❽　その人の地域社会における生活がとりもどせるように支援する

●**❸多職種アウトリーチでの留意点**

　次に、多職種アウトリーチチームでの活動を行う際の留意点を整理する。前述のような人を対象とする場合の留意点としては、次のようなことがあげられる。

❶　疾患や状態の特性についての理解に基づいた関わりの要点をわきまえていること

❷　年齢や状態によるコミュニケーションの特性を踏まえた対応

❸　生活課題の違いや心理的変化、身体的変化、合併症などの理解

❹　障害の特徴にあわせた、関わるための技術を理解し活用できること

❺　支援は精神保健福祉士など福祉職が中心的な担い手になる

❻　医療的な視点を各スタッフが学んでいたとしても、薬物療法などの専門的・具体的な医療支援には従事できない

❼　精神障害の人へのアウトリーチでは、服薬状態が不安定だったり、自殺企図・頻回入院や身体合併症、救急的な動きが必要な危機的な場面など、医療的な支援が必要になってくる状況も多い

❽　薬物療法（服薬管理や副作用等）に関する支援、身体合併症などの問題、入院が検討されるような危機時の対応などについて、主治医を含めた主医療機関とプランを共有しておく

❾　すぐにお互いが相談できる体制づくり

　以上のように、精神障害リハビリテーションにおいては、一人の人として精神障害者を捉え、その社会生活支援のために、医療、保健、福祉に関係する専門職とピアスタッフや家族といったインフォーマルなサポート提供をする人が関わり連携する。もちろん、当事者主体を尊重し、ソーシャルワークの権利擁護の視点を他の専門職や当事者、家族とも共有する必要がある。

◇**引用文献**

1 ）Rössler, W. & Drake, R. E., *Psychiatric rehabilitation in Europe*, Epidemiology and Psychiatric Sciences, Cambridge University Press, pp.1–7, 2017. https://www.cambridge.org/core/services/aop-cambridge-core/content/view/538492E35221547E55B22097181E210B/S2045796016000858a.pdf/psychiatric_rehabilitation_in_europe.pdf

2 ）住友雄資・長崎和則・金子努・辻井誠人編著『精神保健福祉実践ハンドブック』日総研出版, pp.40–41, 2002.

3 ）Solomon, B. *Black Empowerment, social work in oppressed communities*, Columbia University Press, p.29, 1976.

4 ）古寺久仁子「精神保健福祉分野のエンパワーメント・アプローチに関する考察」『ルーテル学院研究紀要』第41巻, p.85, 2007.

5 ）久保美紀「ソーシャルワークにおけるEmpowerment概念の検討──Powerとの関連を中心に（エンパワーメント・アプローチの動向と課題＜特集＞）」『ソーシャルワーク研究』第21巻第2号, p.23, 1995.

6 ）岩川奈津・都築繁幸「社会福祉領域におけるエンパワメント概念の枠組みと障害種別のエンパワメントの内容の検討」『障害者教育・福祉学研究』第13巻, pp.55–66, 2017.

7 ）SAMHSA, *Recovery Support Tools and Resources*. https://www.samhsa.gov/brss-tacs/recovery-support-tools-resources

8 ）同上

9 ）K.ライビッチ・A.シャテー, 宇野カオリ訳『レジリエンスの教科書──逆境をはね返す世界最強トレーニング』草思社, p.7, 2015.

10）岡野憲一郎『新外傷性精神障害──トラウマ理論を越えて』岩崎学術出版, p.219, 2009.

11）新井利民「英国における専門職連携教育の展開」『社会福祉学』48(1), pp.142–152, 2007.

12）Young, C. A., *Building a care and research team*, Journal on the Neurological Sciences, 160(1), pp.137–140, 1998.

13）菊地和則「多職種チームの構造と機能 ──多職種チーム研究の基本的枠組み」『社会福祉学』第41巻第1号, pp.13–25, 2000.

14）Youngson-Reilly, S., Tobint, M.J., Fielder, A.R., *Multidisciplinary teams and childhood visual impairment : a study of two teams*, Child care, health and development, 21, pp.3–15, 1995.

15）伊藤順一郎『研究から見えてきた、医療機関を中心とした多職種アウトリーチチームによる支援のガイドライン』独立行政法人国立精神・神経医療研究センター精神保健研究所社会復帰研究部, p.18, 2015.

第2章

精神障害リハビリテーションの理念、定義、基本原則

　本章では、精神障害リハビリテーションの理念、定義、基本原則などの精神障害リハビリテーションの基盤となる概念について学ぶ。

　緊急的な入院を除き、地域でごく当たり前に一人の人として生活が送れるようにする人権思想の影響を受け、精神障害リハビリテーションは大きく発展してきた。現在では、精神障害をもつ当事者の生きる意志と、当事者が自らの人生を切り開いていくことを重視したリカバリー思想に基づいたリハビリテーションが主流となっている。

　精神保健福祉士は、精神障害リハビリテーションの現状だけでなく、これまでの歴史を学ぶことにより、精神障害リハビリテーションの本質について深く理解する必要がある。

精神障害リハビリテーション
の理念と定義

学習のポイント

● リハビリテーションの理念と定義を理解する
● 精神障害リハビリテーションに至る歴史的経緯と定義について理解する
● 医学的、職業的、教育的、社会的リハビリテーションの考え方について理解する

 リハビリテーションの理念

1 全人間的復権を目指すもの

　リハビリテーション（rehabilitation）という言葉は、語源的には re-（再び）、habilis（適する、人間にふさわしい）と -action（すること）から成り立っている。今日ではリハビリテーションは、「疾病や外傷、老化などによって生じた障害に対する機能回復のための治療、訓練」と一般的には理解されている。しかし、この理解はリハビリテーションを極めて狭い範囲でしか捉えていないことになる。

　すなわち、リハビリテーションは歴史的にみると、中世のヨーロッパでは「身分や地位の回復」や「宗教上の破門の取り消し」を意味し、近代では「名誉の回復」や「公民権の回復」と理解され、20世紀には「犯罪者の更生と社会復帰」が加わった。そして、二度の世界大戦で生じた戦傷者のためのものだけではなく、心身障害者や高齢者の生活自立、社会参加回復プログラムである理学療法・作業療法・言語聴覚療法・職業訓練などの「治療、訓練」の意味に用いられるようになった経緯がある。

　日本では、リハビリテーションの訳語として「療育」「更生」「機能訓練」「職業訓練」や「社会復帰」等が充てられたが、リハビリテーションの多様で多義的な背景を表す適訳が得られなかったために、「リハビリテーション」がそのまま用いられている。

　人の一生は、誕生から死への時間の流れと、その時間を軸に人間同士の、また人間を取り巻く環境との間に繰り広げられる営み（生活）によって成り立ち、さまざまな形をとって変化する。その変化する生活のどこかで、予期せぬ疾病、事故、事件に遭遇し、その日常生活上の負担となる「障害」を被る可能性を誰もがもっている。そして、そのような障害

が核となって起こるさまざまな問題、すなわち、生活上の避けがたい特別なニーズをもつことになる。さらには、こうしたニーズの充足を図ることで、生活上の問題解決に取り組まなければならない。

その取り組みは、人は生まれながらにして人としてふさわしい、尊厳・権利・資格などをもっている。しかし日常生活または社会活動上における何らかの理由で、その尊厳や権利が奪われ、傷付けられ、障害を被ることがある。そのときには損なわれた尊厳、権利や資格を部分的にではなく、全体的で本来あるべき状態に再び回復（復権）するものでなければならない。したがって、治療、機能回復訓練は、リハビリテーションの大きな目的を達成するための一つのアプローチに過ぎないと理解する必要がある。言い換えると、「人間らしく生きる権利の回復」、つまり全人間的復権という言葉が、今日的にはリハビリテーションの理念を最も適切に表現しているといえる。

そこで、リハビリテーション（全人間的復権）を実践するためには、そのサービスを必要とする人が各々の生活プランや障害の状況に応じて、時間的・空間（場所）的・量的・質的な多方面からのアプローチによる適切なリハビリテーション支援を自由に利用できる総合的な体制が必要となる[1]。現代におけるリハビリテーションの最終目標は、障害をもつ人々のリカバリー（recovery：回復）である。障害によって失った機能、生活、自尊心、人生を、機能障害以外のものは回復できるという視点をもつことが重要である[2]。

▋2 WHO によるリハビリテーションの定義

1968 年に WHO（World Health Organization：世界保健機関）は、「リハビリテーションとは、医学的、社会的、教育的、職業的手段を組み合わせ、かつ相互に調整して、訓練あるいは再訓練することによって、障害者の機能的能力を可能な最高レベルに達すること」と定義した。

その後、1981 年に WHO は、「リハビリテーションは能力低下やその状態を改善し、障害者の社会的統合を達成するためのあらゆる手段を含んでいる。さらにリハビリテーションは障害者が環境に適応するための訓練を行うばかりでなく、障害者の社会的統合を促すために全体としての環境や社会に手を加えることも目的とする。そして、障害者自身、家族、彼らが住んでいる地域社会が、リハビリテーションに関係するサービスの計画や実行に関わり合わなければならない」とした。この定義の特徴は、❶障害者の能力障害の改善に焦点を当てていること、❷社会的

統合（インテグレーション）を目指していること、❸環境に適応するだけでなく社会環境の改善を目指していること、❹家族や地域社会がリハビリテーションの実施に関与することという四つがあげられる。

2 リハビリテーションの歴史と定義

　医学的、社会的、教育的、職業的リハビリテーションがどのように進展したのか、その経緯について述べる。

1 障害者リハビリテーションの歴史的経緯

　医学的リハビリテーションは第二次世界大戦中のアメリカで早期離床や早期歩行が脳卒中の重度化防止に効果があることがわかり、理学療法、作業療法を含め、リハビリテーション医学として発展した。一方、戦争により多数の戦傷者と障害者が生み出された結果、労働力不足のために障害者の職場復帰を目指した訓練が求められた。アメリカやイギリスでは、職業的なリハビリテーションに関する法律が施行された。特に第二次世界大戦を契機に、1943年にアメリカでは、職業リハビリテーション法の対象に知的障害、精神障害者が含まれるようになった。

　1955年には国際労働機関（ILO）が障害者の職業リハビリテーションに関する勧告を出し、そのなかで職業リハビリテーションの定義を示し、各専門領域のサービスを結合したものとしての職業リハビリテーションの重要性を強調した。

　教育的リハビリテーションは古くから施設の障害児教育として存在し、その活動は今日の日本の特別支援教育にもつながっている。

　社会的リハビリテーションは、法整備に伴う社会的・経済的な条件を調整するためのサービス、そして地域で暮らす障害者の生活を支援することにより、孤立状態の軽減や自信回復につなげるソーシャルワーカーの活動などがあげられる。社会リハビリテーションの定義は、1968年のWHOと1986年の国際リハビリテーション協会により行われており、障害者福祉の活動と密接に関係している。[3]

　このように、リハビリテーションは歴史的な経緯から、医学的リハビリテーション、職業的リハビリテーション、教育的リハビリテーション、社会的リハビリテーションの各領域で進展をみることとなった。しかし、現在は、それぞれの領域が独立したものではなく、総合的にリハビリテー

ションが展開されるトータルリハビリテーション（総合リハビリテーション[*]）の考え方が主流となっている。

2 障害者リハビリテーションの進展

1968 年に WHO から障害者リハビリテーションの定義が出された前後には、1964 年のアメリカにおける公民権法の制定、カリフォルニア州立大学バークレー校での自立生活運動の展開などがあり、その影響等により、1973 年にアメリカの職業リハビリテーション法はリハビリテーション法に改正された。さらに、ノーマライゼーション、生活の質（quality of life：QOL）、自己決定の尊重などが以降の障害者リハビリテーションを支える重要な概念となった。

1975 年には国連が「障害者の権利宣言」を出し、障害者が市民と同等の基本的権利を有することや社会的統合を促進するさまざまなリハビリテーションサービスを受ける権利があることなどが謳われた。

そして国連は、1981 年を国際障害者年とし、さらに、引き続き障害者に関する問題に取り組んでいく必要から、1983 年から 1992 年を「国連・障害者の十年」と定め、「障害者に関する世界行動計画」が策定された。計画のなかで、障害の予防、障害者のリハビリテーション、および、障害者の機会均等化という三つの目標が掲げられた。またアメリカでは、1990 年に「障害に基づく差別の明確かつ包括的な禁止について定める法律」（障害をもつアメリカ人法、Americans with Disabilities Act：ADA）が制定され、リハビリテーション法による障害者差別の解消をより前進させた。[4)]

これらの動きは、その後のノーマライゼーション実現の動きやインクルージョン、バリアフリーといった理念普及の推進力となり、日本の障害者施策にも大きな影響を与えることとなった。

3 ▶ 精神障害へのリハビリテーション

障害者リハビリテーションに進展がみられるなか、精神障害者へのリハビリテーションにも進展がみられた。本章第 3 節も参照してほしい。

精神科リハビリテーションの起源は 19 世紀初頭に台頭した道徳療法といわれている。隔離や拘束を前提とする非人道的処遇に代わって展開された道徳療法は、人間性を尊重し社会的活動に価値を置くものとして、

★ **トータルリハビリテーション（総合リハビリテーション）**
1968 年のWHOによるリハビリテーションの定義において医学的、社会的、教育的、職業的の四つのリハビリテーション分野が明確となり、今日では各分野の専門職が相互に連携して包括的アプローチを実践することが一般的となっている。

Active Learning

国連による「国際障害者年（1981年）」と「障害者に関する世界行動計画（1982年）」が日本の精神障害リハビリテーションに与えた影響について考えてみましょう。

★施設症

長期入院の結果、獲得していた日常生活習慣や社会生活能力が低下し、地域生活を送ることへの不安から症状は安定していても退院の意欲をなくしている状態をいう。本来の統合失調症などの病気による症状ではない無気力、自発性の欠如、無関心などが続く。

★治療共同体

ジョーンズ（Jones, M.）は第二次世界大戦中に職員と患者の治療的コミュニケーションによる経験から、従来の精神科病院の強い管理体制に対して、病院全環境を治療手段として用いる方法を行った。職員と患者が一体となった民主的な院内のコミュニティにおいて、集団における役割意識の獲得、情報共有の重視など人間関係の葛藤解決が中心的視点にある。治療共同体では、治療組織のあり方が問われることとなる。

★小規模作業所

法律に規定されない障害者の通所施設。精神障害者小規模作業所では、精神障害回復者が通所し、一定時間、作業を中心に過ごし、就労準備、仲間づくり、生活習慣、社会性の獲得などを促進し、社会的自立を図ることを目的とした。2006（平成18）年10月から障害者自立支援法（現・障害者総合支援法）によって新たなサービス体系となり、小規模作業所は主に地域活動支援センターや就労移行支援事業所、就労継続支援A・B型事業所への移行が行われている。

精神科リハビリテーションにつながっている。欧米では、第二次世界大戦後には、長期入院による施設症（institutionalism）が問題視され、その対応として道徳療法の実践、退院促進が重視された。さらに、作業療法の導入や病院の開放化、治療共同体などの活動によって、病院管理体制の改革と地域との関係の修復がなされた。

このような努力のなか、イギリスでは1959年の精神保健法の改正で精神疾患患者も身体疾患患者と同様のケアを受けられることになり、入院しなくとも社会サービスが受けられるようになった。アメリカでも、1950年代以降の脱施設化運動の影響により退院が進むにつれて、精神障害者の地域における生活に注目が寄せられ、病院内改革としてのリハビリテーションよりも、地域生活におけるリハビリテーションが重視されるようになった。また、第二次世界大戦後の西欧では、精神科病院への再入院を阻むためと入院に代わる手段として、精神科デイケア（デイホスピタル、デイトリートメント）の活動が始まった。これは、ほかのリハビリテーション活動とともに、精神科領域における地域リハビリテーションや地域ケアを発展させる重要な要素となった。

日本では、1974（昭和49）年に精神科デイ・ケアが社会保険診療報酬の対象となって普及した。1982（昭和57）年以降は、自治体の補助金制度の広まりにより小規模作業所が全国的に設立された。さらに、社会復帰施設の設立、社会復帰相談指導事業などの保健所を中心とした活動により、地域リハビリテーションの進展が支えられた。そして、国際障害者年（1981年）への参加から、障害者の権利に関する条約（障害者権利条約）の批准（2014（平成26）年）に至る世界的な動向にあわせた日本の歩み（2011（平成23）年の障害者基本法の改正、障害者の日常生活及び社会生活を総合的に支援するための法律（障害者総合支援法）や障害を理由とする差別の解消の推進に関する法律（障害者差別解消法）の成立など）は、精神保健福祉をめぐる状況や精神障害者へのリハビリテーションに影響を及ぼしている。

精神障害者へのリハビリテーションは、精神科病院におけるリハビリテーションから地域におけるリハビリテーションへと広がっている[5]。

 精神障害リハビリテーションの定義

精神障害リハビリテーションの定義は、現在のところ明確なものは示

24

されていないが、従来の精神科リハビリテーションの定義や背景にある理念や価値と大きな違いはない。精神科リハビリテーションの定義をみていくことにより、精神障害リハビリテーションの定義を検討する。

1 精神科リハビリテーションの定義

　まず、従来の精神科リハビリテーションでは、アンソニー（Anthony, W. A.)が示した定義が一般的である。アンソニーは精神科リハビリテーションを「長期にわたり精神障害を抱える人々の機能回復を助け、専門家による最小限の介入で、自らが選んだ環境でうまくいき、満足できるようにする」ことであると定義している[6]。さらに、精神科リハビリテーションの対象を「精神疾患と診断され、一定の機能（例：家族や友達との会話、就職のための面接）や一定の役割（例：勤労者、学生）を果たす能力が限定されている人」、つまり重度の精神障害をもつ人としている[7]。

　この定義の特徴は、❶精神障害者の機能や能力の回復を助けること、❷最小限の介入、❸当事者が選んだ環境でリハビリテーションを実施すること、❹満足を得ることにある。これらは、リハビリテーションが当事者主体で行われ、リハビリテーションの効果は本人の主観的な評価を尊重するというものであることを示している。

　現在、精神障害者の障害の捉え方が「疾病と障害の共存」となっており、疾病には治療が必要であり、障害にはリハビリテーションが必要となる。つまり、精神障害者には治療とリハビリテーションの両方が必要となるという考え方が基盤にある。アンソニーの定義も「疾病と障害の共存」という捉え方に合致していると考えられる。

2 精神障害リハビリテーションの定義

　WHO によるリハビリテーションや障害者リハビリテーションの定義、精神障害者へのリハビリテーションの歴史と精神科リハビリテーションの定義から、精神障害リハビリテーションの定義を試みたい。

　精神障害リハビリテーションの考え方は、精神科リハビリテーションの定義と対象に対する考え方に大きな違いはない。ただ、精神障害リハビリテーションの対象は、精神疾患による症状ではなく、障害として現れる能力や技術であり、より生活上の困難さを有する人の人生である。そのため、精神障害リハビリテーションの目標は、疾病や障害の消失ではなく、残された機能を最大限に生かした新たな人生の構築である。と

きには、生活が変わらなくとも、人生の意味が変わることで回復（リカバリー）することを忘れてはならない。そして、リハビリテーションスタッフと当事者の関係性も、歴史的には「専門家が障害当事者にしてあげる活動」から「ともに行うもの」となり、現在では「当事者本人がリハビリテーションを行うのであり、専門家はそれを支援する立場となり、パートナーシップ関係に位置付けられる」ようになっている。[8]

このような考え方から、本書における精神障害リハビリテーションの定義は以下のようにまとめることとする。

精神障害リハビリテーションとは、「精神障害を有する人の地域社会における生活機能の回復および本人の生活を阻害する環境（制度を含む）への対応の回復過程である。過程においては、その人を主人公とし（person-centered）、弱さではなく強さ（＝ストレングス：strength）に着目してリカバリー（personal recovery）を目指す。また、科学的根拠に基づき多職種が協働すること」である。

Active Learning

「パートナーシップ」という言葉を手がかりに、病気と障害を併せもつ精神障害者と専門職の関係性や支援のあり方を検討してみましょう。

3 リハビリテーションとリカバリーの関係

リハビリテーションとリカバリーの関係は、**図2-1**のようにまとめられる。従来のリハビリテーションには、専門家の視点で行われるリハビリテーションの目的と手段がある。一方で精神障害リハビリテーションでは、当事者の視点が重要視されるようになった。特に、パーソナルリカバリーが重要視されている。地域でのリハビリテーション活動を行うにあたり、1980年代後半からアメリカで「リカバリー」の概念を取り入れるようになったが、これが精神障害リハビリテーションの中心的な考え方として位置付けられている。

リカバリー概念については、後に詳しく説明をする。

4 精神障害リハビリテーションと心理社会的リハビリテーション

精神障害リハビリテーションは、医学的リハビリテーション以外に教育的・職業的・社会的リハビリテーションからのアプローチが多い。今日の代表的な精神障害リハビリテーションモデルは、住居・仕事・社会のサポートネットワークを含む心理社会的リハビリテーションである。[9]

WHOによると、心理社会的リハビリテーションとは、障害をもつ個人がコミュニティで自立した最適な機能レベルに到達する機会を提供するプロセスである。これには、個々の能力の向上と環境変化の導入の

図2-1　リハビリテーションとリカバリーの関係

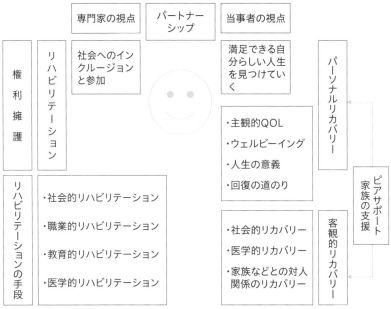

出典：池淵恵美『こころの回復をささえる精神障害リハビリテーション』医学書院, P.44, 2019.を一部改変

両方が含まれる。心理社会的リハビリテーションは単なる手法ではなく、包括的なプロセスである。心理社会的リハビリテーションの戦略は、当事者のニーズ、リハビリテーションが提供される環境（病院またはコミュニティ）、および実施されている国の文化的および社会経済的条件によって異なっている。住宅、職業リハビリテーション、雇用、およびソーシャルサポートネットワークはすべて、心理社会的リハビリテーションの側面である。主な目的は、当事者のエンパワメント、差別と汚名の削減、個々の社会的能力の向上、および長期にわたるソーシャルサポートシステムの構築である。心理社会的リハビリテーションは、包括的なコミュニティベースのメンタルヘルスケアの構成要素の一つとなっている。[10]

　心理社会的リハビリテーションは当事者の社会生活がうまくいくように、対処方法や生活技能を高める支援をするのと同時に、彼らを取り巻く地域社会の環境改善も行うとしているところが特徴として挙げられる。

5　精神障害リハビリテーションの特性

　精神障害リハビリテーションの定義とアンソニーの精神科リハビリ

テーションの基本原則を踏まえて、精神障害リハビリテーションの特性について述べていきたい。

1 アンソニーの基本原則[11]

アンソニーは「精神科リハビリテーション」の原則を9点あげた。

❶　精神科リハビリテーションの最大の焦点は、精神障害をもつ人の能力を向上させることである。

❷　精神科リハビリテーションの当事者にとってのメリットは、必要な環境のなかにおける自らの行動が改善されることである。

❸　支援のなかで依存を増やすことは、結果的には当事者の自立につながる。

❹　当事者の技能開発と環境的開発が、精神科リハビリテーションの二大介入である。

❺　精神科リハビリテーションの焦点は、精神障害をもつ人の住居、教育、職業上のアウトカムを改善することである。

❻　リハビリテーション当事者の積極的な参加と関与は、精神科リハビリテーションの土台である。

❼　長期の薬物療法はリハビリテーション介入の要素として必要ではあるが、十分に補完するものではない。

❽　精神科リハビリテーションは、さまざまな技術を駆使するという意味では臨機応変である。

❾　希望は精神科リハビリテーションの構成要素として不可欠である。

2 精神障害リハビリテーションの特性

この基本原則を踏まえて、精神障害リハビリテーションの特性について、以下のようにまとめたい。

❶当事者の参加

当事者の積極的な参加と関与が精神障害リハビリテーションの土台であり、当事者が主体となってリハビリテーションを行うことが重要である。支援者が主導しすぎることの問題を指摘するとともに、支援者と当事者の関係がパートナーシップ関係にあることを意味している。

❷個別性の重視

精神障害リハビリテーションにおいては、当事者の個別のニーズや希望が尊重されなければならない。当事者と環境との評価においても当事者の強さや能力を見つけ出し、それを引き出すエンパワメントアプロー

チやストレングスモデルの視点が基本となる。

❸生活環境への適応

　リハビリテーションのアプローチを実施するうえでは、当事者の実際の生活環境への適応を重視する必要がある。リハビリテーション場面において最高水準の生活技能が達成されたとしても、それをそのまま実際の生活場面に技能として応用することが困難である場合が多い事実から導き出されたものである。これはリハビリテーション全般に当てはまることであるが、精神障害においては、リハビリテーションの過程で獲得した技能を一般化して、その他の場面にも応用する能力の障害が指摘されている。生活環境への適応をするために個々がもてる能力を最大限に発揮できるように支援するためには、リハビリテーションをできる限り実際の生活場面で行うなど、計画や設定に工夫が必要である。[12]

❹技能の育成

　当事者の生活環境への適応力を高めるため、精神障害リハビリテーションでは、当事者が置かれた環境のなかで効果的に機能するための特定の技能の学習が必要となる。精神障害をもつ人は症状があっても、さまざまな身体的・感情的・知的技能を学習することが可能である。地域において、当事者の技能と支援が適切に結びつけば、リハビリテーションの結果に影響を与えることになる。[13]

❺環境面への介入

　当事者を取り巻く環境に介入する（働きかける）ことは、当事者の技能の育成と併せて、精神障害リハビリテーションの重要な視点である。権利擁護、教育、啓発などの活動を通してインフォーマルケアやフォーマルな社会資源を開発・向上させ、地域ケアシステムや障害者計画に工夫を加えることなどが必要となってくる。ひいては政策づくりへの当事者の参画や提言も含まれる。

❻多職種・当事者・市民との協働

　精神障害リハビリテーションは、多職種および当事者・家族、市民との協働による総合的アプローチが基本である。地域におけるさまざまな専門家、行政機関や社会福祉協議会、社会福祉法人、NPO 法人、セルフヘルプグループ、ピアヘルパー、地域家族会、精神保健福祉ボランティアなどが、対等な立場からリハビリテーションプログラムについて話しあい、地域の資源開発や支援体制に協働して取り組むことが必要である。

❼希望

　精神障害リハビリテーションでは、当事者の希望が最も重要な要素で

ある。希望の重要性は、当事者が自身の体験を社会に対して語るなかで重要視されるようになった。

❽自尊心の回復

リカバリー（回復）の過程は個別的で紆余曲折はあるが、自尊心の回復が新たな人生の発見へとつながっていく。

❾科学的根拠に基づいた支援・協働

近年、エビデンス（根拠）に基づく医療（evidence-based medicine：EBM）や根拠に基づく実践（evidence-based practice：EBP）が求められている。サービス利用者の知りたい情報や費用対効果などの要求にこたえるため、誰もが納得できるように科学的手法で作成した客観的な指標に基づく根拠を示すことが求められている。[14]

6 精神障害リハビリテーションの価値背景

精神障害リハビリテーションの価値背景に影響を与えた実践や考え方として、現在は、リカバリー、ストレングスモデル、エンパワメントアプローチ、レジリエンスなどの、当事者主体の生き方の見直しや物語の再生というようなアプローチが主流となっている。

1 リカバリー（回復）

リカバリーとは、「障害をもっていても社会のなかで生き、その人なりの人間らしい人生を送ることができる」という考え方のことである。

現在では、リカバリー概念のなかで、パーソナルリカバリーの側面が注目されるようになってきている。パーソナルリカバリーは、当事者の体験や主観として語られることが多く、「障害があってもなお、十全な生を主体的に生きていく過程」とされている。満足できる自分らしい人生を見つけていき、「人生の復権」や回復を主観として体験することは実存的であり、自分にしか体験できないものである。

一方、客観的リカバリーは、精神症状からの回復（医学的リカバリー）や仕事などの社会的回復（社会的リカバリー）など、主に専門家の視点でみられるリカバリーのことである。さらに家族からみると、疎遠になった両親やきょうだいなどの親しい人との対人関係の回復は大きな意味をもつ（対人関係のリカバリー）。これら三つは周りの人からみえるものなので、客観的リカバリーと呼ばれている。

Active Learning

精神障害リハビリテーションを推進していくための重要な概念としてリカバリーが取り上げられますが、その指し示す内容は多彩です。ここでは、パーソナルリカバリーに焦点化し、たとえばどういうことが「パーソナルリカバリー」なのか考えてみましょう。

リカバリーの意味は、客観的リカバリーとパーソナルリカバリーを合わせた概念である。しかし、リカバリーは重層的なものであり、それぞれ意味や意義があり、どれが重要ということではないとされている。[15]

2 ストレングスモデル

「問題」ではなく、当事者のストレングス（長所・強さ）を活用していくモデルである。クライエントの弱点や問題点のみを指摘して、その不足や欠点を補うような支援方法ではなく、クライエントの長所、あるいは強さに焦点を置き、その人の残存能力の強みを評価していく。[16]

3 エンパワメントアプローチ

エンパワメントアプローチとは、援助者との対等でバランスのとれたパートナーシップを媒介にしながら、社会構造的に生み出される問題によって無力感を抱いている当事者自身が、❶問題の社会構造的な特質を理解し、❷パワーレスからの脱却が可能であると自覚し、❸問題解決に必要な知識やスキルを習得し、❹それらを用いて資源を効果的に活用・創造して問題（個人的・対人関係的・社会的）の解決を図るための一連のプロセスを促進するアプローチである（第1章第2節参照）。

4 レジリエンス

レジリエンス（resilience）とは、復元力、回復力、跳ね返り、弾力、という意味をもつ言葉である。その人の生活状況がストレッサーと緊張に満ちているときでも、柔軟性を保持し前向きな適応をする能力のことである。復元力を証明する能力とは、ストレスとなる生活上の出来事に対抗し、耐え、対処または立ち直る能力であり、社会的、身体的、情緒的な安定を弱めたり、身体的・精神的苦悩への傷つきやすさを増進する傾向をもつリスクにさらされているにもかかわらず、比較的よく機能する能力を見出すか維持することである。[17]

★ストレッサー
ストレスとは、その人にとって特別な緊張を要する事柄や状況のことであるが、もともとは物体に力が加わってひずんだ状態をいう。ひずむ原因となった力を「ストレッサー」、ひずみを「ストレス」という。ストレッサーの種類には、不安、緊張、恐怖、精神的疲労、怒り、失望、欲求不満、人間関係の葛藤、過労、睡眠不足、栄養不足などがある。

◇引用文献

1）澤村誠志監，相澤譲二・奥英久・黒田大治郎編『社会リハビリテーション論 第2版』三輪書店，pp.2-3，2007.
2）野中猛『精神障害リハビリテーション』中央法規出版，p.11，2003.
3）精神保健福祉士養成講座編集委員会編『精神保健福祉士養成講座③ 精神科リハビリテーション学』中央法規出版，p.2，p.5，2002.
4）同上，p.6
5）同上，pp.8-12
6）W.アンソニー・M.コーエン・M.ファルカス・C.ガニエ，野中猛・大橋秀幸監訳『精神科リハビリテーション 第2版』三輪書店，p.2，2012.
7）同上，p.4
8）奥野英子・野中猛編著『地域生活を支援する社会生活力プログラム・マニュアル──精神障害のある人のために』中央法規出版，p.7，2009.
9）日本精神保健福祉士養成校協会編『新・精神保健福祉士養成講座④ 精神保健福祉の理論と相談援助の展開Ⅰ』中央法規出版，p.112，2012.
10) World Health Organization, *The World Health Report 2001–Mental Health:New Understanding, New Hope*, pp.62-63, 2001.
11) 前出6），pp.89-103
12) 精神保健福祉士養成セミナー編集委員会編『精神保健福祉士養成セミナー 改訂 第3巻 精神科リハビリテーション学』へるす出版，p.24，2001.
13) 前出6），pp.92-93
14) 池淵恵美『こころの回復をささえる精神障害リハビリテーション』医学書院，p.54，2019.
15) 同上，p.45，pp.47-48
16) 仲村優一・一番ケ瀬康子・右田紀久恵監，岡本民夫・田端光美・濱野一郎・古川孝順・宮田和明編『エンサイクロペディア社会福祉学』中央法規出版，p.616，2007.
17) C.A.ラップ・R.J.ゴスチャ，田中英樹監訳『ストレングスモデル──精神障害者のためのケースマネジメント 第2版』金剛出版，p.48，2008.

第 2 節　医学的・職業的・社会的・教育的リハビリテーション

学習のポイント

- 医学的・職業的・社会的・教育的リハビリテーションの概要を理解する
- 医学的・職業的・社会的・教育的リハビリテーションの実践概要を理解する
- 四つのリハビリテーションの関連性について考える

　第1章第1節でも述べたように、1968年と1981年に世界保健機関（World Health Organization:WHO）からリハビリテーションの定義が示されたが、現在、精神障害リハビリテーションにおいても、医学的・職業的・社会的・教育的の4分野を統合した包括的なリハビリテーションと、地域におけるリハビリテーションが求められている。ここでは、リハビリテーションの主な手段である医学的・職業的・社会的・教育的リハビリテーションについて述べる。

1 医学的リハビリテーション

　1969年にWHOが発表した医学的リハビリテーションの定義は、「個人の身体的機能と心理的能力、また必要な場合には補償的な機能を伸ばすことを目的にし、自立を獲得し、積極的な人生を営めるようにする医学的ケアのプロセスである」とされている。したがって、医療機関によって展開されるものが多い。

　精神科医療機関で実施される医学的リハビリテーションには、精神科デイ・ケア、精神科ナイト・ケア、精神科デイ・ナイト・ケア、個人精神療法、集団精神療法、作業療法、レクリエーション療法、依存症回復プログラムなどがある。

2 職業的リハビリテーション

　1955年に世界労働機関（International Labor Organization:ILO）は、ILO勧告第99号「障害者の職業リハビリテーションに関する勧告」

---

i　本節については、財団法人日本障害者リハビリテーション協会「厚生労働省平成22年度障害者総合福祉推進事業：知的障害者・精神障害者等の地域生活を目指した日常生活のスキルアップのための支援の標準化に関する調査と支援モデル事例集作成事業」2011年、P.115〜117を参照してまとめた。

を採択し、そのなかで職業リハビリテーションを「継続的及び総合的リハビリテーション過程のうち、障害者が適切な職業につき、かつ、それを維持することができるようにするための職業についての施設(例えば、職業指導、職業訓練及び職業の選択紹介)を提供する部分をいう」と定義した。一方、前述の1969年に、WHOによって開催された「医学的リハビリテーション専門家委員会」においてまとめられた職業リハビリテーションの定義は、「職業指導、訓練、適職への就職など、障害者がふさわしい雇用を獲得し、又は職場に復帰することができるように計画された職業的サービスの提供である」としている。

　職業的リハビリテーションの内容としては、❶公共職業安定所(ハローワーク)における障害者に対する相談、❷障害者職業センターでの職業評価、職業準備訓練、職場適応援助者(ジョブコーチ)、精神障害者総合雇用支援、❸障害者の日常生活及び社会生活を総合的に支援するための法律(障害者総合支援法)の訓練等給付における就労移行支援、就労継続支援(A型・B型)、就労定着支援、❹障害者就業・生活支援センターによる支援、❺個別就労支援プログラム(IPS)などがある。

Active Learning

障害者を対象として実施されている職業リハビリテーションは、医療機関、福祉サービス事業所、障害者職業センターなど多様な機関で実施されています。具体的にどのようなリハビリテーションが実施されているのかテキストの例示を見ながら調べてみましょう。

3 社会的リハビリテーション

　国際リハビリテーション協会社会委員会は、1980年代初頭から「社会リハビリテーション」の定義の検討に取り組み、1986年に「社会リハビリテーションとは、社会生活力(social functioning ability：SFA)を高めることを目的としたプロセスである。社会生活力とは、さまざまな社会的な状況のなかで、自分のニーズを満たし、一人ひとりに可能な最も豊かな社会参加を実現する権利を行使する力を意味する」と定義した。「社会生活力」とは、❶障害のある人が、自分の障害を正しく理解する、❷自分でできることを増やす(リハビリテーション)、❸リハビリテーションによって、自分の能力を高めるが、残された障害については、さまざまなサービスを権利として活用する、❹足りないサービスの整備・拡充を要求する、❺支援(ボランティアなど)を依頼できる、❻地域の人たち、職場の人たちとよい人間関係を築ける、❼主体的、自主的に、楽しく、充実した生活ができる、❽障害について一般市民の理解を高める、とされている。

　社会的リハビリテーションとしては、社会生活技能訓練(social skills training：SST)、心理教育プログラム、元気回復行動プラン(wellness recovery action plan：WRAP)、生活訓練プログラム、

地域移行プログラムなどがある。

4　教育的リハビリテーション

　教育的リハビリテーションは、障害のある児童や人の能力を向上させ潜在能力を開発し、自己実現を図れるように支援することを目的にしている。1979年にユネスコによって開催された「特殊教育に関する専門家会議」において、特殊教育に関する政策、計画、機構、職員の訓練等がまとめられ、障害児の教育権の保障、障害児の義務教育の法制化、特殊教育プログラムの策定、障害児が普通の学校に行けるようにするための施策の必要性などが指摘された。

　日本においては、「特殊教育」や「障害児教育」の用語も使われてきたが、2003（平成15）年3月に特別支援教育のあり方に関する調査研究協力者会議から出された「今後の特別支援教育の在り方について（最終報告）」において、「特別支援教育とは、従来の特殊教育の対象の障害だけでなく、LD、ADHD、高機能自閉症を含めて障害のある児童生徒の自立や社会参加に向けて、その一人一人の教育的ニーズを把握して、持てる力を高め、生活や学習上の困難を改善又は克服するために、適切な教育や指導を通じて必要な支援を行うものである」と定義された。

　障害児教育、特殊教育、特別支援教育などの用語があるが、これらの用語と「教育的リハビリテーション」の違いは、教育的リハビリテーションは、学齢前教育、学齢期教育、大学・大学院などの高等教育、社会人を対象とする社会教育や生涯教育なども含む、ライフサイクルを包含する幅広い教育活動である。

　教育的リハビリテーションには、特別支援教育プログラム、障害学生支援プログラムなどがある。

精神障害リハビリテーションの基本原則

学習のポイント

● 精神障害者を対象としたリハビリテーションの歴史を学ぶ
● 医療中心から地域での包括的なケアへと広がる状況について理解を深める
● リカバリーを促進するうえで精神保健福祉士に重要な視点を学ぶ

1 障害者リハビリテーションの潮流

　障害者リハビリテーションの歴史は、本章第1節を参照してほしいが、歴史を重ねるなかでしだいにリハビリテーションは、ADL（activities of daily living：日常生活動作）や職業的な訓練を行うだけでなく、その人の尊厳を回復する、つまり全人間的復権を目的として実施されることが理解されるようになっていった。

　1950年代にデンマークの知的障害者の親の会の活動から発展したノーマライゼーションも、そうした動きに大きな影響を与えた。障害者が一般市民と同じように普通の生活を送り、同様の権利が保障されることを目指したこの活動は、世界中に大きな影響を与えた。完全参加と平等を掲げた国際障害者年（1981年）、国連・障害者の十年（1983年～1992年）も、ノーマライゼーションの思想に強く影響を受けていた。

　また、1980年にWHO（World Health Organization：世界保健機関）が示した国際障害分類（ICIDH：International Classification of Impairments, Disabilities and Handicaps）は、障害を機能・形態障害、能力障害、社会的不利の三つのレベルに分けて捉え、その構造を示した点で画期的なものであった。その新たな障害概念は「国際障害者年世界行動計画」の基本理念にも取り入れられた。しかし、このモデルは、主観的な障害や環境因子を捉え切れていないなどという理由から、2001年に国際生活機能分類（ICF：International Classification of Functioning, Disability and Health）へと移り変わり、人が生きることの全体像をポジティヴに捉える機運が高まった。

　そして2006年には、障害者の権利に関する条約（Convention on the Rights of Persons with Disabilities）が国連で採択され、

障害の捉え方がどう変化してきたのか、1980年の国際障害分類と2001年の国際生活機能分類を比較しながら、考えてみましょう。

2014（平成26）年に日本でも批准された。障害者を対象としたリハビリテーションもまた、人の多様性を許容し、障害のある人もない人もともに地域で暮らすこと、つまり、ソーシャルインクルージョンを目指すことが大きな課題として共有されたのである。

2 精神障害者を対象としたリハビリテーションの歴史

　精神障害者に対してリハビリテーションという言葉が使われ始めたのは、イギリス等における傷病者の職業リハビリテーションにおいてであった。第一次世界大戦後、戦傷者へのリハビリテーションの必要性によって、初めて精神障害リハビリテーションが導入された。

　1940年代からは精神病者を対象とした精神科デイケアが始まり、カナダでのキャメロン（Cameron,D.E.）、イギリスでのビエラ（Bierer,J.）の実践が変遷を経て各国に広がっていった。当初、リハビリテーションは精神医学の範疇で行われていたが、1950年代以降の病院改革の流れのなかで、そのフィールドは徐々に地域へと移っていった。

❶イギリス

　欧米諸国の状況をみてみると、前述したイギリスでは、精神科病院に長期入院していることによる患者の二次的な障害に関する調査結果が注目され、NHS（National Health Service：国民保健サービス）による管轄地域での多職種チームの活動によって脱施設化が進んだ。また、第二次世界大戦後に整備した社会保障制度が見直され、より効率的なシステムの構築に力を注いでいったのである。その後、1990年に制定されたコミュニティケア法（National Health and Community Care Act）によりケアマネジメントの手法が導入され、多くの精神障害者が小規模な施設を含めた地域での生活を実現している。

❷アメリカ

　アメリカにおいては、1955年に352か所の州立精神科病院に56万人もの入院患者がいることが報告されていた。1963年の精神疾患および知的障害に関する特別教書（ケネディ教書、Message from the President of the United States relative to Mental Illness and Mental Retardation）でも大規模な病院の存在について触れられ、州立病院の解体が始まった。しかし、脱施設化に関する国内外の評価は厳しいものとなった。その原因としては、急激な患者の退院とそれをケア

Active Learning

ケネディ教書は、精神障害者の置かれている現状を批判し、入院中心主義への批判と地域ケアへの転換（脱施設化）を謳ったことでその理念は高く評価されている。しかし、病院から退院した患者たちを支援するサービスが十分に整っていないなかでの脱施設化は多くのホームレスを生み出すこととなった。

する地域資源の無さ、なかでも地域におけるケアの拠点である地域精神保健センター（Community Mental Health Center：CMHC）が不足していたことが挙げられた。退院した患者たちのなかには、ナーシングホームに入居できず、ホームレスとなった者も多かった。

　そのようななか、1948年に創設されたニューヨークのファウンテンハウスに代表されるようなクラブハウスでの支援は、職業リハビリテーションとしても効果を挙げており、早い時期に日本にも紹介され、大きな影響を与えた。1977年には、地域支援の中核を担う地域精神保健センターの機能をさらに推進するために、1946年に設立された国立精神衛生研究所（National Institute of Mental Health：NIMH）により、統合・継続的な支援体系である地域支援システム（Community Support System）が整備された。また、地域支援システムの中核を担うケアマネジメントは、1986年の精神保健計画法（Mental Health Planning Act）によりメディケイド（低所得者向けの医療給付制度）の対象として位置づけられた。そして1980年代以降、特に障害当事者の参加が強調され、リカバリーを促進するための当事者活動もまた、活発化している。

❸イタリア

　イタリアでは、1960年代に精神科病院の改革が行われたことが有名であるが、それ以前は2000床を超える大規模な精神科病院が乱立していた。1961年にバザーリア（Basaglia,F.）がゴリーツィアの県立精神科病院長として赴任し、以来北イタリアを中心に脱施設化を目指した改革が始まった。1968年には、イタリア精神科病院医師会の働きかけにより法律第431号が制定され、自発的入院が認められ、精神科病院の縮小、職員の配置基準、精神衛生センターの設置などが進められた。1978年には「法律第180号」または「バザーリア法」として知られる精神医療改革に関する法（「任意及び強制入院と治療」に関する法180号）が公布された。こうした経緯があるため、いまなお一部にこの法律第180号を政治的妥協の産物とする見方が残っている。

　続いて、実質的な法案として1978年12月の法律第833号（「国民保健サービスの制度」に関する組織案）が整備された。その結果、入院病床は縮小し、イタリア各地区における精神医療サービスは、それまでの入院中心主義から地域精神保健センター等を中心とする地域中心のサービスに転換していったのである。

❹ベルギー

　ベルギーは日本とよく似た歩みを進めてきた。あまり知られていないが、2011年のOECD諸国における精神病床数の統計によれば、人口10万人当たりのOECD諸国の精神病床数は平均68床であるのに対して、ベルギーは175床という数字であった。[1]

　ベルギーの精神科医療改革は1990年代から始まったが、病院協会の協力が得られずうまく進まなかった。そこで、影響力をもつ横断的な組織として、1997年に国立保健サービスアドバイザリー諮問委員会（National Advisory Council on Health Services, NACH）を立ち上げ、精神保健政策の開発に取り組んだ。2010年からは、人口に応じた地域別の必要なモバイルチーム（急性治療チームと慢性期治療チーム）を病院が立ち上げ、アウトリーチを実施している。その結果、精神病床は縮小し、リカバリー概念、コプロダクションモデルに則った改革が今も進められている。

3　日本における精神障害リハビリテーション前史

1　戦前

　日本の精神科医療が語られるときに真っ先に登場するのは、京都の岩倉村での対応である。11世紀、大雲寺観音院の水で後三条天皇の皇女の病が癒えたというところから、治癒を願う人々が集まる集落が形成されたという伝承がある。こうした伝承は各国にあり、13世紀頃より精神病者が信仰による治癒を求めて教会へと集まり、村人が家族のように病人を受け入れたベルギーのゲールが最も有名である。岩倉村は、日本のゲールとも呼ばれている。反面、中世における精神病者の扱いに関しては、岩倉村のような心温まる話ばかりではなかった。精神病に関して、迷信との結びつきが強くみられ、差別の対象になることもあったのである。江戸時代には、「気狂い」「乱心」ということで、座敷牢や罪人と同じく入牢させられていた人もいた。

　明治に入っても精神病者は、放し馬や狂犬とならんだ規則条項のなかで、警察の管理下に置かれていた。また、「警察庁布達甲第38条」（1878（明治10）年）、「警察庁布達甲第3条」（1885（明治18）年）によって私宅監置が公式に認められ、設立の始まった癲狂院（精神科病院）への入院を含め、隔離収容が強化された。ドイツ・オーストリアへの留学

を終えて帰国した精神科医呉秀三が「我邦十何万ノ精神病者ハ実ニ此病ヲ受ケタルノ不幸ノ外ニ、此邦ニ生レタルノ不幸ヲ重ヌルモノト云フベシ」と日本の現状を嘆いたことは有名である。1900（明治33）年に制定された「精神病者監護法」は私宅監置を合法化し、日本の近代化は収容政策による精神障害者への差別と偏見を助長したのである。

2 戦後

第二次世界大戦後の1950（昭和25）年に精神衛生法が制定され、私宅監置が禁止された。治療薬の開発も進み、明るい兆しが見えたのも束の間、1964（昭和39）年に起こった精神病の青年によるライシャワー駐日アメリカ大使への刺傷事件の影響により、精神障害者の保安処分に関する議論が高まった。同時に、高度経済成長と、1954（昭和29）年に非営利法人による精神科病院設置の国庫補助の規定が設けられ、精神科病院建設が進んだことを背景に民間精神科病院が乱立し、精神障害者の隔離収容が進んでいった。併せて、精神科特例によるマンパワー不足、劣悪な医療環境、在院日数の増加、ホスピタリズムといった弊害もまた、注目され始めた。

1970年代になると精神科病院の開放化が叫ばれ、院内リハビリテーションにも力が注がれるようになった。精神衛生センターや保健所の動きが活発となり、治療共同体、生活療法、生活臨床といった実践が注目を集め、地域で無認可ながら共同作業所が設立されてくるのもこの頃である。

4 日本における精神障害リハビリテーション

精神科医療の範疇では、集団精神療法、作業療法、精神科デイケアや訪問看護などを中心にリハビリテーションが実施されてきた。昨今では、地域におけるリハビリテーションも積極的に行われており、医療と福祉の連携が強調されている。

1 医療中心から地域へ

1975（昭和50）年の国連総会では、障害者の権利宣言が採択され、そのなかには精神障害者も含まれていた。しかし、日本の行政用語のなかには、「精神病者」は医療の対象として存在していたが、「精神障害者」

★呉秀三
近代日本の精神医学の父と呼ばれている。東京大学で学び、精神科医となり、ドイツなどへの留学を経て、母校の教授となった。併せて、精神科病院の院長を歴任した。隔離・拘束が続けられている日本の精神障害者の現状を憂い、その改革を説いた。

Active Learning

歴史を踏まえて、日本の精神科病院において、社会的な入院が長く継続してきてしまった理由を考えてみましょう。

★保安処分
犯罪行為を行うおそれのある精神障害者等を社会から隔絶し、矯正させるための処分。社会の治安を目的としているが、実際に犯罪行為を行っていないにもかかわらず、犯罪行為を行う危険性があるという理由で拘禁することになるため、人道的な見地に立った反対意見も根強く、実現には至っていない。

★精神科特例
精神病床の増加を図るために1958（昭和33）年に出された厚生事務次官通達「特殊病院に置くべき医師その他の従業員の定数について」（昭和33年10月2日医発第132号）では、精神科の医師の数は一般病院の3分の1・看護婦数は3分の2でよいとされた。

という用語も彼らを対象とした法内施設もない時代であった。1980年に公表されたICIDHによって「障害論」が注目されて以降、ようやく、疾病と障害が共存する存在としての「精神障害者」が、日本においても認められるようになったのである。

その背景には、1984（昭和59）年に医療法人報徳会宇都宮病院での患者からの搾取、虐待、虐殺、無資格診療等が告発されたことなどが影響している。日本の精神障害者の置かれている現状に対して、国際法律家委員会・国際医療職専門委員会第一次調査が1985（昭和60）年に実施され、日本の精神科医療は国際的な批判を受けた。そうした影響もあり、1987（昭和62）年に「精神衛生法」が精神保健法へと改正された。「精神保健法」では、任意入院制度の新設、精神医療審査会の設置、入院告知などを含め、ここに至ってようやく、精神障害者は障害者としての認知を獲得し、福祉の対象として明記された。それは、収容された「病者」から地域で生活していく「障害者」へという認知の変遷だったともいえる。

精神科医療のなかで細々と取り組まれてきたリハビリテーションも、ノーマライゼーションや生活モデルの浸透とも関連して、もっと幅広く捉えられるようになった。

また、1993（平成5）年12月に成立した障害者基本法では、精神障害者も身体障害者や知的障害者と同様に、施策の対象となる障害者の範囲に明確に位置づけられた。そして、1995（平成7）年には精神保健法の改正により精神保健及び精神障害者福祉に関する法律（精神保健福祉法）が成立し、「自立と社会参加の促進のための援助」という福祉的要素が明確化された。2000（平成12）年4月の「精神保健福祉法」の改正においては、社会復帰施設として地域生活支援センターを位置づけること、ホームヘルパーやショートステイといった生活を支えるサービスの施行（2002（平成14）年に開始）などが盛り込まれた。

2 三障害共通のサービス体系

そして、1990年代後半から始まった社会福祉基礎構造改革が精神保健福祉法のなかに位置づけられていた福祉サービスにも大きな影響を与えた。2004（平成16）年9月に出された精神保健福祉施策の改革ビジョンにより、入院医療中心から地域生活中心への転換が明記され、7万人ともいわれる社会的入院者の退院促進を行うことが盛り込まれた。同年に厚生労働省障害保健福祉部が今後の障害福祉施策について（改革グラ

★**ホスピタリズム**
施設症などと訳される。病院や施設という特殊な生活環境のために、身体的・精神的な機能が損なわれ、生活能力などが低下すること。その回復のためのリハビリテーションも必要である。インスティチューショナリズムともいわれる（p.24参照）。

★**社会的入院**
入院による医学的な治療が必要な状態ではないにもかかわらず、治療以外の社会的な理由のために入院している状態。精神障害者でいうならば、その理由として、病院の患者数の確保、引受先となる家族の不在、住居や仕事といった社会資源の不足などが挙げられる。

第2章 精神障害リハビリテーションの理念、定義、基本原則

ンドデザイン案）を発表し、市町村を中心とした障害保健福祉サービス
の一元化、自立支援型のシステムへの転換、サービスの再編という方向
性を打ち出した。2006（平成18）年4月には障害者自立支援法（現・
障害者の日常生活及び社会生活を総合的に支援するための法律（障害者
総合支援法））が施行され、精神障害者も他の障害者と同じサービス体
系に位置づけられたのである。精神科医療において取り組まれてきたリ
ハビリテーションと福祉サービス事業者によって提供されているサービ
スを障害当事者が選択しながら、生活を組み立てる時代に入り、リハビ
リテーションに携わる医療、福祉等の関係機関が連携しながら、地域生
活を支援する仕組みが整えられつつある。

5 精神障害リハビリテーションに共通する原則

　今や精神障害リハビリテーションは、その対象もフィールドも方法も
多様化している。そのなかで共通する原則について整理する。

1 包括的アプローチ

　高齢者福祉領域を出発点に地域包括ケアシステムの構築が提唱され
たが、2017（平成29）年2月の「これからの精神保健医療福祉のあり
方に関する検討会」報告書では、精神障害にも対応した地域包括ケアシ
ステムの構築を目指すことを新たな理念として公表した。精神障害者の
地域移行を進めるための地域づくりを推進する観点から、精神障害者が
地域の一員として安心して自分らしい暮らしができるよう、医療、障害
福祉・介護、社会参加、住まい、地域の助け合い、教育、相談窓口が包
括的に確保されることを目指している。

　具体的には、障害保健福祉圏域ごとに医療、保健、福祉関係者による
協議の場を通じて、精神科病院等の医療機関、地域援助事業者、自治体
担当各部局等の関係者間の顔の見える関係の構築、地域の課題を共有化
したうえで、包括ケアシステムの構築を行うということを目的としてい
る。医療と保健、福祉の連携は長年課題とされてきたが、協議を重ねて
いくなかで、精神障害リハビリテーションがより有効に活用できると考
えられる。また、地域包括ケアシステムを構築することはもちろん、障
害のある人たちへの支援ネットワークを強化し、よりスムーズな連携を
可能とするものであるが、日常的な個別支援については、その人とその

人をとりまく環境全体をアセスメントしながら進めていくことになる。その人の全体状況を把握したうえで多機関が連携し、それぞれの機関の機能を活かしながら個別の支援を展開していくという意味でも、包括的アプローチは重要なキーワードだといえる。

2 個別化

　リハビリテーションを実践する枠組みが包括的に整備されることは重要である。しかし、対象となる精神障害者一人ひとりがその個性を大切にされることも重要である。精神障害者で専門家の支援を必要とする人は何らかの生きづらさを抱えており、病気や障害を受容できている人ばかりではない。

　障害者権利条約は、社会モデル的な観点に立ち、医療や福祉の対象（客体）であった「障害者」が人権の主体であることを明白にし、人間の多様性への配慮を謳っている。また、障害者を対象とした特別な条約、新たな権利として制定されるのではなく、すでにほかの規約等で謳われている、人として保障されるべき権利が誰にも平等に保障されることを実現するためのものである。日本国憲法には、法の下の平等やその他、国民の権利がいろいろと謳われている。しかし、だれもが平等にその権利が行使できているかというとそうではない。精神障害者についても、長く続いた隔離収容政策の影響もあり、差別や偏見に晒されてきた。強制的な医療や地域での差別的な対応などにより、セルフスティグマをもつ人も多い。障害の自己受容は医療や福祉サービスを受け続けていく動機となるが、社会のなかにある差別意識や偏見により、精神障害者自身が病気や障害をマイナスのものと捉え、否認する場合もある。

　リハビリテーションの出発点として、自己の尊厳を取り戻し、今の自分自身を受け入れることが重要である。人によって、これまで生きてきた環境も違えば病気や障害の程度も異なる。そのため、その個性に配慮しながら寄り添うことが、病気や障害を受け入れ、その人がリカバリーしていくことを助けることにつながるのである。

3 当事者参加と自己決定の尊重

　専門職教育のなかで、主人公は当事者であることが強調される。しかしこれは、裏を返せば精神障害者などの社会的に弱い立場にある人たちが、我が事であるにもかかわらず治療やリハビリテーションのプロセスに十分に参加することができなかった経緯があるからである。その人の

Active Learning
精神障害のある人の個別性を尊重し、意思決定を支援していくために、精神保健福祉士が留意しなければならないことについて考えてみましょう。

第2章　精神障害リハビリテーションの理念、定義、基本原則

ためによかれと思ってパターナリズムを発揮することのすべてが間違っているわけではないが、その繰り返しによって、結果として当事者の主体性を奪ってしまう。これまで専門職がつくってきた仕組みや社会資源もまた、当事者にとっての利益よりも専門職が当事者を管理しやすいということが優先されていないかどうかを点検してみる必要がある。

　単に当事者参加といっても、さまざまなレベルの参加がある。参加を促進するためには、本来は、その人のニーズを把握し、それを目標として、いつ、どこで、どのような方法で参加の促進を実施するのかということを、当事者を中心に検討し、決定していくことになる。しかし、支援の現場で当事者からよく聞くことは、会議の場に参加していても、そこで交わされている話がよくわからなかったというようなコメントである。その場に参加し、当事者が決定を行うには、専門職がもっている知識や情報を共有できることが重要である。そのため、専門用語などをできるだけ使わないようにしたり、使う場合でも、当事者にわかりやすく伝えるという創意工夫が必要であり、柔軟性が試される。また、その前提として、精神障害者の経験に耳を傾けているか、精神障害者と専門職が互いに信頼関係を構築できているかどうかが問われるのである。

　アンソニー（Anthony,W.A.）のリハビリテーションの基本原則には、「支援のなかで依存を増やすことは、結果的には当事者の自立につながる」とある。当事者の自己決定を促すことと依存を増やすことは、一見矛盾するように捉えられる。また、「自立」という言葉が何を指すのかということも人それぞれである。自立といっても、職業的自立を自立とする考え方もあれば、日常生活動作（activities of daily living：ADL）ができることが自立だと考える人もいるだろう。

　アメリカで発祥し、日本の自立生活支援センターの実践に大きな影響を与えた自立生活（independent living：IL）運動では、「障害者が他の人間の手助けを多く必要とする事実があっても、その障害者がより依存的であることには必ずしもならない。人の助けを借りて15分かかって衣服を着、仕事にも出かけられる人間は、自分で衣服を着るのに2時間かかるために家にいる他はない人間より自立している[2]」と捉えられている。また、健常者といわれる人間も、誰かや何かに依存しながら日常生活を送っている。障害者だけが完全なる自立を求められることはないだろう。「依存」という言葉の意味も十分に吟味される必要があるだろうが、重要なのはリハビリテーションプロセスのなかで、その時点での依存が将来に与える影響について十分に検討され、依存のメリット、デ

メリットを検討した結果、当事者がその決定を行っているかどうかという点にあるのではないだろうか。

　人権尊重という立場からみると、障害のある人の自己決定は尊重されるべきである。しかし、何らかの決定についても、メリットと同時にデメリットやリスクが必ず伴う。その点も含めて、十分な情報の共有をできることが重要であろう。

４ 主体性回復の視点と「希望」

　精神障害リハビリテーションに共通する大きな目標は、一人ひとりが充実し、希望に満ち、社会に貢献できる人生を送ること、つまり、リカバリーしていくことを目指すのである。もっともらしく聞こえるが、精神障害者のことを知ると、人生で最も華やかな時期でもある10代半ばから30代半ばに精神疾患を発症する人が多いことがわかる。病気によって大学を中退することになった人や職場を退職することになった人、結婚生活の継続が難しくなり離婚した人など、挫折体験により絶望を味わった経験が強くその人の心に刻まれていることもある。そういう人たちを前にして、安易に希望を口に出すことができない場合もあるし、障害の有無にかかわらず、前向きな展望を躊躇なく語れる人も少ない時代である。しかし、希望なくして人は生きていくことは難しい。

　池淵恵美は、「希望学」を紹介しながら、希望を育む支援者の役割の重要性を指摘している。ピアサポート活動のなかではよく、ロールモデルとなるようなピアサポーターが自身のリカバリーストーリーを語ることで希望があることを伝えるが、専門職が気休めでなく希望を伝えられるとしたら、どのような方法があるのだろうか。専門職が希望を育むためにできることは何だろうか。その例を以下にまとめてみたい。

●当事者の体験を積み上げる

　病気や障害により挫折してきた当事者が自信を回復していくためには、成功体験を積み上げていくことが重要だといわれる。精神障害リハビリテーションのプロセスでは、当事者のニーズを把握し目標を定めていくが、専門職はニーズアセスメントとその人を取り巻く環境のアセスメントを丁寧に行い、その人の強みを一緒に探っていく。ストレングスモデルのケアマネジメントでは、その人個人が本来もっている強さ、健康な面、得意なこと、潜在的な能力、暮らしてきたなかで獲得してきたさまざまな技能（コミュニケーションスキルや日常生活上のノウハウなど）を一緒に点検し、環境のストレングスと合わせて評価し、パートナー

★ロールモデル
自分にとって、具体的な行動や考え方の規範となる人を指す。そうした人の存在がモチベーションやスキルの向上につながると考えられている。

★リカバリーストーリー
病気や障害などによる困難を経験した人が、どのような経過を経て、自分なりに生きてきたのかというその人の物語。その語りにより、同じような病気や障害のある人たちが希望や勇気をもらえるといった効果がある。

シップを大切にしながら、ニーズの実現に向かって歩みをともにする。スモールステップを積み上げながら、自信と主体性の回復を目指していくのである。そのプロセスには、それぞれの専門職の専門性が活かされるべきで、そのための工夫や努力を惜しまない姿勢が重要である。

当事者の体験を積み上げる際に大きな壁になるのは、当事者を社会に「適応させて」いくことが自立への近道だと考えることである。これまでの障害者支援では、病気や疾患を乗り越えて社会に適応することが成功例だと考え、その既存の価値観を当事者に押しつけてきた。しかし、人の多様性が社会のなかで認められ、合理的な配慮がなされることが常識となるような、包括的なケアシステムの構築や地域共生社会が目指されているとするならば、当事者に適応を求めるという発想から、社会が障害を理解して、当事者主体の適応のために社会に何ができるのかをともに考え取り組んでいくということを考えていく必要があるのではないか。彼らのストレングスに対する評価に対して社会の側が共感するような環境づくりもまた、希望を育むことに間接的に貢献する実践なのではないか。専門職はそのような環境づくりにも取り組む必要がある。この環境づくりには、専門職による研究や実践の積み上げ、発信も含まれる。

●再発の防止

当事者のリカバリーを志向し、ストレングスを評価しながら支援していくことや、社会に対して理解を求めることを述べてきたが、最後に精神障害リハビリテーションと病気や医療との関係性について考える。

どんなに最善を尽くしても再発する場合はある。リハビリテーションを展開していくうえで、そのリスクは常に念頭に置くべきである。難しいのは、当事者のニーズを実現するという実践のプロセスにおいても、当然のことであるがストレスが存在するということである。ストレスがその人の成長を促す場合もあるが、過重すぎるストレスは再発の契機となってしまう。もちろん服薬をきちんと行うことも重要であるが、それだけでは防ぐことができない場合もある。

精神障害リハビリテーションの技法のなかに、積極的にその人の能力を高めるものが存在するのと同時に、ストレス対処法が含まれるのはこのためである。生活リズムの整え方、周囲（家族を含む）との関係性、コミュニケーションなど、ストレスを軽減することが再発防止に有効であることもよくいわれることである。

薬物療法は日々進歩を続けていて、新薬の開発により、多剤を投与していた時代から処方はシンプルなものになり、副作用も軽減している。

しかし、病気や障害をどう理解し、どう付き合っていこうとするのかという精神障害の受容プロセスは、人によって異なっている。また、医療従事者と福祉サービス事業者では、服薬に対する考え方やその人に対する見立てが異なっていたりする場合もある。医療現場の人たちが当事者の生活実態や福祉サービスの内容を知らないという話は、福祉領域ではよく語られるが、地域の福祉現場の人たちもまた、医療現場で何が行われているのかということや薬物療法についても十分に理解できてはいない。厚生労働省が提唱している精神障害にも対応した地域包括ケアシステムの構築により、協議が進み、よりよい連携が行われることが当事者のリハビリテーションの促進につながるのであろう。

◇引用文献

1）OECD Health Policy Studies, *Making Mental Health Count:The social and Economic Costs of Neglecting Mental Health Care*, OECD publishing, p.112, 2014.

2）定藤丈弘「障害者福祉の基本的思想としての自立生活理念」定藤丈弘・岡本栄一・北野誠一編『自立生活の思想と展望——福祉のまちづくりと新しい地域福祉の創造をめざして』ミネルヴァ書房, p.8, 1993.

◇参考文献

・C.A.ラップ・R.J.ゴスチャ, 田中英樹監訳『ストレングスモデル——リカバリー志向の精神保健福祉サービス第 3 版』金剛出版, 2014.

・H.スミス・H.ブラウン編, 中園康夫・小田兼三監訳『ノーマリゼーションの展開——英国における理論と実践』学苑社, 1994.

・池淵恵美「リカバリーにはたす希望の役割」『臨床精神医学』第43巻第 4 号, pp.535-543, 2014.

・長瀬修, 東俊裕, 川島聡編『障害者の権利条約と日本——概要と展望』生活書院, 2008.

地域およびリカバリー概念を基盤としたリハビリテーションの意義

学習のポイント

● 地域における福祉サービスの変遷を理解する
● 障害者総合支援法における福祉サービス提供の仕組みを学ぶ
● 当事者を中心に置いた地域でのリハビリテーションの現状と課題を学ぶ

 ## 福祉サービスの変遷

　厚生省は1997（平成9）年11月に、社会福祉の基礎構造改革について（主要な論点）を発表した。これは、戦後50年間ほとんど枠組みを変えずに行ってきた社会福祉政策を時代の変化に沿って改革することを趣旨としており、改革の基本的な方向性として、❶サービスの利用者と提供者の対等な関係の確立、❷個人の多様な需要への地域における総合的支援、❸信頼と納得が得られるサービスの質と効率性の確保、❹幅広い要望に応える多様な主体の参入促進、❺住民の積極的な参加による豊かな福祉文化の土壌の形成、❻情報公開等による事業運営の透明性確保が示された。また、同年12月には「今後の障害保健福祉施策の在り方について」（障害者関係三審議会合同企画分科会中間報告）が出され、①障害保健福祉施策の総合化、②障害の重度・重複化等への対応、③夜間の介護体制等による家族の負担の軽減、④保険制度との関連での整理、⑤障害者の権利擁護がその主な内容として公表された。

　1999（平成11）年1月には「今後の障害保健福祉施策の在り方について」（身体障害者福祉審議会・中央児童福祉審議会障害福祉部会合同企画分科会・公衆衛生審議会精神保健福祉部会）が公表され、同年4月の「社会福祉基礎構造改革について」（社会福祉事業法等改正法案大綱骨子）によって改正が方向づけられた。その理念として「個人が尊厳を持ってその人らしい自立した生活が送れるよう支える」ということが掲げられた。最も大きい変化はサービスの供給システムの改革であり、措置制度から契約へというパラダイムの転換を行ったことである。2004（平成16）年には精神保健福祉分野でも精神保健福祉施策の改革ビジョンが出され、7万人ともいわれる社会的入院者の退院促進を行うことが

盛り込まれた。同年に厚生労働省障害保健福祉部が今後の障害福祉施策について（改革グランドデザイン案）を発表し、三障害一元化、自立支援、応能負担という方向性を打ち出し、2006（平成 18）年 4 月には障害者自立支援法が施行され、ほかの障害者と同じサービス体系に位置づけられたのである。現在の障害福祉サービスは障害者の日常生活及び社会生活を総合的に支援するための法律（障害者総合支援法）によって提供されている。

2 精神保健福祉領域のサービス

　精神科病院の開放化が叫ばれ始めた 1970 年代から、徐々に地域での居場所や働く場の必要性が認識されはじめた。やどかりの里（現・公益社団法人やどかりの里）やみのりの家（現・社会福祉法人豊芯会）、社会福祉法人ときわ会あさやけ第二作業所などがその草分け的な存在として知られている。1988（昭和 63）年、日本の精神科病院に対する国際的な批判の高まり、医療費の抑制といった要素もあいまって、精神衛生法が改正され精神保健法となった。精神障害者への対応を病院から地域へと変えていくという潮流のなかで、専門家も家族も当事者たちも活発に「生活の拠点づくり」のために動き始めたのである。

　これまで目指してきた「社会復帰」というゴールは、囲われた環境から社会を眺める発想であり、社会のなかで「当たり前に暮らす」というところに実践の主眼を置き換え、当事者を主人公として、生活を支えるという新しい歴史がはじまったのである。

　その後、精神保健法から精神保健福祉法への改正を経て、精神障害者の福祉サービスの多くが法制化された。1998（平成 10）年には、精神保健福祉士の国家資格化が実現した。そして、精神保健福祉士の最も大きな使命は、後に精神科病院に入院している当時 7 万人と試算された社会的入院患者を地域に退院させるということでもあった。精神保健福祉法の範疇において、精神障害者を対象としたサービスが、家族や精神保健福祉士、医療機関などによって次々につくられていったのである。当時は、精神障害者居宅生活支援事業として、ホームヘルプサービス、ショートステイ、グループホームが位置づけられており、精神障害者社会復帰施設として、精神障害者地域生活支援センター、精神障害者福祉ホーム、精神障害者生活訓練施設、精神障害者入所・通所授産施設、精

神障害者小規模授産施設、精神障害者福祉工場が規定されていた。また、法外施設として、自治体の補助金で運営されていた共同作業所も相当数あった。そうした精神障害者に特化したサービスが、障害者自立支援法（現・障害者総合支援法）にほかの障害とともに一元化されたのである。精神障害者へのサービスを運営する団体のなかには、法人格をもっておらず、任意団体として活動していたところもあったが、この法改正を機に多くが法人化（NPO法人を含む）した。

3 当事者を中心に置いた地域福祉サービスの展開

　前述したように、1990年代以降、戦後にできてきたさまざまな制度・施策が見直されてきた。2000（平成12）年に介護保険法が施行され、高齢者領域にケアマネジメント手法が取り入れられたが、障害領域でも障害者自立支援法以降、個別給付が導入されたのを契機にケアマネジメントが導入されたのである。

　2000（平成12）年以降、地域における福祉サービスが整えられていくなかで、リハビリテーションの焦点も大きく変化を遂げてきた。入所サービス中心で日常生活動作（activities of daily living：ADL）の向上が社会復帰の前提だった時代から、地域で暮らすことを志向するノーマライゼーション思想や自立生活運動の影響による生活の質（quality of life：QOL）の向上を目指す実践への転換を経て、現在ではリカバリー概念が登場してきた。リカバリー概念は、ストレングス視点、エンパワメントアプローチ、レジリエンスなどと相まって、当事者主体、クライエント中心のリハビリテーションの推進力となっている。

　障害者を対象とするケアマネジメントは、障害者が住み慣れた地域で自立した日常生活を営むために、相談支援専門員が生活全体を総合的に捉え、そこで明らかになった課題の相関性や統一性などをもとに、サービス提供事業者等のチームアプローチをとおしてケアマネジメントを展開し、総合的かつ効率的サービスを提供することを目的としている。また、サービスを利用する本人との契約に基づいてサービス等利用計画が作成され、自己決定を最大限に尊重しながら、その人のニーズに基づいた支援を行うのである。さらに、その計画に則って地域の障害福祉サービス事業所がサービスを提供することになり、サービス管理責任者が個別支援計画を作成する。相談支援専門員が作成するサービス等利用計画

はその人の生活を支援する総合計画（トータルプラン）であり、個別の支援計画は個別のサービス計画という位置づけとなる。双方ともに当事者のストレングスに着目しながら、ニーズアセスメントや環境アセスメントを行い、その人をとりまく全体状況（環境）との関連性のなかで、潜在能力や今後の可能性などを分析・検討する点では共通している。

4 障害者の意思決定支援

今や、地域における精神障害リハビリテーションでは当事者主体ということが主流となり、その人との契約に基づいて意思に寄り添いながらサポートしていくことが前提となっている。その一方で、障害によって意思決定をする際に支援を必要とする人もいる。そういう人たちの権利をどう保障するのかという観点から、昨今では意思決定支援が地域における支援者から注目されている。医療・福祉における意思決定支援は、2012（平成 24）年に終末期医療における意思決定ガイドラインが作成されたことをきっかけに重視されるようになった。

障害者基本法第 23 条において「国及び地方公共団体は、障害者の意思決定の支援に配慮しつつ、障害者及びその家族その他の関係者に対する相談業務、成年後見制度その他の障害者の権利利益の保護等のための施策又は制度が、適切に行われ又は広く利用されるようにしなければならない」とされており、障害者総合支援法にも、指定事業者等および指定相談支援事業者が利用者の意思決定の支援に配慮する旨が規定されている（第 42 条、第 51 条）。また、2013（平成 25）年の精神保健福祉法改正においても、施行後 3 年を目途として「入院中の処遇、退院等に関する精神障害者の意思決定及び意思の表明の支援の在り方について検討を加え、必要があると認めるときは、その結果に基づいて所要の措置を講ずる」（検討規定）とされたのである。

判断能力が不十分な人たちのなかには、支援者や環境との相互作用のなかで本人の意思が育まれていくことがある。意思を醸成すること、意思を表明すること、意思を実現していくこと、そのプロセスに寄り添うことが意思決定支援なのであろう。平成 27 年度障害者総合福祉推進事業で「意思決定支援のガイドライン作成に関する研究」が実施され、その成果としての障害者意思決定支援ガイドラインも公表されている。そのなかには意思決定が難しい人に関して、相談支援専門員やサービス管

理責任者が意思決定支援会議を主催して、具体的な支援を当事者を交え、支援チームで共有しながら進めていく手順が示されている。

5 ▶ 地域を基盤とするリハビリテーションの課題

Active Learning

地域における精神障害リハビリテーションを進めていくうえで、さまざまな対策がとられていますが、いまだに精神障害者への差別や偏見が存在しています。差別や偏見をなくしていくために精神保健福祉士にできることを探してみましょう。

第2章第3節でも、昨今注目されている精神障害者にも対応した地域包括ケアシステムの構築について述べた。リカバリー概念を中心とする当事者性に比重をおいた視点は、障害者権利条約が示す多様性を許容する共生社会の実現と目指すところは一致している。障害のある人もない人も地域の生活者として、互いを尊重しながら共生していくというところを目指しているのである。

しかし、そこに行きつくには多くの課題がある。まずは、医療保健福祉という専門領域の相互理解と連携が促進されることであろう。昨今、訪問看護ステーションが飛躍的に増加し、ACT（assertive community treatment）などによるアウトリーチチームも活躍している。地域を基盤としたリハビリテーションに対する医療の関与は増えてきているが、いまだ長期入院者の地域移行も十分に進んでいるとはいえない状況にある。送り出す医療機関と受け手である地域リハビリテーションの担い手が繋がることが、地域包括ケアシステムをつくり上げていくための重要な要素である。

また、専門職のスティグマ、当事者・家族のセルフスティグマがリハビリテーションを進めていく際に障壁となる場合があるが、より大きな障壁は、専門職や当事者・家族のスティグマを育んでしまった「社会」そのものに存在する差別や偏見である。精神障害当事者が自分たちの権利を語り始めた今こそ、専門職と協働しながら、ソーシャルインクルージョンに向けた実践を展開していく必要があるであろう。

現状の障害福祉サービスの仕組みでは、かかわれる人がサービス利用者に限定されている。個別的なかかわりのなかから見えてくる現状だけでも多様であるが、地域には、もっと複雑な課題が隠れているのである。ストレングスは地域にも存在している。ソーシャルインクルージョンの実現を目指し、その強みを発揮できるようなネットワークの基盤をつくり上げていくことが求められる。

第3章

精神障害リハビリテーションの構成および展開

　第3章では、精神障害リハビリテーションを展開する際の対象、アプローチ、プロセスの概要を学ぶ。

　精神障害リハビリテーションの対象について、精神疾患の特徴を整理したうえで、精神障害リハビリテーションが実施される場所と、さまざまなアプローチとそれを行う専門職等についても理解を進めていく。

　さらに、精神障害リハビリテーションのプロセスについて、アセスメント、プランニング、インターベンション、モニタリング、エバリュエーションといった段階について、その特徴と、それぞれの段階で精神保健福祉士が留意すべきことについて学ぶ。

精神障害リハビリテーションの対象

学習のポイント

● 精神障害リハビリテーションの対象について理解する
● 精神障害者の法制度上の位置づけについて理解する
● 精神障害の特性について理解する

 ## 対象の意味について

　本書で使用する精神障害リハビリテーションの定義は、第2章第1節にもあるように、次のとおりである。

　精神障害を有する人の地域社会における生活機能の回復および本人の生活を阻害する環境（制度を含む）への対応の回復過程である。過程においては、その人を主人公とし（person-centered）、弱さではなく強さ（ストレングス）に着目してリカバリー（personal recovery）を目指す。また、科学的根拠に基づき多職種が協働すること。

　また、精神科治療、精神科リハビリテーション、精神障害リハビリテーションそれぞれの対象範囲の関係を、**図3-1** のとおり私案として示す。そのうえで、精神障害リハビリテーションの対象を、次のことを前提として解説する。

　まず、精神障害リハビリテーションにおける主人公は精神障害を有する人自身、いわゆる本人である。つまり、精神保健福祉士などの支援者は、本人たちと一緒に考え、その課題達成に向けて側面的に支える役割を果たすにすぎない。その意味では、精神障害を有する人をリハビリテーションにおける「対象者」と呼ぶことは適切ではないかもしれない。しかし、精神障害リハビリテーションにかかわる支援者の実践（労働）という視点から捉えた場合、その働きかけの対象となるのは何らかの困難な状況に置かれた人たちであり、また、彼らにかかわる人たちをはじめとする施設や機関、施策や制度、経済や文化などの社会環境であるといえよう。

図3-1　精神障害リハビリテーションの対象

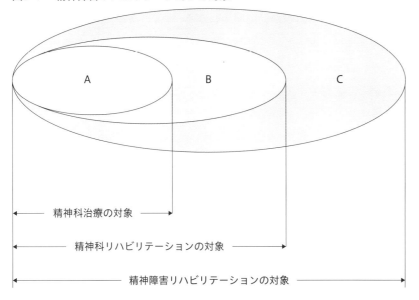

　本節においては、精神障害リハビリテーションにおける主人公は精神
障害を有する人自身であることを前提としたうえで、支援者の実践から
捉え直す意味において、敢えて対象として表現する。

　次に、精神障害リハビリテーションの対象を「精神障害を有する人」
として解説する。本領域の実践対象となるのは本人自身のみでなく、そ
れを取り巻く環境も含めて把握する必要がある。とはいえ、それらの起
点あるいは軸となるのは本人自身であるため、精神障害を有する人がど
のように位置づけられ把握されているのか、またその特性はどのような
ものであるかを示すこととする。

2 精神障害を有する人の位置づけ

1 精神障害について

　我が国における精神障害の定義は、いまだ一つのものとして明確に示
され、かつ共通言語として通用しているとはいい難い。むしろ、使用さ
れる領域や使用する立場によって、それが示す内容が異なることは、あ
る意味では了解されたものとして扱われている状況ともいえる。

　我が国での精神障害に対する理解が進まず、誤解やそれに基づく偏見
あるいは差別が根強く残っているといわれている。それらが解消されな
いことの理由の一つが、この精神障害という概念が、いくつかの意味を

もつものとして使用されていることにあると考えられる。つまり、精神障害とは何であるのかが、国民にわかりづらいものとなっているのである。たとえば、障害という言葉が疾患を意味するものとして使用されていたり、さらに、その範囲あるいは内容が法制度上の扱いと医学やそれを基礎とした医療上の扱いに違いがあったり、時期によって異なったりしてきている。また、役所など同じ機関が使用する際にも、法律に基づく手続きの場合と統計や広報等での場合によって、それが違うものを示していることがある。

　この精神障害の概念をめぐっての混乱は、法律によってその定義が異なる場合や、同じ法律でも章によってその定義が異なるものもあること、さらにそれが、医療や福祉といった実践場面で活用されている概念や広く国民が使用する概念と一致しないことからくるものである。その意味においては、現在のあいまいでいかようにも解釈可能な使われ方を改める必要があり、早急にそれらの整理を進めなければならないだろう。

　以上のことを踏まえたうえで、ここでは、国連における障害（者）の定義を示し、次に日本における精神障害の定義を示すことにする。

❶国連における障害者の定義

　まず、国連での障害者についての定義をみると、「先天性か否かにかかわらず、身体的または精神的能力の不全のために、通常の個人または社会生活に必要なことを確保することが、自分自身では完全にまたは部分的にできない人」（「障害者の権利宣言」1975年国連総会決議）と表現している。また、「障害者は、その社会のほかの異なったニーズをもつ特別な集団と考えられるべきではなく、その通常の人間的なニーズを満たすのに特別の困難をもつ普通の市民と考えられるべきなのである」（「国際障害者年行動計画」1980年国連総会決議）としている。つまり、身体的または精神的能力の不全のために、普通の市民として、個人または社会生活に必要な人間的なニーズ（必要性）を自分自身では確保することが困難な人として捉えている。

　さらに、「個人の特質である『機能・形態障害』とそれによって引き起こされる支障である『能力障害』、そして能力障害の社会的な結果である『社会的不利』の間には区別があるという事実についての認識を促進すべきである」（「国際障害者年行動計画」）とし、障害を構造的に理解することを提言したのである。その後、2001年の国連総会において、それまでの障害理解の枠組みであった国際障害分類（International Classification of Impairments, Disabilities and Handicaps：

ICIDH）をさらに多角的で総合的なものへと発展させた国際生活機能分類（International Classification of Functioning, Disability and Health：ICF）に改定され、今日に至っている。

ICF は障害部分にだけ焦点を当てそれを把握する枠組みではなく、疾患や障害を包含した健康状態と、それらが具現化される背景因子としての環境因子と個人因子も含めて、生活機能として把握する枠組みとなったのである（**図3-2**）。

❷日本における精神障害の定義

以上のように、国際的な視点では、疾患や障害を有する人を特別な人として把握するのではなく、一市民として位置づけ、それらの人の生活困難を把握する枠組みを環境という側面も含めて、多角的かつ総合的に捉えるものへと展開してきている。しかし、その流れにおいても、障害（者）を疾患（患者）と同義で使用するものではない。我が国においても、身体障害や知的障害の領域では、障害（者）の意味が、国際的な定義が示す内容と乖離するものではないだろう。一方で、精神障害に関しては、これらの意味とは異なるものとして使用されてきており、その範囲や内容が変化してきているものの、現在においても精神障害を精神疾患と同義として位置づけることが基本となっている。

精神障害者に係る中心となる法律は、精神保健及び精神障害者福祉に関する法律（精神保健福祉法）である。

精神保健福祉法で、障害という表現を用いながら疾患という意味で使用することの考え方については、同法に精神障害者福祉を追加する

図3-2 「国際生活機能分類」（ICF）

国際生活機能分類（ICF:International Classification of Functioning, Disability and Health）の構成要素間の相互作用

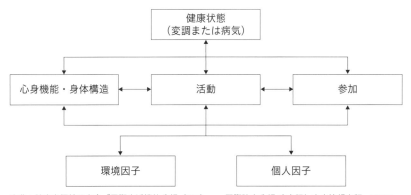

出典：障害者福祉研究会『国際生活機能分類（ICF）──国際障害分類 改定版』中央法規出版，2002.

1995（平成7）年改正時の説明を[1]、後に以下のように整理し解説されている[2]。

「「疾患」と「障害」の用語の関係については、次のとおりである。

　本条による精神障害者の定義は、精神障害者を精神疾患を有する者（mentally disordered）という医学的概念でとらえており、保健医療施策におけるとらえ方である。一方、障害者基本法第2条では、『この法律において「障害者」とは、身体障害、知的障害又は精神障害（以下「障害」と総称する。）があるため、長期にわたり日常生活又は社会生活に相当な制限を受ける者をいう』とし、精神障害者を能力障害に着目した概念でとらえているが、この意味での精神障害者（mentally disabled）は、生活能力の障害やハンディキャップに着目して援助を行うという福祉施策におけるとらえ方である。

　この二つの概念は、日本語では『精神障害』という同じ言葉であるため、従来、明快な使い分けがされて来ず、平成5年に本条の定義規定を改正した際にも議論を残したが、平成7年改正で、精神保健法から精神保健及び精神障害者福祉に関する法律に改めるに当たって、精神障害者の医療と福祉の関係を、この二つの障害概念の整理とあわせて明確に整理したところである。

　ただし、一つの法律の中で、一つの用語に二つの定義を置くことはできないものであり、精神疾患に着目した概念の方が、能力障害に着目した概念よりも、ごく軽度の精神疾患や短期的な精神疾患を含み、対象者の範囲が広いため、法律上の定義としては、従来の精神疾患に着目した定義をそのまま残したものである」

これは、はじめて法律の条文に精神障害者という用語を使用した精神衛生法（1950（昭和25）年制定施行）における定義から始まり、その後の状況の変化に対しても、精神障害者という名称は変更せず、その解釈や条文を変更することを繰り返してきたことの結果である。

つまり、精神疾患のなかでも特に扱いが困難である者、あるいはその症状が重篤である者を精神病者と位置づけ、加えてそれらと同様の者として知的障害者などを、当時の精神科病院に強制的に隔離収容することを目的とした施策の対象者として精神障害者という名称を用いたことに端を発する。仮に、精神衛生法制定当時には障害者の概念が一般化されていなかったとしても、前述した国際的な定義が広まり、国内においても障害者が当たり前に使用される時期に、ましてや医療の対象としかされてこなかった精神障害者を福祉の対象としても位置づけるに至った今

日においては、当然、その定義を見直す、あるいは名称を変更するといった取り組みがなされてしかるべきである。

　それは、単に使用する用語についての議論ではない。国民の精神障害への理解促進にかかわる重要事項であり、さらには我が国の精神障害者施策のあり方を根本から変えていく議論につながるものである。

２ 精神障害者の定義

　前述したように、我が国では、精神障害の意味が一つのものとして明確に示されかつ共通言語として通用しているとはいい難い状況にある。また、それらの中心とならざるを得ない法律上の定義においては、精神障害を精神疾患と同義として扱うことを基本としている。さらに、それらに関連する施策ごとにそれぞれの対象が規定されている状況にある。したがって、精神障害を有する者として位置づけられる精神障害者の定義についても同様であり、それを用いる分野や立場、またそれを対象とする施策によって、その位置づけや内容が異なるものとなっている。

　とはいえ、精神保健福祉施策が展開されている現実を考えれば、法律上の定義に則って、精神障害者の位置づけを理解することが、まず必要になってくる。これらのことを踏まえたうえで、以下に中心となる法律上の定義による解釈とそれに基づく精神障害の捉え方を示すこととする。

　精神障害者に係る法律のなかで、その基本的枠組みとなるものは精神保健福祉法であり、障害者としての位置づけは障害者基本法となる（障害福祉サービスに関連するものについては障害者の日常生活及び社会生活を総合的に支援するための法律（障害者総合支援法）であるが、定義に関する規定については、精神保健福祉法によることを前提としてい

ⅰ　上田敏は「『障害』の語をめぐっての混乱──とくに『精神障害』について」『リハビリテーションを考える』（青木書店，1983.）で次のように述べている。「…問題なのは「精神障害」といういい方である。これは本来「精神病」または（神経症その他を含める意味で）「精神疾患」というべきものを、精神病という言葉のひびきの悪さ（まさにスティグマ─烙印─を押し、偏見や差別を惹き起こしがちな）を避け、やや柔らかい（が曖昧な）「障害」という言葉を使ったものであり、いわば一種のユウフェミズム（euphemism─不快な言葉を言葉をとり変えるだけで不快さを除こうとするもの）である。…精神疾患と精神障害とはあきらかに違った概念に属すべきものであり、安易な言い換えは混乱のもとである。…この場合の「精神障害」はあきらかに「精神疾患」の代用語であり、真の意味での障害または障害者を指しているものではない」

ⅱ　精神障害者にかかわるほかの主な法律として、障害者の雇用の促進等に関する法律、障害を理由とする差別の解消の推進に関する法律、発達障害者支援法などがあり、また、精神障害者保健福祉手帳や障害年金といった制度ごとで、それぞれその対象となる精神障害（者）を規定している。

る）。

❶精神保健福祉法における定義

　まず、精神保健福祉法の第５条では、「この法律で『精神障害者』とは、統合失調症、精神作用物質による急性中毒又はその依存症、知的障害、精神病質その他の精神疾患を有する者をいう」とし、その定義を示している。ここでいう知的障害や精神病質も精神疾患に分類されているものであり、簡単にいえば、「精神障害者」＝「精神疾患患者」、つまり、精神科の病気にかかっている者となる。なお、知的障害については、同法の医療および保護に関して適用されるものであり、保健および福祉に関しては、適用されないものとして、同法第６章および第７章においては、精神障害者の定義から知的障害者を除くものと条文に明記されている。

❷障害者基本法における定義

　次に、障害者基本法の第２条では、障害者を、「身体障害、知的障害、精神障害（発達障害を含む。）その他の心身の機能の障害（以下「障害」と総称する。）がある者であって、障害及び社会的障壁により継続的に日常生活又は社会生活に相当な制限を受ける状態にあるものをいう」と定義している。

　また、社会的障壁を、「障害がある者にとって日常生活又は社会生活を営む上で障壁となるような社会における事物、制度、慣行、観念その他一切のものをいう」と定義している。

❸精神障害リハビリテーションの対象としての位置づけ

　これらの法律による定義から、精神障害者には、精神科の疾患があり、かつ、その疾患および社会的障壁のために継続的に日常生活または社会生活に相当な困難を有している者＝障害者として位置づけられる者と、精神科の疾患があるが、継続的に日常生活または社会生活に相当な困難は有していない者＝精神疾患患者としてのみ位置づけられる者とに大別できる。これは、医療と福祉といった性格の異なる施策の対象が同じ名称で運用されていることを示すものである。

---

iii　『精神保健福祉法──新旧対照条文・関係資料』（中央法規出版, p.72, 1995.）には、次のようにある。「なお、精神薄弱者については、本法第５条の定義では、障害を身体の障害と精神の障害に分ける分け方により、精神薄弱者も精神障害者の定義に含め、精神医療に関する規定は、精神薄弱者にも適用することとしていますが、福祉施策については、別途、精神薄弱者福祉法があることから、障害者を身体障害、精神薄弱、精神障害の三つに分ける障害者基本法の区分法にならい、第６章（保健及び福祉）及び第７章（精神障害者社会復帰促進センター）においては精神障害者から精神薄弱者を除くものと規定（第45条第１項）しています」。なお、「精神薄弱」という用語は、法改正により、「知的障害」に改められている。

つまり、精神障害リハビリテーションの対象として考える際に、精神科医療のみを必要としている人から精神科医療、精神科リハビリテーション、さらに教育・職業・福祉分野の支援を必要としている人までを精神障害者として位置づけていることになる。

3 ▶ ICFによる精神障害の捉え方

先に述べた法律の定義による精神障害者の位置づけを基にして、ICFの枠組みを用いて精神障害のある人の具体的な生活上の困難を整理すると、次のように考えることができる。

統合失調症（疾患）を患い、急性期には幻覚や妄想（心身機能の障害）といった症状があったが、治療によりそれらは改善される。しかし、意欲や活動性の低下（心身機能の障害）は改善されず、生活の自己管理などの状態は以前に比べると低下している（活動制限）。具体的には、買い物、調理、掃除や洗濯といった行為が思うようにはかどらなくなる（活動制限）。これを、ADL（activities of daily living：日常生活動作）評価との関連でみると、日常生活動作を細分化した場合はそれぞれ実行可能であるが、それらを統合化し、継続して適切に行うことが困難な場合がみられる。たとえば、食材を包丁で切る、フライパンで炒める、調味料をかける、皿に盛りつける、箸やスプーンなどを用いて食べる、食器を洗う、片づける、といったそれぞれの行為そのものは実行可能であっても、全体を段取りよくやり通すことが困難（活動制限）となり、結果的に調理をして食べることができないというものである。また、社会生活では、他者との関係の維持や社会的役割の遂行が難しくなり、働き続けることや就職することが難しくなる（参加制約）。そのほかにも、過度の緊張やこだわり、力を入れるところと抜くところのバランスが保てないことなどにより、日常生活場面（活動）や社会生活場面（参加）での行為や役割の遂行が難しくなるといったものもある。

また、治療に必要な服薬による副作用が直接活動を制限してしまう場合（活動制限）も少なくない。さらに、精神科病院への入院や通院そのものが、職場や近隣からの偏見にさらされることになり、社会的活動が困難になる（参加制約）こともある。加えて、これらのような困難を抱えていても、利用できるサービスの整備状況や所属している組織や集団の理解度といった環境因子が、その者の生活機能に大きく影響すること

はいうまでもない。もちろん、それらの困難を抱える本人の個人因子についても同様である。

4 精神障害の特性

Active Learning

身体障害や知的障害と精神障害を比較し、生活するうえで共通する困難と精神障害者に多くみられる困難について調べてみましょう。

❶理解されにくい

精神障害の特性については、まず視覚的把握が難しく、結果として理解されにくい点が挙げられる。疾患の症状であっても、本人の言葉からの解釈が基本となり、外見から把握することは困難となる。また、検査などによって数値でそれらを測定することも難しい。これらは生活機能においても同様であり、心身機能、活動や参加の状況を理解するにも、一見して把握可能なものは少なく、時間的経過が伴う観察を通じて把握できることが多い。さらに、これらの理解には、その前提として本人との関係が形成されている必要があり、そうでなければ自らの体験などを語ってもらえず、それらの状況を正しく把握することが難しくなる。

これらのことにより、精神障害が理解されにくい要因となっていることも考えられる。

❷疾患と障害を併せもつ

次に、疾患と障害を併せもつという点がある。精神疾患や社会的障壁がもとで、日常生活や社会生活に困難を有する者を障害者とする障害者基本法などの定義からも、そのベースに精神疾患を有しているという点がある。疾患の症状そのものは解消されている場合であっても、再発を予防するために治療を続けていたり、生活上の配慮や努力が必要となる。

また、症状がなかなか安定せず、それが直接生活機能に影響し、暮らしに重大な影響を及ぼすことにもなる。逆に、日常生活や社会生活上の乱れが再発や症状の悪化を招くことは、多くの人たちにみられることである。いわゆる、障害の部分だけに焦点を当てた支援、疾患の治療のみに終止するのではなく、両方の側面に対する配慮が求められることになる。

❸障害の状態が固定されていない

さらに、障害の状態が固定しないといわれる点が、特性としてある。精神障害を有する人たちへの支援を展開していく場合、疾患や障害だけでなく、その他の要因も含めて、生活機能に着目することが重要である。ほかの障害のある人たちにおいても、生活機能が固定せず、変化するこ

とは十分考えられる。しかし、精神障害の場合は、先に示したように、疾患の症状そのものが不安定である場合や、活動制限や参加制約の状態も固定しないことがめずらしくないといわれる。たとえば、精神障害者保健福祉手帳の等級が変更される、あるいは手帳が交付されなくなるほど、それらの状態が改善されるといったことである。支援者には変化に応じたアセスメントの再実施が求められることになる。

❹誤解、偏見、差別が解消されていない

最後に、精神障害の特性として掲げておかなければならない点は、誤解やそれに基づく偏見、差別が解消されるには至っていないことである。

これは、生活機能における環境因子とそれからの影響を受けた個人因子にあたるものであるが、精神障害のある人たちの社会復帰や社会経済活動への参加を促進していく際には、大きな障壁となっている。個人レベルでは、疾患の状態、心身機能の障害、活動といったものに困難がなくても、参加に大きな制約がなされてしまう場合が、まだまだ多いのが実情であり、この点も精神障害の特性として認識しておく必要がある。

◇引用文献

1 ）厚生省保健医療局精神保健課監『精神保健福祉法──新旧対照条文・関係資料』中央法規出版，pp.72–73，1995.
2 ）精神保健福祉研究会監『三訂 精神保健福祉法詳解』中央法規出版，p.73，2007.

◇参考文献

・精神保健福祉研究会監『四訂 精神保健福祉法詳解』中央法規出版，2016.

学習のポイント

● チームアプローチと多職種連携の概要を把握する
● 各専門職の役割を理解する
● チームアプローチの方法や課題を学ぶ

1 チームアプローチとは

　「チーム」はもともと、荷車を引くためにつなげられた動物の集団を指す言葉として生まれた。したがって、チームワークとは、同じ目標に向かって異なった能力をもつ者たちが、知恵と力を合わせて協働することをいう。協働することで相乗効果を生み、個々人の努力の総和よりも高い業績水準を生み出す。しかし、チームワークに関する用語や概念は統一されておらず、それぞれが混同されて用いられている。

　類似した用語に「連携」があるが、連携とは、異なる背景をもつ複数の専門職が質の高いケアを提供するために、当事者、家族、介護者、地域とともに働くことを指す。ただ、「linkage（連結）」「cooperation（協力）」「collaboration（協働）」のいずれもが「連携」と訳される場合もあり、明確に区別されているとは言い難い。「連携」という用語に、連結、協力、協働などが含意される場合もある。

　このように、「チームワーク」「連携」「協働」の定義は明確に区別できない。「連携」は、専門職間、専門機関間における協働を指すことが多いが、近年は当事者参加が謳われるようになっており、その差異はますますあいまいになっている。そこで本節では、多領域の関係者との協働・連携をチームアプローチとして論じる。

　チームアプローチとは、専門の異なる職能集団と、当事者や家族が、継続的に協働して、共通の目標を達成するために協力することである。その目標のもとに、複数の人の知識と技術、知恵と力を結集する、問題解決の手法である。異なる学問からの専門職の集団、共通の目的、決定における多様な視点の統合、相互依存と調整、相互作用、チームの決定プロセスに当事者と家族を統合すること、活発なコミュニケーション、

専門知識に基づく役割分担、協力の風土などを示唆する。チームワークは、協力、相互依存、柔軟性、ゴールの集団責任、プロセスの省察という要素で説明できる。

チームには、同一機関、施設、組織内におけるチームと、多機関、多施設、多組織でのチームがある。また、ソーシャルワーカーの集まりといった同一専門職種のチーム、精神科病院で展開されるような同一分野の異なる専門職種のチーム、弁護士や学校教職員、後見人等を含むような、複数分野の複数の専門職のチーム、ボランティアや近隣住民も一緒に展開するような、専門職と非専門職が混在するチームとに分類できる。そうしたチームの構成員も、チームの規模も、目標によって規定され、柔軟に変化する。

本節では、精神保健福祉領域でチームアプローチの概観と、チームにおける各専門職の役割、チームアプローチを機能させるための方法と課題について説明する。

2 チームアプローチの概観

1 チームアプローチが必要とされる背景

疾病構造の変化、医療の専門化と合理化、コスト削減、組織再編による細分化といったサービス提供側の理由と、ニーズの多様化・複雑化、家族やコミュニティの機能の低下、専門職の専門分化といった社会的背景をうけて、チームアプローチは登場した。一方で、当事者やその家族の多様なニーズに対し、一つの専門職、一つの機関のサービスでは十分に対応できなくなった。他方、在宅福祉が推進されるなかで、有効なサービスを効率的に提供できるシステムの必要性も高まった。

費用抑制が強調されるようになり、サービスの重複を避けて効果的、効率的、経済的なサービス提供への要請が強まっている。2010年には、世界保健機関（World Health Organization：WHO）も多職種連携教育・実践に対する行動のための枠組み（Framework for Action on Interprofessional Education & Collaborative Practice）を発表し、最適なヘルスサービス提供には、連携実践が不可欠で、そのための教育が必要だと示している。個人の社会生活を想定した多角的な人間理解と、それに基づく全人的アプローチを可能にするために、またそうした支援が効率的、効果的に遂行されるために、チームアプローチが必

要とされるようになった。

■2 チームアプローチの類型

　菊地和則は、チームアプローチのモデルを、①専門職間の協働・連携の程度、②役割解放の程度で類型化している[1]（**図3-3**）。

　インターディシプリナリー（interdisciplinary）モデルは、協働連携の程度が大きく、平等主義でほかの専門職とのコミュニケーションに重点が置かれる。アセスメント、計画、サービス提供などを多職種協働で行う。マルチディシプリナリー（multidisciplinary）モデルは、専門職の独立実践が基本で、それぞれが高度な専門性を駆使して個別にアセスメント、計画、サービス提供が行われる。専門職の役割は明確だが、コミュニケーションは限定されている。トランスディシプリナリー（transdisciplinary）モデルは、役割解放性が大きい。目標達成のために、各専門職がチームのなかで果たすべき役割を、専門分野を超えて横断的に共有する。したがって、専門職の役割は代替可能で、お互いに他職種の知識と技術を吸収したうえでサービスを提供する。

　疾病だけでなく生活上の心理・社会的問題を複合的に抱える慢性期の精神障害者の生活支援には、多専門領域の実践を統合する必要があるためインターディシプリナリーモデルが適している。デイケアやACTでは、共同で共有された支援計画を遂行するためトランスディシプリナリーモデルを採用する場合が多い。課題によって最も適したモデルを組

★ACT
assertive community treatmentの略で、日本では「包括型地域生活支援プログラム」と訳されている。重い精神障害のある人が、住み慣れた地域で生活できるように、多職種チームで支援を提供するプログラム。

図3-3　多職種チームのモデル

③トランスディシプリナリー・モデル

意図的・計画的

役割解放

①マルチディシプリナリー・モデル　　　②インターディシプリナリー・モデル

協働・連携（小）　　　　　　　　　　　協働・連携（大）

なし

出典：菊地和則「多職種チームの３つのモデル──チーム研究のための基本的概念整理」『社会福祉学』
　　　第39巻第２号, p.283, 1999.

み合わせて用いることが望ましい。

3 チームアプローチの長所と短所

チームアプローチの利点としては、第一に、課題解決プロセスの質向上がある。当事者や家族を含む関係者が、多様な立場からニーズを浮き彫りにし、その改善に向けた解決目標を検討して、包括的な分析によって創造的な問題解決や介入が行われる。意思決定をチームでするほど、チームメンバーは主体的にプロセスに参画するようになり、瞬時に情報が共有でき、自ら動かしているという実感とともに実践できる。第二に、より多くの資源へのアクセスが可能になるとともに、経済効率性も求められているなか、重複を避け、適切な資源を最大限に活用できる。第三に、専門職が多職種との交流のなかで、専門性向上の機会を得られる。自分とは異なる視点や考え方を知ることで、自らを相対化し、専門性を省察することになる。困難に直面しても、カンファレンスなどを通してチームの支えを受けられる。チームメンバー同士が学び合う経験と、相互の違いによる葛藤を解決していくプロセスによって成長でき、バーンアウトのリスクも減る。

これらの利点は当事者に、以下のような利益をもたらす。

❶自らの希望や意向を表明できる

❷多様な専門職に相談できる

❸多職種から受ける個々のサービスを一貫した支援として利用できる

❹自らが利用するサービスの全体像とその提供者を把握できる

❺多様な専門職の視点が取り入れられた包括的サービスを利用できる

一方で、チームアプローチの欠点としては、以下のようなことなどが挙げられる。

❶意見調整に手間暇がかかる

❷チームの管理や意思疎通にコストがかかる

❸役割葛藤や混乱が生じやすい

❹個人情報が漏れやすくなる

❺意見を一致させることへの圧力を受けて、創造的な問題解決が抑制される危険性がある

❻当事者が萎縮して意見表明や意思決定が困難になる可能性がある

4 チームアプローチに影響する要因

構造的組織的要因、専門職要因、関係性要因などが挙げられている。

構造的組織的要因としては、チームワークが生まれる時間と場所が確保されているか、そのための制度的裏づけがあるか、組織の理念や構造がチームアプローチを支持しているか、組織の管理者がチームアプローチの価値を理解し推進しているかなど、ハード面での要素がある。

　専門職要因としては、個々の役割の相互理解ができているか、その役割が守られているか、連携する意思があるか、言葉と技術の共有がなされているか、専門職とチームとの二重の所属への認識ができているか、チームアプローチのための訓練を受けているか、チーム内の葛藤解決方法を習得しているかといった、領域別の専門性とチームメンバーとしての能力の両方を含む専門職にかかる要素があげられる。

　関係性要因としては、情報共有や意思決定のためにオープンなコミュニケーションができるか、平等で対等、良好な人間関係を構築できるか、相互の専門性と視点や譲れない価値規範などを尊重しているか、相互信頼があるか、意思疎通がとれているかといった、チームメンバー間の関係性にかかわる要素がある。

　歴史的に、排他的な知識と技術によって専門職は成立してきており、もともと専門職には不可侵の境界がある。そして、それを基礎にした専門職アイデンティティも、多職種間協働の障壁になり得る。これらを克服するには対話しかない。省察と自己批判を通して、他者に向けるステレオタイプの前提を吟味し、力を手放し、オープンなコミュニケーションを重ねることが成功の基礎になる。

3 ▶ 専門職の役割

■1 チームにおける各専門職の役割

　ここでは、チームアプローチを成立させるために、個々の専門職の役割について述べ（**表3-1**）、ソーシャルワーカー（ここでは精神保健福祉士を例に解説する）がチームにいかに貢献すべきか検討する。

　医師は、治療上の最終決定者であり、診断と処方をする役割を担う。患者の処遇に強制力をもち、治療の最終責任を負う。看護師は、患者の健康の保持・増進を図ることを第一の役割としている。医療機関においては最も人数が多い職種で、病棟では交替で24時間患者とかかわるため、患者に関する多くの情報をもつ。作業療法士は、患者の機能的側面に焦点を絞り、作業能力評価と活動・作業分析をし、機能を最大限にす

Active Learning

精神障害リハビリテーションにかかわる専門職のそれぞれの資格の歴史や現状などを調べ、チームのなかで担う役割について精神保健福祉士と比較してみましょう。

表3-1　主なチームメンバーの役割

		根拠法	役割
利用者			希望や意思の表明、経験知に関する情報提供等
医師		医師法	診断、治療等
看護師		保健師助産師看護師法	診療の補助、療養上の世話、健康の保持、身体管理等
作業療法士		理学療法士及び作業療法士法	日常生活や社会参加、就労のための作業能力評価・改善等
心理技術者	公認心理師	公認心理師法	心理検査、心理相談、心理的アセスメント等
	臨床心理士	日本臨床心理士資格認定協会による認定資格	
	認定心理士	日本心理学会による認定資格	
精神保健福祉士		精神保健福祉士法	自己決定を尊重した生活支援、家族、職場や学校などの環境調整、地域との連携・地域ネットワークの形成、社会参加の機会の提供、地域啓発等

るために働きかける。心理技術者は、発達的・心理学的視点から患者をアセスメントする。

　そして精神保健福祉士は、心理社会的な側面から当事者を理解し、当事者の自己決定を尊重して、当事者自身が生活上の課題を解決するのを支援する専門職である。当事者と環境との相互作用に焦点を合わせ、環境調整を図る。すなわち、家族関係の調整も行い、職場や学校といった環境へも働きかける。特定の当事者を取り巻く環境だけでなく、精神障害者全体が直面する課題を解決するためにソーシャルアクションを展開することも、精神保健福祉士が担うべき役割になる。精神保健福祉士は具体的に、❶受診・入院相談、❷退院支援、❸地域生活支援、❹当事者が疾病をいかに受けとめているか、その意味を理解すること、❺リカバリーのプロセスにかかわること、❻当事者が地域で生活するために必要

★ソーシャルアクション

社会的な問題を体験している人々のニーズの充足と権利の実現のため、社会福祉法制度を含む社会構造の変革を目指し、市民、組織、行政、司法等に組織的に働きかける実践形態のことをいう。

---

i　IFSWの「ソーシャルワーク専門職のグローバル定義」においても、ソーシャルワーカーは社会変革を促進する専門職であることが謳われており、その社会変革を進めるアプローチがソーシャルアクションである。マジョリティ（多数者）が構築した社会のなかで生きづらさを負わされ、抑圧されている人々の権利を守り、全人的復権のために、変化を生み出すことが求められる。たとえば、法制度を変えるためにニーズ調査をして、データを基に意見表明することや、ニーズを充足させるためにサービスを生み出すこと、社会資源同士がつながることでニーズを充足できる場合はそのネットワークシステムをつくることなど、多様な実践が考えられる。

な社会資源を活用すること、❼社会資源がなければ創造すること、❽当事者が安心して暮らせるようネットワークを構築すること、❾集団支援、❿精神障害に対する偏見をなくすために啓発活動を展開することなど、多様な実践を遂行する。

　各専門職団体は、それぞれ倫理綱領を置いている。**表3-1**に記載したどの専門職も、人権の尊重を謳っている。ソーシャルワークの固有性として、価値規範をあげるだけでは不十分といえる。倫理は、各専門職が大切にし、譲れないものとして深く内面化するものだけに、「権利」「自己決定の尊重」と同じ文言の意味するところの共通性と差異を理解する必要がある。

▎2 チームにおける社会福祉職の貢献

　社会福祉職としてチームに貢献できることは、社会的・全体的視点をもち込めること、当事者のアドボカシーができること、当事者の声を反映させることなどである。症状と環境の両方を視野に入れ、家族や地域の文脈のなかで、未来に続く人生の長期的展望も含めて「生活者」という見方を提供する。

　多職種や多機関との橋渡しの役割も期待される。複数のサービスを利用する多様なニーズをもつ人々に対して、専門職間のギャップや機関間の連携のなさで不利益を被らないよう支援する。医学モデルで運営される医療機関において、生活モデルや社会モデルの視点を導入する意義は大きい。保健医療と福祉にまたがる専門職である精神保健福祉士には、コーディネーターとしての役割が期待されている。

　また、精神保健福祉士は、精神医学的知識をもちつつ、チームにストレングス視点を提示すること、豊富な社会資源の知識や情報によって当事者の生活に関して新たな可能性を提案すること、環境との相互作用による当事者への影響について提言すること、当事者の権利擁護のためのシステムを提案すること（たとえば、入院患者の選挙権の行使、精神医療審査会へのアクセスなど）、所属機関が地域の社会資源の一つとして活用される組織になるよう他機関との連携を強めることなど、社会福祉の価値と知識に根ざした多様な役割を担う必要がある。

　そのためには、ほかの専門職と対等にチームアプローチに参画できるほどに、精神保健福祉士が専門性と力量を高めることが求められる。他職種と効果的に、自信をもって働くために、ソーシャルワーカーとしての専門職アイデンティティを理解する必要がある。

4 チームアプローチの方法

1 多職種連携のためのコンピテンシー

　タックマン（Tuckman, B. W.）によると、チームがつくられるには、形成期（チームメンバーをお互いに知り、課題を理解する）、嵐の段階（中心的課題に取り組み、小さな対立や挑戦が起こる）を経て、定着段階（役割、責任、課題について明確に理解し、団結してゴールに向かうモードになる）に至る過程があるという[2]。

　チームが有効に機能するためにチームメンバーには、個々の専門的能力とチーム形成のための能力が求められる。日本医学教育学会を中心として、多数の医療保健福祉の団体・協会が協力し、2016（平成28）年に日本の「多職種連携コンピテンシー」が示されたが、そこでは複数の専門職種が連携協働するために必要な能力が挙げられている（**図3-4**）。

図3-4　日本の多職種連携コンピテンシー

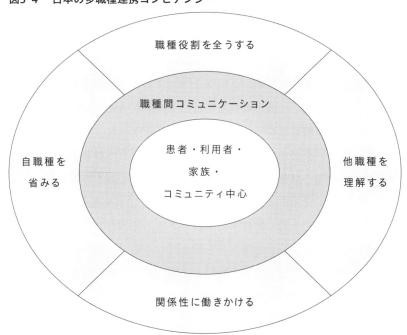

出典：多職種連携コンピテンシー開発チーム「医療保健福祉分野の多職種連携コンピテンシー」2016.
http://www.hosp.tsukuba.ac.jp/mirai_iryo/pdf/Interprofessional_Competency_in_Japan_ver15.pdf

　中心には、「患者・利用者・家族・コミュニティ中心」が置かれ、各専門職の掲げる目標設定ではなく、当事者を真ん中にして、当事者の関心事や課題に焦点を合わせて、共通の目標を設定することが示されている。さらにもう一つ、「職種間コミュニケーション」が中核に置かれ、チームメンバーが相互に職種としての役割、知識、意見、価値観を伝えあう能力を重視している。

　そして図3-4では、この二つを支える四つの領域として、「職種役割を全うする」「関係性に働きかける」「自職種を省みる」「他職種を理解する」が置かれている。自らの役割を伝え他者の役割を理解し、互いの知識・技術を活かしあう。チームメンバーの関係が対等になるようにし、複数の職種との関係性の構築・維持・成長を志向する。意見の相違にも、肯定的・建設的に対処し、積極的に自己と他者の折り合いをつける。多職種のなかでの自職種の強みと弱みを理解し、憤りや抵抗を感じる自分を俯瞰し、自分の感情に気づき、他者への行為を統制する。ほかの職種の思考、行為、感情、価値観を理解し、連携協働に活かす。

　当事者を中心として、精神科医療機関におけるチームの構成メンバーは、主に精神科医、看護師、作業療法士、心理技術者、精神保健福祉士であるが、薬剤師や管理栄養士、相談支援専門員や地域の施設職員、介護専門職など多様な専門職が、当事者の生活ニーズを満たすため必要に応じて動員される。地域の事業所においては、就労支援員や相談支援専門員、無資格の職員とのチームアプローチが想定され、地域自立支援協議会（協議会）などでは、行政、医療機関、相談支援事業所、地域活動支援センター等の事業所、当事者団体といった地域の多機関がチームメンバーになる。そうした多様な関係者が、相互に理解と尊重をもって、それぞれの能力を十分に発揮する必要がある。そのためには、❶共通の目標をもち、たえずそれを確認しながら進めること、❷それぞれの役割や専門性を相互に理解し尊重すること、❸情報の共有と当事者に関する共通理解、❹支援方針の共有とそれぞれの役割の明確化、❺モニタリングと評価の共有が重要である。

　そして、これらの要件を満たすためには、①明確で単純な言葉を使い、お互いによく聞き合うこと、②日常的コミュニケーションを通じて信頼関係を育てること、③対等性を守り、違いを認めて侵食しようとしないこと（役割や業務、学問的基盤、職業アイデンティティなど、互いの専

門職を尊重し合うこと）、④それぞれの専門職が独自性・主体性・自律性を発揮すること（自らの職種優先主義は払拭しつつ、自らの専門性を活用して他職種と協力し、チームに貢献すること）、⑤自分の果たすべき役割と責任の範囲を明確にし、そのうえで柔軟に役割を担うことができること、⑥チームアプローチの知識と技術の教育研修を取り入れること、⑦専門職も学び合い、成長するプロセスと、チームによって目標を達成する喜びを経験することなどが必要である。

❸ソーシャルワークスキルを活用する

　教育訓練において、チームワークの特別なスキルが取り上げられるようになったのは最近である。しかし、傾聴、「利用者のいるところから始めること」、差異の尊重、非審判的態度の維持、共感的コミュニケーション、グループダイナミクスの活用など、チームのなかで働くうえで採用できるソーシャルワークスキルは多くある。

　精神保健福祉士は、チームの協力、協働、相互支援の空気、信頼、グループの凝集性を創るために貢献する必要がある。心理社会的な捉え方、エコ・システム論的視点も組織的要素を評価するのに役立つだろう。多職種の異なるアプローチは、相互に排他的ではなく、多様な知識と理解を利用するチャンスになる。個人の置かれている状況に対する全体的で、最大限に深い見解を得ることが最も重要である。

　精神保健福祉士は、すべての可能性のある見方が大切にされ、チームのなかに取り入れられるよう、異なる見方を表明しあえるチームづくりに寄与する。

2 当事者参加

　当事者はチーム活動の中心人物で、自分のニーズに関する専門家としてみなされるべき存在である。自身の経験のエキスパートであるだけでなく、特別なニーズやサービス提供の知識を広くもっている可能性がある。当事者は、制度政策のエンドユーザーとして生きた経験に基づく知識をもつからである。

　家族もリハビリテーションを担うチームメンバーと捉える。専門職が当事者にかかわれるのは人生のほんの短い期間であるが、家族は違う。精神症状の処置や家庭における危機回避の方法について専門職は学び、当事者・家族も症状や障害について学び、充実した生活のための技術を身につける。

　すべてのチームメンバーにとって意味のある参加にするために、専門

★エコ・システム論
一般システムの理論枠組みを用い、生態学的な視点で人と社会環境との間の適応的均衡に注目する。「環境のなかの人」という捉え方をし、人も環境も含めた多様なシステムの交互作用を視野に入れる。

職と当事者と家族は、ゴールを定め、それに向けた進め方の決定、評価のプロセスにおいて合同で携わる。当事者の意見を取り入れることで、支援は実行可能なものになり、受け入れられやすくなる。ソーシャルワーカーは、確実に当事者と家族がチームミーティングのなかで声を出せるよう保証する。

当事者との協力関係においては、信頼と共有が重要である。多職種が効果的にサービスを提供しているとき、当事者は参加も貢献もできていないと感じ、無力化させられているかもしれない。そうさせないためには、情報にアクセスできること、自らの希望やニーズを表明する機会があること、自らにかかわる何事かが決定される会議に参加する機会があること、支援内容の説明を十分に受け、それらを選択し、望まないサービスを拒否する機会や不服申立ての方法があること、サービスの満足度を表明する機会をもっていることなどが大切である。

当事者の選択、価値観、見方は専門職のそれと異なる。専門職のほうが集団で力が強い。この力の不均衡を認識し、当事者にパワーが移譲されるよう努めることが期待される。ただし、支援計画への押印、組織の運営会議に委員として参加、提示された選択肢から一つを選択することなど、機関や専門職によって「参加」の捉え方、進め方が異なる。チームへの当事者参加を促すためには、協働の目的を明確にして合意形成することが必要である。また、当事者が急性期の場合や子どもの場合は、参加には限界があるため、可能な限り本人の声を反映できるような仕組みの準備が求められる。

3 チームワークの倫理的事項

守秘義務の問題は大きい。当事者は、カンファレンスで自分のことがどのように議論されるか、どの専門職が参加するか理解しているだろうか。そしてそれらに納得しているだろうか。その議論は当事者が落ち着いて聞いていられる内容だろうか。

近年、カンファレンスへの当事者参加が進んできているが、当事者の尊厳を守り、本人の意向に沿った検討を遂行するためにも重要である。当事者には、チームアプローチの必要性、守秘義務の維持の方法、当事者の情報がどこまでどの専門職や機関に開示されるのか、その意図と方法について説明されなければならない。

チームアプローチの課題

第一に、多職種連携教育である。多職種連携のスキルは自然と身につくものではなく、効果的な方法、技術、対処方法、必要とされる能力について特別な学習が必要とされており、それは専門職資格付与以前の養成教育において養われる。階層性のないチームメンバー同士の関係構築や、当事者の情報共有への倫理的意識の醸成も含め、チームの一員としてのコンピテンシーを高める教育が求められる。

第二に、チームアプローチを下支えする仕組みである。カンファレンスや共同指導等の連携に診療報酬が認められるようになっている。しかし、その内実にまで踏み込んで連携の質を担保するものとしては不十分である。さらに、多職種、多機関連携を促進する制度的裏づけが期待される。

第三に、チームアプローチの効果に関する調査研究である。多様な要素がからむため、比較も検証も困難であるが、効果があるという報告もある。さらなる研究によって、より効果的なチームアプローチのあり方、チームメンバーである専門職のコンピテンシー、その教育方法が明らかにされることが待たれる。

Active Learning

日本でも多職種連携教育が行われてきていますが、実際に教育機関等で実施されている多職種連携教育について調べてみましょう。

第3章 精神障害リハビリテーションの構成及び展開

◇引用文献
1）菊地和則「多職種チームの3つのモデル――チーム研究のための基本的概念整理」『社会福祉学』第39巻第2号，pp.273–290，1999.
2）Tuckman, B. W., 'Developmental sequence in small groups', *Psychological Bulletin*, 36(6), pp.384–399, 1965.

精神障害リハビリテーションのプロセス

学習のポイント

- 精神障害リハビリテーションは、多職種による包括的な支援システムである
- そのプロセスは、利用者との共同作業である
- その評価は、個人レベルと事業所レベルの評価を含む複合的なものである

 精神障害リハビリテーションの前提

精神障害リハビリテーションのプロセスを考える際には、精神障害リハビリテーションが意味するものや、精神障害リハビリテーションを必要としている人を理解することが重要である。そこで本節では、精神障害リハビリテーションの捉え方と対象について、改めて要約する。

1 精神障害リハビリテーションのプロセスの捉え方

精神障害リハビリテーションは、精神障害者の生活を支える技法やシステムの総体といえる。精神障害リハビリテーションの領域では、過去30年間に効果的な実践が開発されてきた。たとえば、家族心理教育やACT（assertive community treatment：包括型地域生活支援）、IPS（individual placement and support：個別職業紹介とサポートによる援助付き雇用）などは、科学的に効果が実証されたEBP（evidence-based practice：根拠に基づく実践）として位置づけられている。他方、精神障害リハビリテーションは、そのプロセスにおいて利用者の自己決定を常に中心におく。よって、精神障害リハビリテーションは、効果的な実践モデルの単純な集合体ではない。

精神障害リハビリテーションは、EBPを重視しながらも、ときに客観的な効果は多少不透明であっても精神障害者の固有の価値を重視する支援方法であるVBP（value-based practice：価値に基づく実践）も取り入れる。すなわち、精神障害リハビリテーションとは、利用者の地域生活を支えるパーソンセンタードの理念に基づいた支援（システム）全体および領域を指す。よって、精神障害リハビリテーションのプロセスは、個別の実践やモデルにおけるアセスメント方法や支援技法、ある

ACT
多職種チームが、365日24時間体制で地域訪問サービスを展開する集中型ケースマネジメントの一形態。

IPS
就労支援と生活支援をセットにした、包括的なアウトリーチ型の個別就労支援である。支援者は職業準備性を過度に強調せず、利用者の希望や好みに基づいて利用者と一緒に就職活動を展開し、定着支援も提供する。

EBP
厳密な数量的および質的研究によって、効果が科学的に実証された実践モデル。

VBP
個々人がもつ価値や好みなどに基づく実践。価値に基づく実践は、支援者の価値や科学的エビデンスを否定するものではなく、根拠に基づく実践と相互補完的な実践である。

いはソーシャルワークに特化した技法ではない。むしろ、精神障害者支援において職種横断的に共通するシステム的なプロセスとなる。

2 精神障害リハビリテーションの対象

　精神障害リハビリテーションの対象は多様である。歴史的に、精神障害リハビリテーションは、重い精神障害のある者、すなわち統合失調症、双極性障害、うつ病などと診断された者を対象として発展してきた。現在の日本では、精神障害リハビリテーションは、発達障害や薬物依存症などさまざまな疾患のある者も対象となっており、診断に縛られない多様な生活課題を抱える者がその対象となっている。しかしながら、今日においても、精神障害リハビリテーションの主要な対象は、重い精神障害のある者である。

　たとえば、ある事業所が、認知機能が比較的保たれる神経症圏の疾患や適応障害と診断された者を支援対象とし、統合失調症や双極性障害と診断された者が支援対象から排除されがちな場合、それは精神障害リハビリテーションの本来の姿とはいえないかもしれない。より実践的な例でいえば、就労支援の際、サービス利用開始時から事業所に週3日通えることなどが利用条件となり、重い精神障害により生活課題や認知機能的な課題を抱え、事業所に通えない者がサービスを利用できない場合、そのような実践は就労支援であるかもしれないが、精神障害リハビリテーションとはいえないであろう。すなわち、精神障害リハビリテーションのプロセスを考える際、私たちは、前提として本来精神障害リハビリテーションを必要としている者に支援を提供することができているかについて考えることが重要である。

★認知機能
記憶や学習、判断、理解、計算、言語など、物事に対する認識やその時々の状況に合わせて物事を実行する脳の機能。

2 精神障害リハビリテーションのプロセスのサイクル

　精神障害リハビリテーションのプロセスは一般に、❶ケースの発見やインテーク（受け入れ面接）を含むアセスメント（査定面接）、❷プランニング（計画）、❸インターベンション（介入・サービス提供）、❹モニタリング（追跡）／エバリュエーション（評価）からなる。これらの段階は、サービスの内容によっては単純なサイクルの場合もあれば、❶アセスメントと❷プランニングを行き来する場合、❶アセスメントや❷プランニング、❸インターベンション、❹モニタリングを同時に行う場

図3-5　精神障害リハビリテーションのプロセスのイメージ

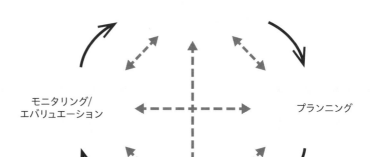

合もある（図3-5）。また、精神障害リハビリテーションが個別の支援だけを指すものではないことから、そのプロセスは、事業所・組織のサービス供給体制や地域の資源状況などの視点を踏まえたさまざまな文脈を意識する必要がある。本項では、各段階で行われる内容を説明する。

■1 アセスメント（査定面接）

　狭義のアセスメントは、サービス提供をするにあたり必要な情報を得て整理すること、あるいは見立てを行うこととされている。精神障害リハビリテーションのアセスメントは、ケースの発見からインテークを含めて、利用者や事業所、地域全体についての包括的な情報を収集する支援過程として紹介されることが多い。

❶ケースの発見

　精神障害リハビリテーションは、利用者が希望した場合に利用できることが重要である。精神科入院病棟、精神科外来治療、保健所、家族などさまざまな機関や人からの紹介があることが望ましい。また、急性期の精神症状のために安静が必要となる期間を除き、障害程度が重い、あるいは症状が悪いことによって、精神障害リハビリテーションに関連するサービスの提供が断られることがあってはならない。ただし、精神障害リハビリテーションに関連するサービスの開始は、強制されるものではなく、利用者自身の意思決定に基づく必要がある。

❷信頼関係の構築

　精神障害リハビリテーションは利用者の地域生活を支える領域やシステム全般を指し、利用者の意思決定や希望に基づいた複合的なサービスを提供する。利用者が適切なサービスを受けられるように、支援者はインテークやアセスメントを通して、利用者からさまざまな情報を得る必要がある。そして利用者から情報を得るためには、支援者は同じ目標に一緒に立ち向かうパートナーとして利用者との信頼関係を築く必要がある。なぜなら、信頼関係がないなかで利用者が話す内容は限られているからである。実際、互いの関係性が脆弱なままに収集した情報は、利用者と支援者との間で認識のずれが生じやすいとされている。また、支援者と利用者の関係性は症状の減退など精神疾患の予後にも関連するといわれている。よって、精神障害リハビリテーションのアセスメントは、利用者との信頼関係を構築するなかで実施されるべきものである。

　利用者との信頼関係を築くための技法としては、利用者に敬意をもつこと、利用者の趣味や関心のある活動に同行し、一緒に楽しむこと、相手の感情に共感することなどが挙げられている。ただし、信頼関係の構築は単純なものではなく、個々の利用者によって、方法や費やす時間は大きく異なる。各事業所には、利用者との信頼関係の構築のために、支援者が利用者の安心できる場所や得意なことができる場所、日常生活を送る場所に出向いていけるように支援体制や職場環境を設けることが求められる。具体的には、個々の支援者が担当する利用者数の調整や事業所外で支援ができる人員配置、スケジュール管理などが挙げられる。

❸アセスメントで把握する情報

　精神障害リハビリテーションにおけるインテークやアセスメントで把握すべき情報は多岐にわたる。**表 3-2** が示すように、支援者は利用者個人と環境（家族、サービスを提供する事業所、地域・国・行政）についての情報を把握する必要がある。これらの情報を得るための基本姿勢は、利用者と一緒に考え、情報を集めることであり、支援者だけで行うものではない。また、ソーシャルワーカーだけでこれらの情報を集めることは困難な場合も多く、医師や看護師、作業療法士、心理技術者、ピアサポーターなどの多職種チームによるアプローチが必要になる。

　ケースマネジメントでは、インテークやアセスメント、プランニング、インターベンション、モニタリング、エバリュエーションなどの順でプロセスが進むことが一般的である。他方、精神障害リハビリテーションは、利用者とともに支援活動、すなわち介入を行いながら、アセスメン

★**ケースマネジメント**
ケースマネジメントとケアマネジメントは同じ意味であるが、前者はアメリカで使用されることが多く、後者はイギリスで使用されることが多い。また、日本の介護保険制度ではケアマネジメントという言葉が使用されている。介護保険のケアマネジメントは独自の発展を遂げており、精神障害者に対する効果的な支援として発展したケースマネジメントと分別する意味で、本節ではケースマネジメントという言葉を用いる。

トやプランニングをすることもめずらしくない。たとえば、ストレングスモデルやIPSでは、事業所（施設）内の面接や観察によるアセスメントの限界から、支援者が彼らの生活圏に訪問し、生活支援や就労支援を提供しながら、その時々の利用者の様子を観察し、利用者と意見を交わしながら、継続的なアセスメントやプランニングを実施する。すなわち、精神障害リハビリテーションのアセスメントでは、支援者にプロセスのサイクルや順番に固執せず、利用者のニーズと支援目標に向けた支援のあり方に対して柔軟に対応する姿勢が求められる。

　表3-2の「サービスを提供する事業所について」にあるフィデリティであるが、忠実性や再現性と訳され、ある事業所のサービスが、標榜する実践モデルどおりに提供されているかという概念である。フィデリティは、サービス品質についての（環境）アセスメントの一つである。先に述べたEBPの質を裏づけるものとして位置づけられる。

　多くの場合、フィデリティは、専用の道具であるフィデリティ尺度を用いて評価する。フィデリティ尺度は、主に組織体制（担当利用者数、配置する職員の職種、利用者の受け入れ状況、支援者が個別あるいは集団支援に費やす時間）を評価するチェックリストのような形となっている。たとえば、ソーシャルワークのみならず、多くの対人サービスに影響を与えたストレングスモデルにもフィデリティ尺度はある。そのフィデリティ尺度のなかでは、たとえば、支援のために支援者が利用者に会った場所について、全体の85％以上が地域（事業所や病院外）であれば

表3-2　精神障害リハビリテーションのアセスメント内容

利用者個人について
希望、支援目標、変化への準備（心持ち）、支援の優先度、生活ニーズ、長所、スキル（特技を含む）、好み、信条、住居、仕事、家族構成、所得保障（障害年金や生活保護など）、機能、生活障害、生活の質、意思決定、認知機能、診断と症状、薬物依存、問題行動、トラウマ　など

利用者の家族について
支援目標、生活ニーズ、資源とサポートの程度、偏見や差別　など

サービスを提供する事業所について
資源、利用者の満足度、根拠に基づく実践の忠実な再現度（フィデリティ）、職員や管理者・運営者のリカバリーへの理解、職員が抱える偏見や差別、地域社会への密着度など

地域・国・行政について
ホームページなどの情報アクセス環境、資源とサポートの程度、偏見や差別、合理的配慮の程度、労働政策や雇用状態、行政活動　など

出典：Corrigan, P. W., *Principles and practice of psychiatric rehabilitation: an empirical approach: 2nd edition*, Guildford Press, p.70, 2016. をもとに作成

5点、75-84%が4点、65-74%が3点、50-64%が2点、49%以下が1点となっている。この項目以外にも、担当利用者数、スーパーバイズのもち方、アセスメントや支援計画の立て方などが細かく規定された項目が用意されている。

フィデリティ尺度を用いることで、私たちはストレングスモデルが単純に「利用者のよいところをみる」モデルではなく、支援者が地域のなかで利用者の生活を支えるモデルであることを認識でき、継続的なスーパーバイズ、構造的なアセスメントや支援計画を作成するための組織構造や職場環境のあり方を学び、評価することができる。このように、フィデリティ尺度は、その事業所の支援の良し悪しを直接測るというよりは、事業所の実践が考案されたモデルにどの程度近いかを測るものである。

❹重要なアセスメント項目

アセスメントの初期段階では、利用者の将来の希望を一緒に探すことが特に重要である。希望を共有することは、利用者個人の特徴や環境についての情報を把握するよりも優先される。なぜなら、利用者自身が描く将来像や将来の希望に基づいて支援目標などを利用者と一緒に決め、必要情報を集めることになるからである。なお、「一生入院していたい」や「一生、作業所に通っていたい」など、その希望が精神保健福祉サービスの内側にある場合には、利用者が自身のもつ力を信じられていない場合や将来をあきらめている可能性があることから、留意が必要である。もちろん、そのような希望が真に利用者の自発的なものであることも否定はできないが、支援者は個々の利用者が価値ある社会的役割を担えること、そしてそのような役割は一般に精神保健福祉サービスの外側にあることを理解する必要がある。

同時に、アセスメントのなかで支援者は、価値ある社会的役割について利用者自身が決められるように、そして社会的役割を果たせる力を彼ら自身がもっていると再認識できるように働きかけることも重要である。変化への準備や心持ち（readiness）を把握することも、初期アセスメントにおいて重要な作業である。精神障害リハビリテーションでは、常に利用者の意思決定が優先されることから、支援者が決めたタイミングでサービス提供が始まるわけではない。他方、精神障害の特徴は症状に波があることであり、変わりたい（たとえば、就労したい）というモチベーションは日によって異なる場合がある。また、利用者のなかには、過去にトラウマ的な体験を有している者もめずらしくなく、変わりたいという気持ちがあっても最初の一歩を踏み出せない者もいる。よって、

支援者には利用者の心理的な準備が完全に整うまで、ただ手をこまねいて待つのではなく、モチベーションを高める働きかけやアセスメントを継続しながらも徐々に介入を始める臨床感覚や支援技術も求められる。

■2 プランニング（計画）

❶既存の効果的サービスとプランニング

プランニングは、アセスメントに基づいて計画される。特に、アセスメントで明らかになった、利用者個人のニーズや家族のニーズ、利用者が利用できるサービスの種類、利用者の住む地域環境に合わせて包括的に計画される必要がある。

具体的には、支援者と利用者が一緒に、利用者の置かれている状況を把握し、利用者の希望を中心に据えて、緊急性を要するニーズ（例：住む家がない）、臨床的なニーズ（例：症状や機能の回復）、社会的ニーズ（例：仕事をしたい）、生活スキル的なニーズ（例：家事やコミュニケーション）などについて対応するサービスの内容やスケジュールを決める。その際、支援者は、利用者の将来の希望やニーズ、好みに対応する各サービスの効果について、科学的な評価と経験値から説明する役割と責任を担っている（**表3-3**）。

たとえば、IPSなどの包括的な個別就労支援は、重い精神障害のある利用者に対して、世界中で科学的に効果が認められる就労支援とされているが、すべての人にそのような包括的な支援が必要ではないかもしれない。社会生活技能訓練（SST）などの集団トレーニングで、就労に必要なスキルを学ぶだけで自分の本来の姿を取り戻し、就労する人もいるであろう。一方で、集団トレーニングやスキルトレーニングは、それのみでは重い精神障害のある人の就労支援として機能しにくいことも明らかになっている。

もっとも、そのような科学的な評価だけが、プランニングの内容を決めるわけではない。サービスに対する利用者の好みやペースはプランニングの決定に重要な位置を占める。たとえば、IPSのような個別就労支援が多くの就労機会と長い就労期間を提供する効果的な実践であっても、集団トレーニングを希望する利用者もいるであろう。もし、その希望が利用者の真のニーズであれば、利用者が希望するリハビリテーションサービスの提供を優先すべきである。すなわち、プランニングは、利用者と支援者が共同して今後のサービスを決める作業といえる。

❷効果的サービスがない場合のプランニング

　現在まで、科学的な効果が実証されているリハビリテーションの実践モデルや利用者の希望に基づいたリハビリテーションとして提案されている実践モデルには、多くの場合、個別サービスや事業所外でサービス提供するアウトリーチ型のサービス、家族支援、ピアサポートなどが含まれている（**表3-3, 3-4**）。しかし、これらのサービス特性は、日本の現行制度では、報酬体系に組み込まれていないことが多い。よって、必要とされるサービスが資源として存在しないことがしばしばある。その

表3-3　科学的な効果検証によって推奨される実践モデル

モデル名	内容・特徴*	サービス種別		
		アウトリーチ	個別	集団
包括型地域生活支援 (assertive community treatment：ACT)	重い精神障害をもつ人を対象とした集中的ケースマネジメント。多職種のアウトリーチチームが 365 日24 時間体制で利用者の地域生活を支える。（効果が期待されるアウトカム例：入院期間の減少）	✓	✓	
疾患セルフケアトレーニング	個人あるいは集団で、自身の疾患やその対処について学ぶ機会を提供。（効果が期待されるアウトカム例：再入院の防止、社会的機能の向上）		✓	✓
援助付き雇用 (individual placement and support：IPS)	重い精神障害をもつ人を対象とし、就労支援と生活支援を統合したチームが、利用者の希望を重視する個別・定着サービスを提供。（効果が期待されるアウトカム例：就労率や就労期間の向上）	✓	✓	
家族介入／家族心理教育	家族に対する心理的サポートや疾患に対する正しい知識を提供。（効果が期待されるアウトカム例：再発の防止、社会機能の向上、家族の対応能力の向上、家族負担の減少）	✓	✓	✓
社会技能訓練 (social skills training: SST)	認知行動療法の一類型であり、集団を対象として、社会的な行動やコミュニケーション技術を学ぶ機会を提供。（効果が期待されるアウトカム例：社会機能の向上）			✓
認知機能リハビリテーション	認知機能の改善や低下している機能を補う生活スキルの獲得を目指す個人あるいは小グループを対象としたトレーニング。（効果が期待されるアウトカム例：認知機能や社会機能の改善）		✓	✓
運動・身体活動	身体を動かす機会（例：エアロビクス）を提供。（効果が期待されるアウトカム例：症状の減退、抑うつ気分や生活の質の改善）	✓	✓	✓
統合的早期介入	上記で紹介したサービス等を、疾患の発症初期段階から包括的に提供。（効果が期待されるアウトカム例：症状の減退、生活の質や社会的機能の改善）	✓	✓	✓

出典：Vita, A., Barlati, S., 'The implementation of evidence-based psychiatric rehabilitation: Challenges and opportunities for mental health services', *Frontiers in Psychiatry*, 10, p.2, 2019. をもとに作成
＊アウトカムとは転帰とも訳され、支援を提供した結果、変わると予想される測定指標（測定項目）を意味する。

ような場合、精神障害リハビリテーションの支援者には、新たに実践モデルに取り組むことや代替となるサービスを模索することも求められる。

▌3 インターベンション（介入・サービス提供）

　アセスメントやプランニングに基づいて、実際に介入することやサービスを提供することが、インターベンションである。精神障害リハビリテーションでは、利用者の包括的なニーズに対して、さまざまな実践を組み合わせることが一般的である。

　たとえば、統合失調症の妄想・幻覚により、炊事や掃除などの家事全般や家族関係の問題の改善に支援を必要としており、かつ仕事がしたい利用者がいた場合、アウトリーチ型のケースマネジメントやIPSなどのサービスを提供するかたわらで、認知機能の改善や自己理解を深めるために認知機能リハビリテーションやピアサポートによるセルフケアプログラム（例：元気回復行動プラン（wellness and recovery action plan：WRAP））（**表3-4**）を実施し、かつ市町村が実践する家族教室などの利用調整などをする必要があるかもしれない。また、もし住居地域に根強い偏見や差別がある場合には、自治体や教育機関と連携した啓発活動を並行して行う場合もある。さらに、プランニングで述べたように、効果的なサービスがない場合には、支援者自らが立ち上げたり、地域資源・環境の調整をしたりする必要がある。このように、精神障害リハビリテーションは、個々の利用者のニーズに対応するサポートシステム全体の視点で介入やサービスを組み立てる必要がある。

▌4 モニタリング（追跡）／エバリュエーション（評価）

　精神障害リハビリテーションは、個別の利用者に対する支援活動も含む、包括的な支援システムである。よって、モニタリングとエバリュエーションは、支援過程でみえてきた課題について、個人レベルと事業所・組織レベルで実施される必要がある。他方で、それぞれのレベルにおけるモニタリングとエバリュエーションの内容は大きく異なる。

❶個人レベル

　個人レベルのモニタリングおよびエバリュエーションは、ケースマネジメントの内容に近い。利用者と信頼関係を築くことができたか、利用者個人に対して十分なアセスメントができていたか、希望・ニーズに対応する効果的なサービスを計画したか、計画したサービスを（継続的に）

★アウトリーチ型の
　ケースマネジメント
アセスメントやプランニングをする支援者が、実際に利用者の自宅や生活圏に訪問し、一緒に活動・支援をする種類のケースマネジメント。ACTやストレングスモデルが代表例である。

Active Learning
リカバリーの視点によって推奨される実践モデルの一覧から、興味をもったものをいくつか選んで、より詳しい内容について調べ学習をしてみましょう。

表3-4　リカバリーの視点によって推奨される実践モデル

モデル名	内容・特徴	サービス種別		
		アウトリーチ	個別	集団
ピアサポーターによる支援	精神疾患を経験した当事者が、同様の病を抱えるサービス利用者を、自身の経験に基づいて支援する。	✓	✓	✓
事前指示・計画	利用者が将来的に意思決定をすることが難しくなった場合に備えて、治療の好みや選択を明確に記しておく実践。あるいは急性的に症状の悪化が見られた場合の治療計画(クライシスプラン)を作成する実践。		✓	
元気回復行動プラン (wellness recovery action plan: WRAP)	当事者の発案によって生まれた自己ケアプログラムであり、自身が望む生活をするために、自身の調子のよいときや悪いときについて把握し、自分で対処法を考える生活管理プラン。仲間たちと一緒に作成することもできる。		✓	✓
疾病管理とリカバリー (illness management and recovery: IMR)	精神症状を自己管理するための情報と技術を身につけ、人生の目標に進むための、パッケージ化されたリカバリー志向の心理社会的介入プログラム。		✓	✓
リフォーカス (REFOCUS)	専門トレーニングを受けた支援者が、利用者と一緒に、希望に基づいた支援計画の作成、長所に焦点を当てたアセスメント、利用者主体の支援ゴールに向けた具体的な支援などを提供する包括的な地域精神保健サービス	✓	✓	
ストレングスモデル	日常的なスーパーバイズを受けている支援者が、利用者と一緒に、長所に焦点を当てたアセスメント、希望に基づく支援計画の作成、利用者主体の支援ゴールに向けたアウトリーチ型の支援を提供する集中的ケースマネジメントの一形態(単純に長所を見る支援や哲学でない)。	✓	✓	
リカバリーカレッジ	利用者の生活や人生目標を、教育という観点から支える支援。実際のサービスは、地域に開かれており、利用者と支援者との共同創造・制作(co-production)である。利用者自身がリカバリーについてさまざまな講座を通して主体的に学ぶことに特徴がある。			✓
援助付き雇用 (individual placement and support: IPS)	重い精神障害をもつ人を対象とし、就労支援と生活支援を統合したチームが、利用者の希望を重視する個別・定着サービスを提供。	✓	✓	
ハウジングファースト／援助付き住居	特にホームレスの精神障害者などを対象に、まずは安全に居住できる場を確保し、その後に個人の生活・人生目標の達成を図る実践モデル。	✓	✓	
精神保健トライアローグ (mental health trialogues)	利用者、家族、友人、専門職、その他の市民などが参加して、精神保健の課題についてオープンな対話をする地域ミーティングである。精神保健トライアローグは、精神保健の課題についての個々の知識向上と地域文化の促進を図ることを目的とする。	✓		✓

出典：Slade, M., Amering, M., et al.,'Uses and abuses of recovery: implementing recoveryoriented practices in mental health systems', *World Psychiatry*, 13(1), pp.12-20, 2014. をもとに作成

受けることができていたか、当初のニーズを充足できたか、不足している
サービスや地域資源について対応や新規開発ができたか、すべてのプロ
セスに利用者と共同できたかなどについて評価する。個人レベルのモ
ニタリングおよびエバリュエーションは、利用者やスーパーバイザーと
一緒に行うことでより適切に実施できる場合もめずらしくない。

❷事業所・組織レベル

事業所・組織レベルのモニタリング、エバリュエーションでは、二つ
の側面がある。まず自身の所属する事業所や組織が、科学的に効果が証
明されているサービスを提供できているかについて振り返る必要があ
る。そのために、モニタリングおよびエバリュエーションをする立場の
者は、論文などから効果的な実践について常に最新の情報を把握する必
要がある。事業所が新たに効果的な実践モデルに取り組む場合は、実現
可能性やマンパワー、スタッフ育成を念頭にサービス供給体制を整える
必要がある。

所属する事業所が効果的な実践をすでに取り入れている場合は、フィ
デリティ尺度などを用いることでサービスの品質管理をすることが求め
られる。ACT やストレングスモデル、IPS、ハウジングファースト、
IMR（illness management and recovery：疾病管理とリカバリー）、
リカバリーカレッジなどの実践ではすでにフィデリティ尺度が開発され
ており、推奨されるスタッフ配置や支援のあり方などが明確に規定され
ている。また、ピアサポートやオープンダイアローグなどの近年注目を
集める実践においても、フィデリティ尺度が公開あるいは開発中となっ
ている。

効果的な実践の自機関への取り入れは重要であるが、精神障害リハビ
リテーションは、必ずしも科学的に効果が証明された実践モデルの組み
合わせでない。実際の実践現場では、多職種が協働して、症状の減退、
機能の回復、医療費扶助や所得保障の利用、就労や一人暮らしの援助な
どをさまざまなサービスを並行して実施し、利用者自身が価値を置く目
標の達成を支援する。それらの評価はサービスを提供する事業所や組織
全体として行われる。たとえば、モニタリングおよびエバリュエーショ
ンをする立場の者は、事業所・組織が精神障害リハビリテーションを必
要としている人にサービスを提供できているか、効果的な実践をするた
めの担当利用者数とスタッフ配置を確保しているか、スーパービジョン
や研修参加などスタッフの教育体制が確保されているか、利用者一人当
たりのサービス提供量などを定期的に評価する必要がある。

　利用者の希望を中心に据えた支援は基本的に個別サービス・アウトリーチ型サービスが多くなるが、日本では制度や文化的な要因から集団サービスが提供されることが多い。集団サービスはそれ単体では効果を生みにくいことを考慮すると、事業所が提供するサービス全体における個別サービスやアウトリーチ型サービスの割合なども評価対象となるであろう。加えて、事業所・組織の利用者が支援目標になりがちな内容（例：一人暮らしの継続、就労の有無、再入院の有無、生活の質など）について、どの程度の利用者が達成できているかなどについて量的および質的な定期評価が求められる。これらの事業所・組織の評価活動のことをルーティン・アウトカム・モニタリング（routine outcome monitoring）と呼ぶ。適切なルーティン・アウトカム・モニタリングは事業所のサービスの質の担保に役立ち、利用者の良好な転帰にもつながる。

　事業所・組織レベルのモニタリングおよびエバリュエーションをする立場の者には多様な能力が求められる。具体的には、スーパーバイズをする力、スタッフの心理的サポートをする力、必要情報にアクセスし、（論文内の）情報が正しいものであるかどうかを判断する力、フィデリティ尺度の利用など他者から学び取り入れる力、適切なルーティン・アウトカム・モニタリングを継続的に取り組む力などが求められる。これらの知識やスキルは修士コースで学ぶ内容も多い。実際、海外では修士号・博士号をもつ者が事業所・組織レベルのモニタリング、エバリュエーションを担当することもめずらしくない。また、海外で、多職種チームのなかにルーティン・アウトカム・モニタリングを専門とするスタッフを置くことが推奨されている国もある。現場レベルで、事業所・組織レベルのモニタリング、エバリュエーションを担える人材の育成と確保は日本の喫緊の課題ともいえる。

◇参考文献

・Rössler, W. & Drake, R.E.,'Psychiatric rehabilitation in Europe', *Epidemiology and Psychiatric Sciences*, 26(3), pp.216–222, 2017.
・Rössler, W.,'Psychiatric rehabilitation today: An overview', *World psychiatry*, 5(3), pp.151–157, 2006.
・Farkas, M, Anthony, W. A.,'Psychiatric rehabilitation interventions: a review', *International Review of Psychiatry*, 22(2), pp.114–129, 2010.
・Anthony, W. A., Farkas, M. D., *A primer on the psychiatric rehabilitation process*, Boston University Center for Psychiatric Rehabilitation, 2009.
・Farkas, M., 'Identifying psychiatric rehabilitation interventions: An evidence and value based practice' '*World psychiatry*, 5(3), pp.161–162, 2006.
・Corrigan, P. W., *Principles and practice of psychiatric rehabilitation: an empirical approach: 2nd edition*, Guildford Press, 2016.
・MacDonald-Wilson, K. L., Nemec, P. B., et al.,'Assessment in psychiatric rehabilitation' Bolton, B., *Handbook of measurement and evaluation in rehabilitation: 3rd edition*, Aspen, pp.423–448, 2001.
・Pratt, C. W., Gill, K. J., et al.,*Psychiatric rehabilitation: 3rd edition*, Elsevier Academic Press, 2014.
・鈴木浩太・山口創生・塩澤拓亮・松長麻美・藤井千代「精神障害者におけるニーズの評価：Camberwell Assessment of Need – Japanese version（CAN-J）の特徴」『臨床精神医学』, 第49巻第5号, pp.675–682, 2020.
・Priebe, S., Richardson, M., et al.,'Does the therapeutic relationship predict outcomes of psychiatric treatment in patients with psychosis? A systematic review' *Psychotherapy and Psychosomatics* 80(2), pp.70–77, 2011.
・Rapp, C. A., Goscha, R. J., *The strengths model: a recovery-oriented approach to mental health services: third edition*, Oxford University Press, 2012.
・Becker, D. R., Drake, R. E.,'*A working life for people with severe mental illness*', Oxford University Press, 2003.
・Fukui, S., Goscha, R., et al., 'Strengths model case management fidelity scores and client outcomes', *Psychiatric Services*, 63(7), pp.708–710, 2012.
・Thornicroft, G., Slade, M.,'New trends in assessing the outcomes of mental health interventions', *World Psychiatry*, 13(2), pp.118–124, 2014.
・Buckley, P.F., Miller, B.J., et al.,'Psychiatric comorbidities and schizophrenia', *Schizophrenia Bulletin*, 35(2), pp.383–402, 2009.
・Liberman, R. P.,'Caveats for psychiatric rehabilitation', *World psychiatry : official journal of the World Psychiatric Association (WPA)*, 5(3), pp.158–159, 2006.
・Jacobs, H. E., Kardashian, S., et al.,'A skills-oriented model for facilitating employment among psychiatrically disabled persons', *Rehabilitation Counseling Bulletin*, 28(2), pp.87–96, 1984.
・Vita, A., Barlati, S., 'The implementation of evidence-based psychiatric rehabilitation: Challenges and opportunities for mental health services', *Frontiers in Psychiatry*, 10, p.147, 2019.
・Slade, M., Amering, M., et al.,'Uses and abuses of recovery: implementing recovery-oriented practices in mental health systems', *World Psychiatry*, 13(1), pp.12–20, 2014.
・Priebe, S., Conneely, M., et al.,'What can clinicians do to improve outcomes across psychiatric treatments: a conceptual review of non-specific components', *Epidemiology and Psychiatric Sciences*, 29, p.48, 2020.
・小林（清重）知子『WRAP（元気回復行動プラン）のプログラム評価研究――リカバリーを促進するセルフヘルプツールの包括的検証』創造出版, 2018.
・Lambert, M., '*Presidential address: what we have learned from a decade of research aimed at improving psychotherapy outcome in routine care*', *Psychotherapy Research*, 17(1), pp.1–14, 2017.
・Carlier, I. V. E., Meuldijk, D., 'Routine outcome monitoring and feedback on physical or mental health status: evidence and theory', *Journal of Evaluation in Clinical Practice*, 18 (1), pp.104–110, 2012.
・Shimokawa, K., Lambert, M. J., 'Enhancing treatment outcome of patients at risk of treatment failure: Meta-analytic and mega-analytic review of a psychotherapy quality assurance system', *Journal of Consulting and Clinical Psychology*, 78(3), pp.298–311, 2010.
・Drake, R. E., Riley, J.,'Supporting a working life when disability is not permanent', *Psychiatric Services*, 71(4),pp.310–311, 2020.
・NICE, *Psychosis and schizophrenia adults: prevention and management: NICE Clinical guideline (CG178)*, National Institute for Health and Care Excellence, 2014.

第4章

精神障害リハビリ
テーションプログラム
の内容と実施機関

　本章では、精神障害リハビリテーション領域である医学
的リハビリテーション、職業的リハビリテーション、社会
的リハビリテーション、教育的リハビリテーションとこれ
らが行われる機関について、その特徴を概説する。このほ
か、家族支援プログラムについても触れる。

　そのうえで、さまざまな領域で実施されるプログラムの
種類や特徴を整理し、具体的なリハビリテーションの内容、
手順について学ぶ。また、手法については、マインドフル
ネス、オープンダイアローグ、リカバリーカレッジについ
ても言及し、精神障害リハビリテーションでのプログラム
を精神保健福祉士が実施するうえでの留意点を学ぶ。

医学的リハビリテーションプログラム

学習のポイント

- 精神科医療機関で実施されるリハビリテーションプログラムの目的と内容を理解する
- 精神科医療機関で行われているリハビリテーションプログラムにかかわる専門職や、診療報酬のための施設基準や算定基準について理解する
- 各プログラムにおける精神保健福祉士の関与について理解する

1 ▶ 精神障害に対する医学的リハビリテーション

1 医学的リハビリテーションと精神障害

医学的リハビリテーションは、疾病に由来する障害評価をもとに、人間発達理論、学習理論、運動制御理論（運動学習、スキル学習）、認知心理学・認知神経心理学、行動分析学・認知行動分析学など複数の学問領域の成果や技術を広く取り入れることで、障害を負った人が、その人らしい社会生活を再び営めるようにすることを目的としている。

精神障害者のなかにも、医学的リハビリテーションを必要とする人がいる。対象となるのは、統合失調症、うつ病・双極性障害、アルコール依存症、認知症、パーソナリティ障害などと診断され、治療を行っても長期にわたり職業や学業をはじめ生活上の支障が継続している患者などである。多くの精神障害者は疾病の症状と後遺症である生活上の障害が共存しており、リハビリテーションは、治療の終了後からではなく、治療と並行して行われる。

リハビリテーションの目的は精神障害の回復段階によって異なり、急性期には生活リズムの回復や早期退院、慢性期には長期入院の予防、在宅時には症状の再燃・再発予防、生活機能の維持・改善、社会参加の援助などとなる。医療機関で行われるリハビリテーションでは、リワークプログラムなど一部を除き、直接就労を目指すものは多くない。

2 精神科医療機関で行われている医学的リハビリテーション

精神科医療機関で行われるリハビリテーションには、家庭や入院生活を送るなかで行われる一般的なものと、目的を定め構造化して行う専門

★ 症状と障害が共存する精神障害

症状と障害が共存する精神障害では、この特徴のため、治療とリハビリテーションの区別が判然としない場合がある。たとえば、認知行動療法は、症状の軽減を目的として医師が構造化された治療的枠組みで個別に行う場合は治療とみなされる一方、うつ病患者に対する精神科デイ・ケア（リワーク）のプログラムの一つとして行われる問題解決グループは認知行動療法の考え方を取り入れているが、リハビリテーション活動として扱われる。

療法がある。精神科リハビリテーションの専門療法としては、作業療法、行動療法、認知行動療法、集団精神療法、レクリエーション療法、依存症回復プログラム、健康自己管理プログラムなどが挙げられる。

さらに、効果が認められた専門療法は、診療報酬の対象とされることで普及が図られてきた。医学的リハビリテーションのうち、精神科特有の専門療法として診療報酬の対象となっているものに、精神科作業療法、入院生活技能訓練療法、精神科デイ・ケア、精神科ショート・ケア、精神科ナイト・ケア、精神科デイ・ナイト・ケア、重度認知症患者デイ・ケア、認知療法・認知行動療法、入院集団精神療法、通院集団精神療法、依存症集団療法などがある。

医学的リハビリテーションを目的として実施される精神科専門療法が診療報酬の対象となるためには、国が定めた施設基準を満たし、管轄する厚生労働省の地方厚生局に届け出なければならない。施設基準が認められ、医療機関を管轄する社会保険診療報酬支払基金に通知された後に、実施結果が診療報酬の対象となる。実施結果はほかの診療行為と同様、診療録に記載し、一定期間保存する必要がある。各医療機関は、届出要件を満たしているか否かを自己点検した結果を、毎年 7 月 31 日までに報告し、また法規に従って、自治体や国からの監査・指導を受けなければならない。

2 精神科作業療法

1 作業療法の成立

作業療法（occupational therapy）は、リハビリテーション効果を期して、患者に何らかの作業を実施させる治療法の総称である。

海外における精神障害者に対する作業療法的アプローチの萌芽は、ディックス（Dix, D. L.）やマン（Mann, H.）らの道徳療法（moral therapy）にみられる。また、今日につながる動きとして、ドイツのジモン（Simon, H.）の「積極的治療法」と名づけた実践、19 世紀末から 20 世紀初頭にかけてのアメリカにおける精神衛生改革のなかで生まれた作業療法推進国民協会（現・アメリカ作業療法協会）の設立などが挙げられる。1952 年にはアメリカ等 10 か国により、世界作業療法士連盟が設立された。2012 年現在、同連盟には世界 73 か国、約 37 万人が加盟している。

★occupation
occupationは、日本語の「仕事」や「作業」より広い意味をもち、「気持ちや時間を費やす活動」を指すとされる。

★アメリカにおける作業療法の発展
アメリカでの発展は、国民協会の設立者の 1 人で「作業療法の父」といわれるダントン（Dunton, W. R.）や、当時アメリカ精神医学会会長であったマイヤー（Meyer, A.）の寄与が大きかったといわれている。

日本における精神科作業療法は、ドイツに留学した精神科医によって紹介された。そのなかでも、呉秀三は精神科病院において、今日の作業療法とレクリエーション療法を合わせた実践を移導療法と名づけて行った。呉の指導を受けた加藤普佐次郎は、「患者とともに働き、生活する」という哲学のもと、日本で初めて作業療法の有効性について論文を発表した。その後、1956（昭和31）年の小林八郎による生活療法の提唱やそれに対する批判などを経て、今日の精神科作業療法が形成された。1963（昭和38）年には作業療法士の養成が開始され、1974（昭和49）年には、精神科作業療法が診療報酬の対象として認められた。

▌2 精神科作業療法の定義と治療的意義

Active Learning

ソーシャルワークの視点からみた作業療法の意義について考えてみましょう。

理学療法士及び作業療法士法における作業療法の定義は、「身体又は精神に障害のある者に対し、主としてその応用的動作能力又は社会的適応能力の回復を図るため、手芸、工作その他の作業を行なわせることを

表4-1　作業療法で用いられる作業活動の例（日本作業療法士協会）

対　象	作業活動の種類	具体例
1．基本的能力 （ICF：心身機能・身体構造）	感覚・運動活動	物理的感覚運動刺激（準備運動を含む）、トランポリン・滑り台、サンディングボード、プラスティックパテ、ダンス、ペグボード、プラスティックコーン、体操、風船バレー、軽スポーツなど
2．応用的能力 （ICF：活動と参加・主に活動）	生活活動	食事、更衣、排泄、入浴などのセルフケア、起居・移動、物品・遊具の操作、金銭管理、火の元や貴重品などの管理練習、コミュニケーション練習など
	余暇・創作活動	絵画、音楽、園芸、陶芸、書道、写真、茶道、はり絵、モザイク、革細工、籐細工、編み物、囲碁・将棋、各種ゲーム、川柳や俳句など
3．社会的適応能力 （ICF：活動と参加・主に参加）	仕事・学習活動	書字、計算、パソコン、対人技能訓練、生活圏拡大のための外出活動、銀行や役所など各種社会資源の利用、公共交通機関の利用、一般交通の利用など
4．環境資源 （ICF：環境因子）	用具の提供、環境整備、相談・指導・調整	自助具、スプリント、義手、福祉用具の考案作成適合、住宅等生活環境の改修・整備、家庭内・職場内での関係者との相談調整、住環境に関する相談調整など
5．作業に関する個人特性 （ICF：個人因子）	把握・利用・再設計	生活状況の確認、作業のききとり、興味・関心の確認など

出典：日本作業療法士協会『作業療法ガイドライン（2018年度版）』p.13, 2019.

表4-2　精神科における作業療法の主な治療的意義

精神機能（集中力、理解力、持続力、問題解決力など）の改善
現実検討力の向上
自己認知力や自己肯定感の向上
日常生活における技能の獲得や社会生活能力の向上
対人交流の促進
協調性や社会性の向上
対人刺激に対する対処能力の向上

出典：長崎重信監，山口芳文編『作業療法学ゴールド・マスター・テキスト 精神障害作業療法学 改訂第2版』メジカルビュー社，p.158，2015. を一部改変.

いう」（同法第2条）となっている。作業療法で行われている作業を分類すると**表4-1**のようになる。

　精神科作業療法は精神障害を有する者を対象とし、その生活のしづらさの出現の予防や改善を図るものである。山根寛は精神科作業療法を、「個々の障害の精神病理に特有な心の動きを理解した精神的サポート、生活様式の工夫、適応的な生活技能の習得、環境の調整など包括的総合的な支援により、再燃・再発を防ぎ、その人なりの生活の再構築と社会参加の援助を行うリハビリテーション技法のひとつである」[1]と定義している。

　作業療法は、具体的な作業に患者本人が能動的に取り組むことを通じて治療効果を発揮する。精神科における作業療法の主な治療的意義は**表4-2**に示すとおりである。

3 精神疾患やその回復状態に応じた作業療法

　作業療法は、さまざまな疾患に対し異なる回復段階で実施されている。

　統合失調症では、認知機能の障害やさまざまな場面での社会参加の制約が認められ、その状態は、個人により、病期により、さまざまである。

　幻覚や妄想がいまだ活発な急性期には、安心を保障し、徐々に現実への移行を図る。可能であれば、隔離されている場合でも、短時間開錠し、本人が望む作業を行うことには意味がある。実施に際しては、❶刺激の少ない集中できる場の設定、❷非言語的なコミュニケーションの活用、❸単純な工程で巧緻性を要求しない自由度の高くない作業で中断しても再開しやすい作業の選択、などを考慮する。回復期には、疲弊した心身の機能の回復や生活リズムの回復を目標とする。この時期には、作業療法士との信頼関係をもとに、パラレルな場から、しだいにさまざまなグループ活動への参加を促し、人に受け入れられる安心感を経験すること

Active Learning

作業療法にはさまざまな内容があります。具体的にどのような内容があるのか、またどのようなプログラムがあるのかを調べてみましょう。

★**パラレルな場**

ほかの人と場を共有しながら、集団としての課題や制約を受けず、途中からでも、断続的な参加でも受け入れられ、自分の目的に応じた利用ができる場。作業療法のなかの個人療法の一形態を表す言葉。山根寛『精神障害と作業療法——病いを生きる、病いと生きる 精神認知系作業療法の理論と実践 新版』三輪書店，p.405，2017.

で自己の状態を肯定できるようにしていく。この時期にはレクリエーションによる楽しみながらの体力回復などが有効である。さらに、退院が視野に入ってきたときは、調理など日常的な生活技能の（再）獲得を課題とした作業を増やしていく。一方、長期入院を余儀なくされている重症者の場合、音楽やレクリエーション活動などを取り入れたプログラムにより、院内での適応を維持することに力点が置かれる場合もある。

うつ病の急性期は、ゆっくり休息することでエネルギーの回復を図ることが大切であり、行程が単純で、繰り返しの多い作業で、かつ病前より低い作業能力でできる作業を選択する。回復期に入ったなら、作業の難度を状態によって調節し、グループでの創作活動などへの参加も促していく。作業に集中することも大切であるが、焦らず、休息をとりながら自分のペースで行うことを経験することも重要である。

アルコール依存症などの依存症患者では、後述する依存症回復プログラムのなかで、対人関係や運動機能の維持増進にかかわるさまざまな作

表4-3　回復状態に応じた作業療法

回復状態		作業療法の目的	作業療法の主な役割
急性期	要安静期	救命、安静、急性症状の鎮静	作業療法は行わない
急性期	亜急性期 （1か月以内）	病的状態からの早期離脱 二次的障害の防止	安全・安心の保障、症状の軽減、無意識的欲求の充足、衝動の発散、休息、基本的生活リズムの回復、現実への移行の準備、鎮静と賦活
回復期	前期 （3か月以内）	リハレディネス 　現実への移行の援助 　心身の基本的機能の回復	身体感覚・基本的な生活リズム・基礎体力・身辺処理能力等の回復、楽しむ体験、自己のペースの理解、自己コントロール能力改善
回復期	後期 （半年～1年）	リカバリー 　自律と適応の援助	生活管理技能・対人交流技能・役割遂行能力の改善・習得、自己能力や限界の確認、達成感・社会性の獲得、自信の回復・獲得、職業準備訓練、家族調整・環境整備、社会資源利用の援助、障害との折り合い・受容の支援、退院指導・援助
維持期		生活の質の維持・向上 再燃・再発の予防	生活の自己管理に向けた相談指導、病気との付き合い方、仲間づくり、就労援助、余暇の利用、環境、調整、適切な危機介入
終末期		生命の質の維持 看取りと癒し	安全・安心の保障 小さな楽しみ・安心して悲しめる場の提供

＊これらの状態を示す各期は時系列的なものではなく、各状態と目的も固定された関係を示すものではない。

出典：日本精神保健福祉士養成校協会編『新・精神保健福祉士養成講座④ 精神保健福祉の理論と相談援助の展開Ⅰ（第2版）』中央法規出版, p.190, 2014.

業が行われる。個別よりは、枠組みを明確にし、属性が均一の小集団で行う作業が適しており、グループ内での力動を意識した運営を図る。

　認知症では、残存機能の維持、反応性の向上、生活リズムの形成等を目標として、集団での合唱・俳句教室・ぬり絵等の表現的活動、タオル折り等の軽作業、ストレッチ等の身体活動等が行われている。本人のペースに合わせ、本人の意欲を増す工夫を行うことが重要となる。

　表4-3に、精神疾患の回復状態に応じた作業療法の目的と主な役割を示した。

◢4 精神科作業療法の施設基準と診療報酬

　精神科作業療法が診療報酬の対象となるためには、一定の施設基準を満たし、また、実施時間や取り扱い患者数、個々の患者の診療録等に実施の要点を記載するなどの算定基準を満たすことが必要である。

◢5 作業療法と精神保健福祉士の業務

　作業療法を実施する専門職は作業療法士である。精神保健福祉士は作業療法について理解し、チームの一員として作業療法士と連携することが求められる。

◢3 行動療法

◢1 行動療法とは

　行動療法はヒトや動物の実証的な研究によって確立された行動学習に関する知見を重視し（行動主義）、その理論を応用して不適切行動の修正・変容をはかる治療・リハビリテーション技法である。基礎となる理論として、古典的条件づけ（レスポンデント条件づけ）、オペラント条件づけ（道具的条件づけ）および社会的学習理論が挙げられる。

◢2 古典的条件づけ（レスポンデント条件づけ）

　古典的条件づけは、反射によって引き起こされる不随意的な反応である。パブロフ（Pavlov, I. P.）は、空腹の犬に餌（無条件刺激）を与え唾液が出る（無条件反射）という生得的な反応をもとに、餌と一緒に別の刺激（条件刺激）を与えると、その別の刺激だけで唾液分泌が誘発されるようになる（条件反射）ことを見出した。

この原理を行動療法に応用したのが、ウォルピ（Wolpe, J.）により開発された系統的脱感作法である。この方法は、不安が小さい条件から大きい条件へと徐々に引き上げ、学習された不安・恐怖心などを段階的に解消させていくものである。

❸ オペラント条件づけ（道具的条件づけ）

Active Learning
日常生活で行っているオペラント条件づけの例を話しあいましょう。

オペラント条件づけは、スキナー（Skinner, B. F.）が開発した実験装置（スキナーボックス）を用いた研究に基づいている。スキナーは、動物がたまたま行った行動の後に餌が出てくる（正の強化）ことを繰り返し経験すると、その行動の頻度が増すことを見出し、このような行動の変容をオペラント条件づけと名づけた。古く、病院内で好ましい行動に対しておやつなどを購入できるトークン（代用通貨）を与えて適応的な行動を増やすことを目指したトークンエコノミーなどは、この原理を応用したものである。

❹ 社会的学習理論

社会的学習理論は、ヒトの社会的行動の多くは他者の行動を観察し、模倣することで身についてきたものであること（社会的学習）を踏まえ、条件づけではなく、観察と模倣によって学習させることを目指す理論である。バンデューラ（Bandura, A.）は、このような学習をモデリングと呼んだ。代表例である社会生活技能訓練（social skills training：SST）では、他者の行動をみて（モデリング）、真似をして（ロールプレイ）、周囲から正のフィードバックを受けて生活技能を身につけていく。

❺ 精神障害リハビリテーションにおける行動療法

行動療法は、強迫性障害などの神経症性障害の不安除去のために用いられる。また、SST は、精神科入院患者に対して診療報酬の対象となっており、広く実施されている。

4 認知行動療法

❶ 認知行動療法とは

認知行動療法は、精神症状の発症や悪化につながる認知のスタイルを

明らかにし、認知と行動の両面に働きかけて、より現実的で、適応的な対処を可能にすることを目指す治療法である。それまで、それぞれ独自に発展してきた行動療法の技法とベック（Beck, A. T.）の認知療法やエリス（Ellis, A.）の論理情動行動療法などの認知的アプローチを総合して用いることから、1990年代以降、認知行動療法の名で呼ばれるようになった。

　認知行動療法は、❶意識された認知と行動を扱うので評価しやすい、❷うつ病患者などを対象とした比較対象研究によって効果が実証されている、❸治療者と患者が協働で行うなどの特徴を有している。

2 認知行動療法の基本的考え方

　認知行動療法では、図4-1のように自己の置かれた環境に対し、認知（思考・イメージ）、気分・感情、行動・身体の反応がそれぞれ相互に影響を与えあうと考える。この際、情動に影響され、ある状況でとっさに湧き上がってくる考え（認知）を自動思考と呼ぶ。また、思考はさまざまな人生経験に影響されて形成された中核的信念（スキーマ）に影響を受ける。認知行動療法では、自動思考に気づき、その根拠を冷静に振り返り、代わりの思考を生み出すことで、不安や恐怖などの感情を軽減し、より適応的な行動へと導くという過程を繰り返すことで、思考のゆがみを修正する力をつけ、最終的にはスキーマの修正を目指す。小さなミスの指摘で抑うつ症状が悪化するうつ病患者の認知とその修正例を図4-2に示した。

図4-1　認知行動療法の基本的考え方

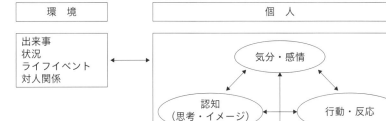

出典：長崎重信監, 山口芳文編『作業療法学ゴールド・マスター・テキスト 精神障害作業療法学 改訂第2版』メジカルビュー社, p.51, 2015.

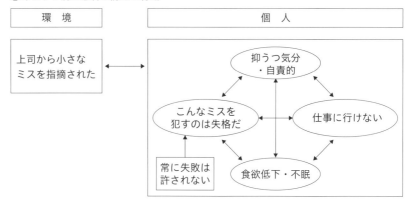

図4-2　うつ病患者の認知とその修正例

①あるうつ病の患者の認知と行動

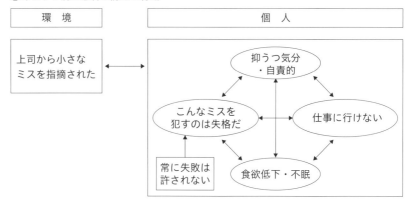

②認知の修正と行動

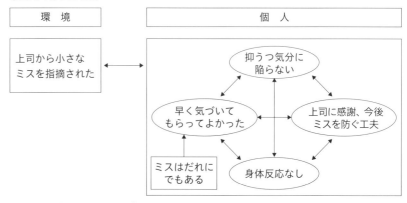

出典：長崎重信監，山口芳文編『作業療法学ゴールド・マスター・テキスト 精神障害作業療法学 改訂第2版』メジカルビュー社，p.51，2015.

Active Learning

図4-2の図を使って、身近な体験のなかでの認知の例を考えてみましょう。

3 認知行動療法の実際

　認知行動療法は、種々の疾患や状態で実施可能であるが、日本で精神科専門療法として診療報酬の対象になるのは、入院中の患者以外のうつ病等の気分障害、強迫性障害、社交不安障害、パニック障害、心的外傷後ストレス障害または神経性過食症の患者となっている。

　認知行動療法は、医師が患者と実施回数や1回の実施時間等治療構造を明確にしたうえで実施する。一般的な治療構造は、❶挨拶と健康状態の確認、❷セッションの流れの確認（アジェンダ設定）、❸前回以降に生じた認知と行動の事案について基本モデルに照らしての振り返り（認知再構成）、❹次回までの課題の確認、❺まとめ、などとなる。

　診療報酬として算定されるのは、当該療法に関する研修を受講するなど当該療法に習熟した医師が一連の治療計画を策定し、患者に対して詳細な説明を行ったうえで、30分を超えて治療が行われた場合で、16回

まで算定できる。

うつ病の患者に実施する場合、導入期（うつ病や認知行動療法に対する理解促進）、認知の再構成を図る時期（ホームワークを繰り返し、認知についてのセルフチェックと修正の試行を重ねる）、効果確認と終結に向かう時期、フォローアップなどの経過を経ることが多い。

4 認知行動療法に関する近年の話題

統合失調症に対する認知行動療法的なアプローチ（cognitive behavioral therapy for psychosis：CBTp）は診療報酬の対象となっていないが、1990年以降、欧米で実践研究が行われ、その有効性が実証されてきている。幻覚や妄想などを標的とする症状対処の方略には永続的な効果が期待できないとしても、悪化を防止し、患者の自己効力感を高めるなどの意義があるとされる。

メリデン版訪問家族支援は、治療者が統合失調症などの患者のいる家族のうち、可能であれば全員を対象として、認知行動療法の考え方と技法を応用して、全員が病気を理解し、相互のコミュニケーション能力を高め、協力して問題解決能力を高めることで患者の再発防止やそれぞれの家族の社会的生活の維持を目指す有期限のアプローチである（p.188参照）。

マインドフルネス認知療法は、自己の認知を価値判断せずそのまま受け入れ、いまここにある身体の感覚に意識を向けることで、認知自体を操作させずに感情を安定化させることを目指す方法である。再発性のうつ病に効果が期待されているが、否定的な感情に耐えるだけの統制力がない人には不向きであるともいわれる（p.197参照）。

5 認知行動療法と精神保健福祉士の業務

認知行動療法のアプローチは、入院患者に対して行われるSSTなどに応用されているほか、デイケアのプログラムの一部として採用されている。したがって、精神保健福祉士もその技法の基本を習得して、グループワークの際などに活用することが求められることがある。

その他、認知行動療法の特徴の一つである患者と支援者の協働性を相談支援に活かすことができる。精神保健福祉士が対話を通じて患者が自らの課題に気づくことを助け、またそれに対する対処法を選択する過程に寄り添う際、認知行動療法の考え方が大いに役立つこととなる。

■1 集団精神療法とは

　集団精神療法は、1人ないし複数の治療者（ファシリテーター）と共通の課題をもつ複数の参加者（メンバー）によって行われる療法である。集団精神療法では、集団の力動（ダイナミクス）、すなわちメンバーと治療者の相互作用に加え、メンバー間の相互作用や治療者とほかのメンバーのやり取りを見聞きすることなどを利用して問題解決を図る。

　集団精神療法の療法的因子について、ヤーロム（Yalom, I. D.）は11因子を列挙している。筆者は**表4-4**のように改変した。

■2 集団精神療法の実際

　一般的な集団精神療法では、数人から20人程度が参加し、互いの顔が見えるように座る。課題の内容などに応じ、メンバーを固定して限定する場合（クローズドグループ）、自由に参加してよいとする場合（オープングループ）、その中間的なありかた（セミクローズドグループ）がある。回数は有期限とする場合としない場合がある。1回の実施時間（セッション）はおおむね1時間程度までで、治療者は定時に開始して定時に終了するように時間を管理する。通常、メンバーは自由に離席することが許されている。その他、毎回冒頭に、話したいことのみを話せばよいこと、ほかのメンバーの批判をしないこと、話された内容を集団外で漏らさないことなどのルールを確認する。

　進行は、毎回テーマを決め、構造化して行う場合も、自由な話し合い

表4-4　集団精神療法の療法的因子

- ・ほかのメンバーの回復が自己の将来への希望をもたらす。
- ・自己の体験が自分だけではないことの気づき（普遍的体験）。
- ・自分が受容される体験を通じて自己肯定感が増す。
- ・人のためになったと感じること（愛他的体験）で自尊心が回復する。
- ・役立つ情報を受け取ることで生活の選択肢が広がる。
- ・現実検討（自己確認、自己評価など）がつく。
- ・ほかのメンバーからの模倣・学習・修正を通じて生活技能等が改善する。
- ・自己の悩みを表現することでその改善につながる（カタルシス）。
- ・集団内での相互作用・凝集性の経験が対人関係の改善につながる。
- ・共通の成功経験などを通じて仲間意識を感じる（共有体験）。
- ・病気や苦しみなどの避けられなかった現実を受け入れる（実存的体験）。

出典：I. D. ヤーロム・S. ヴィノグラードフ，川室優訳『グループサイコセラピー──ヤーロムの集団精神療法の手引き』金剛出版，1991. より改変

を重視する場合もある。治療者が複数の場合、リーダー、コリーダーなどと役割を分担する。治療者は会を進行させ、沈黙や対立の場面、話題をそらすメンバーがいる場合など、必要に応じて介入する。コリーダーはリーダーとのバランスを図り、多面的な状況観察を行う。多くの場合、終了後、治療者とスタッフで振り返り（レビュー）を行う。

3 精神障害リハビリテーションにおける集団精神療法

精神科病棟では入院患者に対し、小さなグループから病棟全員が参加する「患者会」のようなものまで、目的に応じさまざまなグループが運営されている。このほか、専門療法としての集団精神療法は、専門家が治療者となって話し合いを行うもの以外に、メンバーが協力して即興劇を構成することにより、主役となるメンバーの1人が抱える問題を可視化させ、演技すなわち行動を通じて理解を共有し、解決法を見出そうとする心理劇（サイコドラマ）がある。

また、家族療法は、家族をシステムとみなし、家族内の問題を直接的な因果関係ではなく円環的な関係で捉え、介入する部分を探っていくもので、さまざまな技法が実践されている。

★**心理劇**
心理劇では、治療者が監督となり、シナリオをつくりながら、必要に応じて補助自我や守護天使などを動員し、主役が問題を洞察し、解決法のヒントを見出すように導く。

4 集団精神療法の実施基準と診療報酬

入院集団精神療法は、精神科を標榜している保険医療機関において、精神科を担当する医師および1人以上の精神保健福祉士または公認心理師等により構成される2人以上の者が、十分な広さを有する当該医療機関内の一定の場所において、その場所を使用する時間帯をあらかじめ定め、1回に15人に限り、1日につき1時間以上実施した場合に入院後6か月を限度として、週2回まで算定できる。この場合、個々の患者について、精神科医師による治療計画が作成されていることが必要である。通院集団精神療法は、同様の内容で、1回に10人に限り、1日につき1時間以上実施した場合に、開始日から6か月を限度として週2回に限り算定することができる。

5 集団精神療法と精神保健福祉士の業務

集団精神療法では、複数の専門職がチームとして関与することが多い。精神保健福祉士もそのチームの一員として、進行役や集団内のメンバーの力動に注意を向ける役割などを担い、個人の目標と集団の目標をともに掲げるように努める。

6 依存症回復プログラム

1 依存症回復プログラムとは

　アルコール依存症などの依存症に対し、❶身体の回復→❷脳の回復→
❸心の回復→❹人間関係の回復という「四つの回復」へ導くための総合
的方略が公表されている。ここでは、アルコール依存症を中心に解説す
る。アルコール依存症の治療の原則は断酒であるが、そのためにはまず
入院治療を要することが多い。

　病棟での治療プログラムは、一般に解毒期とリハビリテーション期に
分かれている。解毒期では、断酒後の離脱症状を治療するとともに、飲
酒の影響で罹患した身体疾患や精神症状を治療する（①身体の回復と②
脳の回復）。リハビリテーション期は院内のプログラムに沿って、アル
コール依存症について教育を受け、共同作業などで退院後の生活の準備
を行い、入院中から自助グループ（断酒会やアルコール無名者の会（ア
ルコホーリクスアノニマス：AA））に通うなどして再飲酒しないでい
られる環境づくりを行う（③心の回復と④人間関係の回復）。

　アルコールなどの依存症では、常に再摂取（スリップ）の危険がある
ことを自覚して、再摂取せずに生活を続けることを求められる。依存症
回復プログラムは、入院から外来治療および地域の自助グループへの参
加にいたるまでの総合的なプログラムをいう。

2 依存症回復プログラムの実際

　依存症の入院治療におけるリハビリテーション期には、依存症から回
復する意思を表明した人を対象にして、あらかじめ期間を定めた約2〜
3か月間にわたる集団プログラムを実施する。このプログラムの主な構
成要素には、アルコールに関する心理教育、病棟患者会やグループミー
ティング、作業療法、スポーツやレクリエーションなどがある。患者は
集団体験を通じて、依存症に対する否認を克服し、ほかの患者との間で
仲間意識を醸成し、断酒継続の意思を高めることが期待される。退院が
近くなると、外泊や病棟からの自助グループへの参加などを経て、退院
前には自らの依存症体験をほかの入院患者の前で発表して今後の決意を
語る。退院後は、外来通院日に、診察に加えて集団精神療法に参加し、
また夜間などに近隣各地で行われている自助グループへの参加を続け
る。

■3 依存症回復プログラム実施の施設基準と診療報酬

　国の施設基準を満たし、国が示した適切な研修を修了した医師1人以上および看護師、作業療法士、精神保健福祉士または公認心理師がそれぞれ1人以上配置されていることなどの基準を満たす医療機関においては、重度アルコール依存症入院医療管理加算を請求することができる。また、アルコールや覚せい剤などの依存症患者に対する外来での集団療法も診療報酬の対象とされている。

■4 依存症回復プログラムと精神保健福祉士の業務

　依存症の患者に対し、精神保健福祉士はほかの専門職とともにプログラム実施を担当するほか、患者との個別の相談に応じ、社会資源に関する情報提供や家族関係の調整なども行う。依存症回復者が地域生活を継続するうえで、精神保健福祉士が果たすべき役割は大きい。

7 その他の精神科リハビリテーションにかかわる療法

■1 レクリエーション療法

　ダーキン（Dakin, R.）によれば、「レクリエーションとは、仲間とともにする遊戯活動」であり「交友を助け、親和の精神を発達させ、緊張を解きほぐす機会を与えて、誰もが快適な気分と幸福感を取り戻すように図るもの」である。レクリエーション活動はカラオケ、スポーツなど希望者が自発的に行う活動のほか、盆踊りやクリスマス会などの年中行事として学校、職場、地域などで行われる活動がある。

　レクリエーションを治療の一環として用いることは、道徳療法の時代から行われていたが、その後、理論や概念が整理され、1960年代からセラピューティックレクリエーション（therapeutic recreation）という名称で呼ばれるようになった。療法としてのレクリエーションは、障害などにより自発的に余暇を楽しむことができない人を対象として、グループでの活動を通じて、生きる喜びや交流の楽しさを経験させることを目指す。

　精神科領域でのレクリエーション療法は、精神科病棟における年中行事などとして行われるほか、入院患者に対する作業療法や外来患者に対するデイケアプログラムの一部などとして実施されている。

2 芸術療法

　芸術療法は、広い意味での芸術活動を行うことで効果を期待する治療技法である。用いる活動により、絵画療法、コラージュ療法、音楽療法、心理劇、ダンス・ムーブメント療法などと称され、日本では俳句・連句療法や書道療法なども開発された。これらを総称して芸術療法と呼ぶ。日本では1950（昭和25）年頃から描画などのもつ治療的意義が注目され、1969（昭和44）年に日本芸術療法学会が創設されている。

　芸術療法では、まず、患者がその行為にかかわることで自己の内界が表現され、自己治癒機制が発揮される。集団で行われる場合には集団力動に由来する治癒機制も加わる。さらに、表現された活動（作品）を通じて患者と治療者の間に交流が生じ、治療者やメンバーらから肯定的な評価を得ることなどが患者の自己評価を高めることにつながることが期待される。芸術療法の技法は、作業療法やデイケアのプログラムなどで広く用いられている。

3 健康自己管理プログラム

★WRAP
WRAPは、当事者のコープランド（Copeland, M. E.）がまとめたセルフヘルプ、セルフケアのためのプログラム。ファシリテーターに従い、参加者一人ひとりがリカバリーに大切な五つのこと（希望、主体性、学び、権利擁護、サポート）を確認し、自分自身の「元気に役立つ道具箱」「日常生活管理プラン」を作成して日常生活上で役立てられるようにするプログラムがある（p.152参照）。

　ひとたび精神疾患に罹患すると、再発や生活習慣病の予防などに関心を払い、自らの心身の健康を維持することが重要になる。そのためには、通院、服薬のほか、適切な食事摂取、睡眠や休息、禁煙や節度ある飲酒、不調を感じたときの対処などが含まれる。これらを行うには、適切な知識や技術が必要になることから、医師や看護師などが健康管理のための指導や助言を行ってきた。

　近年、精神疾患回復者の経験をもとに開発された元気回復行動プラン（wellness recovery action plan：WRAP）が注目を浴びている。WRAPの内容は、「いい感じの自分」で居続けるために、自ら作った「元気に役立つ道具箱」を利用して、日常生活で取り組むことをリストにした日常生活管理プランと不調のきっかけとなる引き金や症状悪化の注意サインに気づいたとき、あるいは、いよいよ調子が悪化してきたときの対処などを定めたクライシス（危機的状況）プランに分かれる。地域の事業所で行われるだけではなく、医療機関でもデイケアなどのプログラムに取り入れるところが増えてきている。

Active Learning
WRAPを行っている施設を調べてみましょう。

Active Learning
友人と一緒に、自分のプランを考えてみましょう。

4 その他の精神科専門療法

　SSTは入院患者に対して行われるときは診療報酬の対象となっている（p.139参照）。

　また、最近では、入院や薬剤を極力使用せず、本人家族と治療者の間で「開かれた対話」を継続するオープンダイアローグという手法や、マインドフルネス認知療法などの新しいアプローチが次々に現れ、精神疾患患者のリカバリー促進に貢献することが期待されている。

8 デイケア等

1 精神科デイ・ケアとは

　精神科領域における精神科デイ・ケアは、第二次世界大戦後、統合失調症を中心とする重度精神障害をもつ人の処遇方針が、入院中心の治療から、地域における生活支援重視へと転換するなかで発展してきた。

　精神科デイ・ケアのはじまりといわれるのは、モントリオール（カナダ）の病院で1946年にキャメロン（Cameron, D. E.）が創始した退院患者の再発予防に力点を置いた、入院治療を補完する「デイホスピタル」である。これとは別に、1948年に、ロンドンの社会精神医学研究所のビエラ（Bierer, J.）は、入院治療と外来治療の隙間を埋めるプログラムとしてのデイホスピタルを構想した。ビエラのプログラムは、精神分析志向の個人療法、集団精神療法のほか、身体療法、作業・レクリエーション療法、ソーシャルクラブ機能などを組み合わせたものであった。

　日本では、1953（昭和28）年に浅香山病院、1958（昭和33）年に国立精神衛生研究所において実験的に開始され、1974（昭和49）年に診療報酬の対象となってから、施設基準を満たす多くの精神科医療機関で実施されるようになった。その後、ナイトケア、デイナイトケア、ショートケアが診療報酬の対象となり、今日に至っている。

2 精神科デイ・ケアの活動内容と効用

　精神科デイ・ケアは1日6時間にわたって行われる。多くの医療機関で、精神科デイ・ケアは週4～5日開かれており、次のような活動が行われている。

①健康管理（毎朝の体調管理、精神疾患に関する心理教育、生活習慣病の予防など）

②生活技能の向上（調理実習、生活技能訓練、ストレス対処技能、社会見学、軽作業など）

③体力向上（バレーボールなどのスポーツ、ストレッチ体操、ヨガ教室

など）

④趣味・娯楽（音楽鑑賞、合唱、手工芸、書道、絵画、英会話、農作業
など）

⑤会の運営に関する活動（談話会、精神科デイ・ケアの活動計画など）

⑥社会参加・交流（施設見学、ほかの施設とのスポーツ交流など）

　日本における精神科デイ・ケア運営のモデルとなったともいえる東大
DH（デイホスピタル）での実践を踏まえて、宮内勝は精神科デイ・ケ
アで期待できることとして、❶同じ悩みをもつ仲間の存在に気づく、❷
友達をつくる、❸新鮮な遊びの体験をする、❹集団生活を楽しむ、❺メ
ンバー間の相互作用、❻責任や役割を担うことで周囲の信頼を得る、❼
就労可能性を高める、を挙げている。これらを踏まえ、精神科デイ・ケ
ア利用の目的は、①生活リズムの確立（立て直し）、②対人関係の改善、
③再発防止、④日常生活の自立、⑤社会性の向上、⑥就労・復職など、
多岐にわたるといえる。

■3 精神科デイ・ケアの週間プログラム

Active Learning

複数のデイケアのプ
ログラムを比較して
みましょう。

　精神科デイ・ケアのプログラムは、参加者の病名や病状によりさまざ
まである。

❶統合失調症のデイケアプログラム

　主に統合失調症の患者が多く参加する精神科デイ・ケアプログラムの
週間スケジュール例を**表4-5**に挙げた。統合失調症患者の場合、急性
症状が消退後、社会復帰までの橋渡しとして精神科デイ・ケアが利用さ
れることが多い。参加後、当初は通所するだけで疲れを感じ、対人関係
に不安・緊張を抱いていた人の多くが安定して通所し、集団活動にも慣
れ、楽しく過ごせるようになる。しかし、活動中にはさまざまな出来事
が起こり、時には、症状の悪化や通所の中断の危機も生じる。そうした

**表4-5　統合失調症患者などが参加する精神科デイ・ケアプログラムの週間スケ
ジュール例**

	月曜	火曜	木曜	金曜
午前	ミーティング 軽作業	ミーティング 生活技能訓練	ミーティング 調理	ミーティング 健康教室
昼食	各自	各自	会食	各自
午後	スポーツ（卓球） ミーティング	料理、買い物 芸術活動 ミーティング	片づけ 自由活動 ミーティング	スポーツ（バレー ボール） ミーティング

とき、多職種による支援やメンバー同士の力動を利用して、問題を解決し、対処に関する経験を積んでいくことが目指される。一定期間の利用後、卒業していく人がいる一方で、楽しく過ごせる日中の居場所として長期にわたって利用している人も少なからず存在する。

❷重度認知症デイ・ケアプログラム

重度認知症デイ・ケアは、精神症状および行動異常が著しい認知症患者（「認知症高齢者の日常生活度判定基準」がランクMに該当するもの）を対象とし、精神症状等の改善と生活機能の回復を目的として行うものである。重度認知症デイ・ケアに参加する人は、介護保険のデイサービスに適応できず、家族に疲弊がみられる人などである。

重度認知症デイ・ケアでは食事・入浴・排泄など日常生活の援助（介護）を含め、「脳リハ」として、読み・書き・計算・ぬり絵・パズルなどの機能の維持や向上を意識する活動が行われる。過去の記憶を呼び起こしメンバー同士の会話を楽しむ回想法や身体運動やゲームなどの容易で楽しいレクリエーション活動などが行われる。なお、2020（令和2）年度の診療報酬改定で、夜間2時間ケアを行う場合の施設基準と診療加算（100点）が新設された。

❸リワークプログラム

主にうつ病休職者が参加する復職支援プログラムであるリワークは、医療機関ではデイケアの枠組みを利用して行われる。目的は、生活リズムの改善、仕事に必要とされる基礎能力の改善、対人交流の向上などである。**表4-6** にリワークプログラムの月間スケジュール例を示した。

リワークが医療機関で行われる場合、職場復帰を支援するための具体的プラン（職場復帰支援プラン）を作成し、模擬的なオフィスワークを行うことに加え、うつ病の症状軽減や再発防止に向けて、認知行動療法

表4-6　主にうつ病休職者が参加するリワークプログラムの月間スケジュール例

	月	火	水	木	金
1週目	オリエンテーション	心理教育（うつ病とは）	心理教育（治療内容）	心理教育（再発予防）	課題設定（集団討議）
2週目	ストレス対処法	認知行動療法（基本）	認知行動療法（集団）	アサーショントレーニング	健康管理
3週目	WRAP①	WRAP②	問題解決法①	問題解決法②	
4週目	ロールプレイ①	ロールプレイ②	課題の成果発表	心理教育（再発予防）	振り返り翌月の課題

午後は、火曜日と木曜日は健康体操、ストレッチ、リラクゼーションなど。それ以外は個人プログラム（オフィスワークなど）に取り組む。

★**認知症高齢者の日常生活度判定基準**

認知症と日常生活の自立レベルをⅠ・Ⅱa・Ⅱb・Ⅲa・Ⅲb・Ⅳ・Mの7段階で評価する。数字が大きくなるほど自立度が低いと判断される。ランクMは、著しい精神症状や周辺症状あるいは重篤な身体疾患がみられ、専門医療を必要とする状態を指す。「障害高齢者の日常生活自立度（寝たきり度）」という指標と併せ、介護保険の要介護認定の際などに用いられる。

★**アサーショントレーニング**

アサーショントレーニングは、もめ事を起こしたくない、周囲を傷つけたくないと悩む人に対し、自分が主張したい意見や気持ちを相手の立場を尊重し、相手の感情を害さずに、表現する方法を学ぶ対人コミュニケーションのトレーニング。企業の研修などで行われてきたが、リワークプログラムでも取り入れられている。

第4章　精神障害リハビリテーションプログラムの内容と実施機関

の考え方を取り入れたグループミーティングやストレス対処法、WRAP などの日常生活を維持するためのプログラムが組み込まれることが多い。

▍4 精神科デイ・ケアの運営

精神科デイ・ケアは、複数の職種からなる職員と個人背景や病状がさまざまなメンバーが参加して行われる。職員はチームとして、メンバー個人の特徴や参加目的を共有し、活動状況を観察するとともに、メンバー全体の力動を視野に入れて、プログラムを運営するように努める。そのために、職員相互間で報告・連絡・相談が円滑に行われることが必要である。職員は、精神科デイ・ケアの運営方針を定着させるため、メンバーに対し守るべきルールを明示し、経験が乏しいメンバーが多いときや、リーダーシップをとるメンバーがいないときなど、適宜プログラムの進行に介入するが、徐々にメンバーがプログラムのなかで主体的な役割を担えるように促していく。

また、職員とメンバー間の信頼関係を構築するために、朝活動前や帰り際のミーティングの際に、メンバーから希望や要望を聞き、可能なものは取り入れ、できないことは理由を説明して了解を得るようにする。

職員は、プログラムの実施状況や個人の動向について全員で定期的なミーティングをもつほか、プログラム後の振り返りの時間などを利用して必要な情報交換を行う。また、メンバーの面接記録や精神科デイ・ケアの実施計画、参加状況などを診療録に記載する。加えて、日々のプログラムの全般的実施状況についても記録を残す。

このほか、職員は欠席が続くメンバーの状況を電話や訪問で把握したり、理解が乏しい家族がいる場合には、メンバーの意向も聞きつつ、家族面接を行う。メンバーの家族を対象として、心理教育的な集まり（家族教室）を行っている医療機関もある。

▍5 精神科ナイト・ケア、精神科ショート・ケアなど

1986（昭和 61）年から精神科ナイト・ケアが診療報酬化された。精神科ナイト・ケアは、午後 4 時からの 4 時間を標準としており、対象は昼間一般就労している人や就労支援事業所に通所している人、あるいは一人暮らしなどで夜間に不安が高まる人などである。さらに、精神科デイ・ナイト・ケアは、精神科デイ・ケア 6 時間と精神科ナイト・ケア 4 時間を合わせ、1 日 10 時間のケアを行うもので、退院後間もない人や

表4-7 精神科デイ・ケア等の診療報酬と施設基準（概要）

	参加人数	保険点数（2020（令和2）年改訂）	実施時間	施設面積（m²）	一人当たり面積（m²）	人員配置
精神科デイ・ケア	小規模（30人まで）	590	6	40以上	3.3	精神科医師および専従する1人の従事者（作業療法士、精神保健福祉士または臨床心理技術者、看護師※のいずれか1人）
	大規模（50人まで）	700	6	60以上	4	精神科医師および専従する3人の従事者（作業療法士または看護師※のいずれか1人、看護師1人、公認心理師、精神保健福祉士の1人）の4人
	大規模（70人まで）	700	6	60以上	4	大規模デイケア（50人まで）の4人に加え、精神科医師1人および精神科医師以外の従事者1人を加えた6人
精神科ショート・ケア	小規模（20人まで）	275	3	30以上	3.3	精神科医師および専従する1人の従事者（看護師、作業療法士、精神保健福祉士または公認心理師のいずれか1人）
	大規模（50人まで）	330	3	60以上	4	精神科の医師および専従する3人の従事者（作業療法士または看護師※のいずれか1人、看護師1人、公認心理師、精神保健福祉士のいずれか1人を含む）
	大規模（70人まで）	330	3	60以上	4	大規模ショートケア（50人まで）の4人に、精神科医師1人および精神科医師以外の者1人を加えた6人
精神科ナイト・ケア	小規模（20人まで）	540	4	40以上	3.3	精神科医師および専従する2人の従事者（作業療法士または看護師※のいずれか1人、看護師または精神保健福祉士もしくは公認心理師等のいずれか1人）
精神科デイ・ナイト・ケア	小規模（30人まで）	1000	10	40以上	3.3	精神科医師および専従する2人の従事者（作業療法士または看護師※のいずれか1人および看護師、精神保健福祉士、公認心理師または栄養士のいずれか1人）
	大規模（50人まで）	1000	10	60以上	4	精神科医師および専従する3人の従事者（作業療法士または看護師※のいずれか1人、看護師または准看護師のいずれか1人および精神保健福祉士、公認心理師または栄養士のいずれか1人）
	大規模（70人まで）	1000	10	60以上	4	大規模（50人まで）の4人に、精神科医師以外の従事者2人を加えた6人
重度認知症患者デイ・ケア	25人まで	1040	6	60以上	4	精神科医師および専従する3人の従事者（作業療法士1人、看護師1人および精神科病棟に勤務した経験を有する看護師、精神保健福祉士または公認心理師のいずれか1人）
	50人まで	1040	6	60以上	4	重度認知症デイ・ケア（25人まで）の4人に精神科医師1人および専従する3人の従事者を加えた8人

看護師※）精神科ショート・ケア、精神科デイ・ケア、精神科ナイト・ケア若しくは精神科デイ・ナイト・ケアの経験を有する看護師

重い障害をもつ人など、終日プログラムに沿った活動をすることで生活リズムをつくることが必要な人などが対象となる。

2006（平成18）年からは、精神科ショート・ケアが新たに診療報酬化された。精神科ショート・ケアは、プログラムの内容にかかわらず、実施時間3時間を標準としている。いろいろな事情で精神科デイ・ケア参加が困難な人などが対象となる。

■6 精神科デイ・ケア等の施設基準

精神科デイ・ケア等の利用については、それぞれの施設基準と、週5日までの利用に対し診療報酬が規定されている（**表4-7**）。精神科ナイト・ケア以外は、参加人数により大規模と小規模が区別される。このほか、一定の条件を満たせば加算がつけられることがある。逆に週3日以上利用する場合には理由を記載することなどの条件がつく場合もある。診療報酬額は定期的に改定されている。

■7 精神科デイ・ケア等と精神保健福祉士の役割

精神保健福祉士は、精神科デイ・ケア等のスタッフとなる場合には、チームの一員として、ほかの専門職スタッフと協働でプログラム運営にかかわりつつ、参加するメンバーの支援を行う。そのため、各種プログラムを運営したり、ほかの専門職を補助する技術などを身につける必要がある。また、担当となるメンバーに対しては、精神科デイ・ケアが利用終了に至るまで継続的に相談支援を行う。

さらに精神保健福祉士は、チームの一員として、特にスタッフ間の連携や職員・メンバー間、メンバー同士の関係に気を配り、外部の支援者とも適宜情報交換することが期待される。精神科デイ・ケア以外の院内他部署で働く精神保健福祉士や地域の事業所で働く精神保健福祉士は、精神科デイ・ケアスタッフと連携し、メンバーを支援するよう努める。

9 医学的リハビリテーションを実施する機関

医学的リハビリテーションを実施している機関は、通常、精神科を標榜する病院、診療所、もしくは精神保健福祉センターの一部である。

2019（令和元）年度の630調査によると、日本の精神病床を有する病院数は1577で許可病床は約31万5000床であった。内訳は、いわ

ゆる総合病院数 243（許可病床 1 万 4418）、単科精神科病院 948（同22 万 19）、その他医療機関 386（同 8 万 631）となっている。精神病床を有する医療機関に勤務する常勤職員は、平成 27 年現在、精神科医1 万 419 人、看護師 7 万 1432 人、准看護師 3 万 4747 人、看護補助者 3 万 9162 人、精神保健福祉士 8599 人、作業療法士 8845 人、心理師（心理技術者）2707 人であった。精神保健福祉士は増加傾向にあるが、今後、国家資格となった公認心理師も増えていくことが予想される。

　日本の精神科医療施策は、2004（平成 16）年に公表された精神保健医療福祉の改革ビジョンにより、入院医療中心から地域での生活を支援する医療への転換へと舵を切った。2015（平成 27）年現在、精神科病院での精神科デイ・ケア実施は 66.2%、精神科ショート・ケア 51.7%、精神科デイ・ナイト・ケア 19.2%、重度認知症患者デイ・ケア 9.8% となっている。精神科デイ・ケア等の実施の増加が直ちに精神病床数の減少に結びついているとはいえないが、平均在院日数は漸減して 265.8日（2018（平成 30）年医療施設（動態）調査）となり、75% 以上が半年で退院する救急・急性期の医療と、「重度かつ慢性」と評価される長期療養患者の医療に機能分化してきている。高齢化した長期入院患者の地域移行が急務となっている。

　また、2017（平成 29）年の医療施設（静態・動態）調査によると、精神科を標榜している診療所の数は 6864 と増加傾向にある。このうち病床を有する有床診療所は 30 か所に満たない。精神科診療所の機能は多彩で、従来なら精神科病院に入院していたであろう重症の精神疾患患者や認知症患者に対し、デイケアや訪問診療などの多機能を備え、国が掲げる精神障害者にも対応した地域包括ケアシステムの一翼を担う存在として期待されている診療所もあるが、外来治療のみで回復可能なうつ病や不安障害などの患者をはじめ、今日の幅広い地域のメンタルヘルスのニーズにきめ細かく応え、家庭医的な役割を担う診療所も増えてきている。

◇引用文献
　1）日本精神保健福祉士養成校協会編『新・精神保健福祉士養成講座④ 精神保健福祉の理論と相談援助の展開Ⅰ 第 2 版』中央法規出版，p.189，2014.

◇参考文献
　・松原三郎編『専門医のための精神科臨床リュミエール 4 ──精神障害者のリハビリテーションと社会復帰』中山書店，2008.
　・堀田英樹編著『精神疾患の理解と精神科作業療法 第 3 版』中央法規出版，2020.
　・精神保健医療福祉白書編集委員会編『精神保健医療福祉白書2018/2019』中央法規出版，2018.
　・宮内勝『精神科デイケアマニュアル』金剛出版，1994.

職業的リハビリテーションプログラム

学習のポイント

● 職業リハビリテーションの概要と援助過程を理解する
● 精神障害における職業リハビリテーションの支援対象を把握する
● 職業リハビリテーションプログラムの内容と実際を学ぶ

1 職業リハビリテーションの概要と援助過程

1 職業リハビリテーションの概要

❶精神障害者の職業リハビリテーションに求められる視点

職業（的）リハビリテーションとは、職業生活を送るうえでの機能の回復および職業生活を阻害する環境（職場や制度を含む）への回復の対応の過程といえる。その過程において、精神保健福祉士（ソーシャルワーカー）は対象者を主人公とし、リカバリーできるように多職種協働しながら支援をすることが求められる。

つまり精神保健福祉士は、❶対象者に対して、精神機能の回復と職業生活を送るうえでのスキルの獲得を支援し、対象者のストレングスに着目して本来もっている力を引き出してリカバリーできるように支援する。また、❷対象者は精神障害者本人だけではなく、企業（従業員および職務など）に対して職場環境を調整したり開発することで精神障害者本人が適応できるように支援することも、もう一つの支援である。さらに、❸関係機関や職種に対して協働する支援ネットワークをつくることで、❶および❷の支援が効果的に進むように支援する。これらは精神障害者に対する職業リハビリテーションの大切な視点といえる。

❷職業リハビリテーションの目的

また、ILO（国際労働機関）は1983年に障害者の職業リハビリテーション及び雇用に関する条約（第159号条約）を定め、職業リハビリテーションの目的を、障害者が適当な雇用に就き、それを継続し、かつ、それにおいて向上することにより、社会への統合または再統合を促進することにある、としている。つまり、就職がゴールではなく、継続しさら

に向上することまで視野に入れるなど、労働の質を高める支援にまで言及していることに着目したい。これらは職業リハビリテーションの大切な目的といえる。

2 職業リハビリテーションの過程

❶職業相談

職業リハビリテーションは職業相談から始まる。職業相談は、インテーク、アセスメント、プランニングで構成される。なお、ソーシャルワークでは一般的にこのように整理するが、労働サイドでは職業相談を含めて対象者と相談することを職業指導といい、アセスメントとプランニングをまとめて職業評価ということが多い。

① **インテーク**

クライエントの主訴・希望を受け止めて、よい信頼関係を結ぶこと、機関の説明を行って本人の主訴と機関の提供するサービスが適合しているか確認すること、本人と援助契約を結ぶことがその内容である。

② **アセスメント**

アセスメントとは、対象者が自身の職業能力・適性等を理解するために行うものである。心理または作業検査、作業体験、関係機関等からの情報収集、対象者からの職業経験等のヒアリングなどを行って、職業関連の能力に関する情報を収集し、その結果を対象者と一緒に分析する（機能評価）。それと同時に、対象者を取り巻く環境（家庭、地域、職場、友人関係、支援機関、活用できる制度）などに関する情報を収集し、対象者と一緒に分析する（資源評価）。アセスメントはこの双方を行う。

アセスメントツールはさまざまあるが、基本的には対象者本人が「できる」と思っていることを実際に体験してもらい、振り返ることでアセスメントする視点が大切である。実際の職場における体験がもっともわかりやすく、それが難しい場合はできるだけ職場に近い環境を再現した福祉的就労の場となる。精神障害という障害特性から、具体的な場面でのアセスメントによって自己の能力を理解し、受け止められるような支援が必要となる。

③ **プランニング**

プランニングとは、アセスメント結果をもとに対象者と相談し、どのような仕事についたらよいのか、どのような方向に進んだらよいのか、どのような職業リハビリテーションプログラムを活用するかなど、就職に至るプロセスや今後の方向性を決めることをいう。プランニングは、

Active Learning

職業リハビリテーションの展開過程で、それぞれ何に気をつける必要があるのかを考えましょう。

第4章 精神障害リハビリテーションプログラムの内容と実施機関

関係機関も含めたケア会議として行うこともある。

❷施設内就労準備──施設内の職業リハビリテーションプログラム

「4　職業リハビリテーションプログラム」(p.121) 参照。

❸職場開拓、企業内就労準備（企業での職業リハビリテーションプ
ログラム）と雇用への移行支援

　企業内就労準備とは、企業の場を活用した職業リハビリテーションプ
ログラムのことである。プログラムを行うための場の確保、およびプロ
グラム終了後の雇用の場を確保するためには、企業の職場開拓をする必
要がある。対象者が希望する企業がみつかったら、企業関係者と交渉を
行うとともに、職場環境のアセスメントを行い、援助プランを策定する。

　なお、労働サイドでは、就労準備と職場開拓を職業指導といい、職業
能力開発施設で行うものを職業訓練ということが多い。雇用への移行支
援のうち、公共職業安定所（ハローワーク）が行うものを職業紹介とい
う。教育サイドでは企業内就労準備を職場実習ともいう。

　職場開拓は、精神保健福祉士が対象者に働きかける支援ではなく、環
境（企業）に対して働きかける支援となる。就労支援がうまくいかない
原因の多くは、職場開拓にあることが多いようである。職場開拓の成否
が就労支援の成否の鍵を握っているといえる。

❹フォローアップ

　就職後のフォローアップとは、就職後に職場不適応になり、不本意な
形で離職となることを防いだり、問題解決を行う支援をいう。対象は事
業主と対象者の双方である。詳細は「4　職業リハビリテーションプロ
グラム」の職場定着支援プログラム（p.127 頁参照）で述べる。

2　我が国における職業リハビリテーションの歴史的展開

1　1970 年代まで：職業リハビリテーションなき時代

　我が国の職業リハビリテーションは戦後から始められた。1955 年に、
ILO が障害者の職業リハビリテーション及び雇用に関する勧告第 99 号
を採択し、精神障害者も対象として明記された。しかし、我が国では、「障
害者（disabled person）」を「身体障害者」と訳したため、精神障害
者は職業リハビリテーションの対象外とされた。その背景には、当時の
我が国では精神障害者を精神疾患がある「患者」と位置づけ、医療の対
象とされていたことがある。

2　1980〜87 年：職業リハビリテーションの準備期

　1980 年代に入ると国際障害者年を迎え、障害者対策が市民権を得ると同時に、精神障害者の職業リハビリテーションにも光がみえ始めてきた。1982（昭和 57）年に国際障害者年推進本部が障害者対策に関する長期計画を策定し、「精神障害者については、その実体や問題点等を踏まえつつ適切な就業対策を検討するものとする」とされ、初めて職業リハビリテーションへの検討が明記された。

　1982（昭和 57）年に、厚生省（現・厚生労働省）が通院患者リハビリテーション事業を開始した。一方、労働省（現・厚生労働省）は 1986（昭和 61）年、精神障害回復者等に対する職場適応訓練制度を開始した。

　どちらの事業・制度も、専門職ではなく事業主が職場で職業リハビリテーションを行うという仕組みである。リハビリテーションよりは事業主に対する助成という意味合いが強いのが特徴といえる。

3　1987 年：職業リハビリテーションの夜明け

　1987（昭和 63）年に、身体障害者雇用促進法が改正され、障害者の雇用の促進等に関する法律（障害者雇用促進法）が施行された。精神障害者の定義については規定されなかったが、初めて法律上で精神障害者が職業リハビリテーションの対象とされた。これにより、精神障害回復者等もハローワークの障害者窓口において、正式に障害者として求職登録され、職業相談、職業紹介を受けることができるようになった。

　この年には、精神衛生法も改正され、精神保健法が施行された。精神保健法では社会復帰の促進が大きな柱の一つとされ、都道府県、市町村および社会福祉法人等は、精神障害者授産施設などの精神障害者社会復帰施設を設置することができるとされた。精神障害者授産施設が設置されることで、福祉的就労や就労準備の訓練など、精神障害者の職業リハビリテーションが前進する素地ができた。精神障害者に対する職業リハビリテーションの仕組みができ始めたことが特徴といえる。

4　1989〜2005 年：職業リハビリテーションの展開

　1992（平成 4）年に、我が国は国連において障害者の職業リハビリテーション及び雇用に関する条約（第 159 号条約）を批准した。これに伴い、労働行政における精神障害者に対する職業リハビリテーションの制度が本格的に整備された。障害者職業訓練校（現・障害者職業能力開発校）、

Active Learning

新しい制度ができた理由について考えましょう。

身体障害者雇用納付金制度に基づく助成金制度および特定求職者雇用開発助成金制度を、精神障害回復者にも適用することとなった。

ILO 第 159 号条約批准を境に、地域障害者職業センターにおける職業リハビリテーションが充実していった。1987（昭和 62）年から職業準備訓練を順次開始し、1992（平成 4）年には、実際の事業所の場を活用し、そこに職員を派遣して職業準備訓練を個別で行う、職域開発援助事業を順次開始した。職域開発援助事業は 2002（平成 14）年に職場適応援助者（ジョブコーチ）支援事業へと発展し、精神障害者等の職業リハビリテーションに大きな成果をあげている。1993（平成 5）年 12月には心身障害者対策基本法が改正されて障害者基本法として施行され、初めて精神障害者が障害者として明記された。これを受けて、1995（平成 7）年には精神保健法が改正され、精神保健及び精神障害者福祉に関する法律として施行された。職業リハビリテーション関連では、精神障害者福祉工場の創設が明記された。これで、不十分ながらも身体および知的障害者の社会復帰施設と形のうえでは同等となった。また、通院患者リハビリテーション事業を精神障害者社会適応訓練事業として法律に明記し、さらに精神障害者保健福祉手帳を制度化した。

ハローワークでは、1993（平成 5）年に精神障害者を担当する職業相談員の配置、1997（平成 9）年に精神障害者ジョブカウンセラー（現・精神障害者雇用トータルサポーター）の配置などを進めてきた。精神障害者雇用トータルサポーターは精神保健福祉士等の資格を有する者であり、ハローワークによる精神障害者相談支援機能は強化されている。

また、1998（平成 10）年 4 月から精神障害回復者の範囲を、精神障害者保健福祉手帳所持者にまで広げ、「精神障害回復者」という呼称を「精神障害者」とした。

1999（平成 11）年には第二次「精神障害者の雇用の促進等に関する研究会」（岡上和雄座長）が発足し、精神障害者雇用率参入が本格的に検討された。国としても、精神障害者雇用率参入を見据えて、精神障害者雇用促進環境を整えておくことと、雇用のノウハウを蓄積しておく必要があった。そのため、この年から、精神障害者に対する職業リハビリテーション施策が増加している。以下に列挙する。

○ 地域障害者職業センター精神障害者自立支援事業（現・精神障害者総合雇用支援の雇用促進支援　精神障害者自立支援カリキュラム）（1999（平成 11）年）

・ 障害者試行雇用（トライアル雇用）事業（2002（平成 14）年）

- 障害者就業・生活支援センター事業（2002（平成 14）年）
- 職場適応援助者（ジョブコーチ）支援事業（2002（平成 14）年）
- 在職精神障害者に対する職場復帰支援プログラム（現・精神障害者総合雇用支援の職場復帰支援）（2002（平成 14）年）
- 障害者の態様に応じた多様な委託訓練（2004（平成 16）年）

　厚生労働省における精神障害者雇用促進の研究会において検討が始められた時期に同じくして、さまざまな精神障害者職業リハビリテーション施策が始められ、精神障害者雇用促進環境の整備が進められた。

5 2006 年～：新たな職業リハビリテーション時代

　2006（平成 18）年は、新たな職業リハビリテーション時代の幕開けといえる。障害者雇用促進法が改正され、2006（平成 18）年 4 月より精神障害者も障害者雇用率制度の対象となった。また、障害者自立支援法（現・障害者の日常生活及び社会生活を総合的に支援するための法律（障害者総合支援法））が 4 月より施行され、施設体系が再編されるとともに、就労支援の抜本的強化が図られ、従来の授産施設、小規模作業所、福祉工場などで行われていた職業リハビリテーションを、就労移行支援事業、就労継続支援事業 A 型、就労継続支援事業 B 型、地域活動支援センター事業に再編し、精神保健福祉法から障害者自立支援法（現・障害者総合支援法）に根拠法を移した。2013（平成 25）年には政令により民間企業における障害者の法定雇用率を 2.0％とし、2018（平成 30）年には 2.2％、2021（令和 3）年には 2.3％とされた。2018（平成 30）年には法定雇用率の算定基礎に精神障害者が加えられている。

　近年の精神障害者雇用の増加は目を見張るものがある。全国のハローワークの紹介による精神障害者の就職件数は、2008（平成 20）年度から 2018（平成 30）年度の 10 年間で 5 倍程度に増加している。2018（平成 30）年度の就職件数は過去最高であり、障害者別では最多となっている。現在では精神障害者はほかの障害者よりも就職しやすい障害者であることがわかる。ただし、2019（令和元）年 6 月 1 日現在、従業員 45.5 人以上の民間企業で働く障害者のうち、精神障害者は約 14％であり、障害種別では一番少ない。2018（平成 30）年度障害者雇用実態調査では、障害種別の平均勤続年数は精神障害者が一番短い。障害者職業総合センターによる「障害者の就業状況等に関する調査研究」（2017（平成 29）年 4 月）においても、就職後 3 か月時点の定着率は、精神障害者が一番低い。これらの結果から、精神障害者は就職した後の継続に課

題があるという現状が浮かびあがってくる。

　2013（平成25）年の障害者雇用促進法改正によって、事業主に対して障害を理由とする差別の禁止、および合理的配慮の提供義務が課せられた。これからの職業リハビリテーションは、障害者雇用の量から質への転換を見据えた展開が求められているといえよう。

3 支援の対象と支援の焦点

1 支援の対象

　職業リハビリテーション支援の対象を整理する。精神保健及び精神障害者福祉に関する法律（精神保健福祉法）では医学的観点で精神障害者を定義しており、精神疾患に罹って、医療機関で診断を受けた人はすべて精神障害者ということになる。

　障害者基本法では、精神疾患だけでなく発達障害も含むことが明記され、日常生活または社会生活を送るうえで相当な制限を受ける状態が継続されている者とされている。

　障害者雇用促進法では、精神障害があるため、長期にわたり、職業生活に相当の制限を受け、または職業生活を営むことが著しく困難な者と定義されている。そして、同法施行規則では精神障害を、精神障害者保健福祉手帳の交付を受けている者、または、受けていない場合は、「統合失調症、そううつ病（そう病及びうつ病を含む。）、又はてんかんにかかっている者」であって、「症状が安定し、就労が可能な状態にあるもの」としている。つまり、職業生活の観点から障害を定義しているといえる。

　また、障害者雇用率に算定できる精神障害者を「精神障害者保健福祉手帳の交付を受けている者」に限定している。これにより、雇用支援策の対象となる精神障害者の範囲と、障害者雇用率の対象となる精神障害者の範囲が違っている。このことは留意しておく必要がある。

　これらから、職業リハビリテーションの支援対象である精神障害者像は、精神障害者保健福祉手帳の交付を受けている者、または、まだ受けていないがそれに相当する程度の者となる。そうなると、精神疾患、てんかん、発達障害、高次脳機能障害、認知症などが原因で職業生活を送るうえで長期にわたって特別な支援が必要な者ということになる。

2 支援の焦点

職業リハビリテーション支援にあたり、多様な精神障害の共通した職業生活上の障害を整理し、支援の焦点を明らかにする。

❶個人因子

精神障害者は多様な精神疾患や脳機能の障害によって引き起こされる。すべての精神障害者が必ず抱えているわけではないが、共通した主たる障害がみられることも事実である。特に共通した障害としてあげられるのが、「認知機能の障害」と「自信と自尊感情の低下」である。

認知機能に障害があり、それが原因で自信と自尊感情が低下していることが精神障害者の生活上の障害であり、職業生活の継続の支障になる。職業リハビリテーションでは、「認知機能の障害」と「自信と自尊感情の低下」に焦点をあてた支援が必要となる。

Active Learning

自尊感情を尊重するための声かけ、働きかけについて話しあいましょう。

① 認知機能の障害

詳しくは精神専門①『精神医学と精神医療』の巻などを参照してほしいが、認知機能障害では、一つひとつの具体的な作業や行動はできるが、それらを組み合わせてまとまりのある一つの作業や行動を行うことに支障をきたすという特徴がある。たとえば、食材を包丁で切る、鍋で茹でる、フライパンで食材を炒めるなどの部分的な作業はできても、全体を調整して「美味しいシチューを作る」となると困難となってしまうことなどである。これは全体統合の障害といえる。

また、般化が困難であることも特徴である。障害がなければ、ある特定の場で学んだ技術を別の場でも発揮することができる。たとえば、料理教室で学んだ料理を自宅で再現することは難しくはない。しかし、認知機能に障害があると、それが難しくなるのである。

就労支援でいえば、就労支援機関で作業訓練を行い、そこで身につけたスキルを実際の職場で発揮できないことが多い。手順、方法、プレッシャー、要求される速度や精度などが微妙に違うからである。つまり、生活する技術を身につけるのであれば生活の場で、その職場の仕事をこなすことを身につけるには、実際に働く職場で行わなければ身につきにくいのである。これは般化の障害といえる。

このような認知機能の障害は知的障害でも起こるが、知的障害の場合は全体の知的能力に障害が出るため、周りの人たちもそれを理解し、受容する場合が多い。精神障害のように部分的な能力に障害がある場合は、周りの人はなかなか理解し受容できず、「怠けている」「意欲がない」と捉えられてしまい、さらに対人関係に支障をきたしてしまう。

②　自信と自尊感情の低下によるさまざまな影響

　精神障害のうち、疾患や外傷による場合は中途の受障であることから、障害を受ける前の自分と比較して、能力の低下を身にしみて感じることになる。また、多くの精神障害者は、失敗経験の積み重ね、療養生活や庇護的な生活を送るなかでの長期にわたる受動的な生活、周りの無理解や偏見、周囲が再発を心配してチャレンジさせてもらえないことなどから、自信と自尊感情が大きく低下してしまう。

　自信と自尊感情が低下したままだと、本来その人がもっている能力が発揮されない、少しのきつさで出勤できなくなり、退職につながるなどの問題が起きる。そのことが周りからの評価をさらに下げ、自信と自尊感情がさらに低下するという悪循環に陥ってしまう。

　これは私たちでも起こりうることである。「練習ではできるのに本番ではできない」などがそうであろう。

❷環境因子

　精神障害は、脳機能の障害であるために障害がみえにくく、肢体および視覚障害のように外見で障害があることを判断することはできない。相手が話した言葉の本当の意味や相手の気持ちを理解したり、自分の周りで起こっている状況を察知するなど、認知機能を発揮しなければならなくなったときにはじめて障害がみえてくる。また、過剰なストレスにあって混乱したときに初めて障害がみえてくるのである。全般的な知的能力に障害がなく、認知機能に障害があるということは、一般市民や企業関係者にはわかりにくく、障害の理解を難しくしているといえる。

　精神疾患に対する根強い偏見が残っていることも、精神障害者の職業生活の大きな支障となっている。一般市民が受け止めている伝統的な精神障害者像としては、統合失調症に罹っている人が挙げられる。1980年代後半までは、精神障害者は医療の対象とされ、福祉や雇用の支援対象とはなっていなかった。治療は入院中心であり、退院することも少なかったため、一般市民が地域で暮らす精神障害者と接する経験も少なかった。また、その頃のマスコミ報道も、重大事件と精神障害者を関連づけるようなされ方が多かったといえる。これらのことから、一般市民は「精神障害者を知らない」ことから偏見が起こったと考えられる。精神障害者の社会復帰施設や医療施設などの建設の際には周辺住民の反対運動が各地で起こっていたことも記憶に新しい。

　うつ病患者の増加により、身近な人が精神疾患に罹ることも多くなり、少しずつ偏見は薄まってきたと感じられるが、障害がわかりにくい

ため、依然として偏見は残っているといえよう。このことは、精神障害者自身の内なる偏見を生み出し、彼らが障害や疾患を受け入れて、前向きに治療やリハビリテーションに取り組むことの支障にもなっている。

したがって、職業リハビリテーションでは、雇用主や従業員に対する障害の正しい理解や、認知機能障害や自信と自尊感情の低下を抱える精神障害者に対する職場でのかかわり方に焦点を当てた支援も必要である。

4 職業リハビリテーションプログラム

職業リハビリテーションプログラムは、職業リハビリテーションのうち、主に対象者に対して、精神機能の回復と職業生活を送るうえでのスキルの獲得を支援し、精神障害者本人のストレングスに着目して本来もっている力を引き出し、リカバリーできるように支援することを主としている。また、企業（従業員および職務など）に対して、職場環境を調整したり開発することで対象者が適応できるように支援することも含まれている。つまり、対象者の就労準備性を高める支援だけでなく、企業など受け入れ側の準備性を高める支援も含まれているといえる。

精神機能の回復については、精神症状や認知機能など脳機能そのものに働きかけ、機能回復をはかるものであるため、医学的リハビリテーションの範疇となる。職業リハビリテーションでは、認知機能の障害を抱えながら職業生活を送るためのスキルの獲得、本来もっている力が発揮できるように、自信と自尊感情が回復するような支援プログラムとなる。また、同じ職場で働く精神障害者が力を発揮できるようなかかわり方のスキルを企業の従業員が獲得できるような支援プログラムも含まれる。

職業リハビリテーションプログラムによって対象者が自尊心を取り戻し、本来もっている力が発揮できるようになるためには、支援を行う精神保健福祉士がリカバリーの視点をもつことが不可欠となる。リカバリーの視点に基づく職業リハビリテーションプログラムの展開に不可欠なポイントを以下に列挙する。

❶ 対象者のストレングスに焦点を当て、活用する

❷ 対象者とパートナーシップな援助関係を構築する

❸ 対象者の自己決定を尊重し、自己決定支援を行うなど対象者主体の援助関係を構築する

❹　専門的知見による見立てよりも対象者の希望を優先する

❺　対象者が試行錯誤することを保障し、その結果を学びの機会と捉える

■1 就労準備プログラム

　概要は**表4-8**を参照してほしい。アセスメントをもとにして就職活動に入る前に就労準備性を高めるプログラムを行うことを、レディネスモデルともいう。プログラムの焦点は、認知機能を抱えながら職業生活を送るうえでのスキルの獲得と、自信と自尊感情の回復である。特に自信と自尊感情の回復はリカバリーと密接な関係にある。

　伝統的には、精神保健福祉法などの各障害者福祉法に基づいて設置運営されていた授産施設で行われていた作業活動が中心のプログラムであった。作業活動を行うことにより職場の模擬的体験ができ、作業スキルの向上を図るとともに、働く生活リズム、働く体力や集中力の獲得、工賃を得ることによる就職への動機づけ、コミュニケーション力などの向上を図るものである。作業活動は、福祉的就労など施設内で作業を行うものと、企業と提携し、集団で企業に出向いて行うものがある。集団で企業に出向いて作業活動を行うものを施設外就労ともいわれている。

　ただし、作業活動の効果は評価が分かれるところである。ただ漫然と作業活動をしているだけでは、効果は認められないことがわかってきた。職場環境を再現した模擬的雇用場面の環境で行うこと、対象者が自分自身の特徴と職場での合理的配慮内容を見つけられるようにアセスメントとしての機能に重点をおくこと、実際の職場で働く前のウォーミングアップとして位置づけること、職業生活リズムの獲得を目指すことに重点をおくことなどの工夫が必要といえる。

　それでも、長期にわたって作業活動を続けていると、施設や出向いた企業の作業環境に適合してしまい、就労準備性獲得の効果が上がらないばかりか、就職へのモチベーションの低下が起こる可能性が高くなる。このことから、就労準備プログラムにおける作業活動は長期化させないという留意が必要である。

　また、応用般化が苦手という対象者の特性を考えると、作業活動だけでは作業スキルの向上は期待できないことが明らかになってきた。

　最近の就労準備プログラムでは、作業活動だけでなく、障害を抱えながら就職したり職業生活を維持するためのスキルを獲得するプログラムが取り入れられている。また、集団で行うことにより、対象者が互いに

表4-8　職業リハビリテーションプログラムの概要

プログラム名	概要
就労準備プログラム	就職活動に入る前に、主に施設内で職業生活に必要なスキルを獲得し、自信や自尊心を回復して本来もっている力が発揮できるようにし、就労準備性を高めてから就職活動に入る。長所としては、働く生活リズムがつくこと、就職への不安を取り除くことができる。ただ、施設に適応してしまい、就労意欲を低下させること、認知機能に障害があると効果が得にくいことが指摘されている。
援助付き雇用プログラム	施設内で作業活動などの就労準備プログラムは行わず、最初に職場開拓を行って雇用契約を結び、その後に支援者が職場に出向き、その職場の仕事、従業員、ルールや職場の文化に適応できるように支援すること。認知機能に障害がある者に効果的で、対象者と同時に企業（従業員）支援も行って職場環境を整えることができる。ただ、1人の対象者にかかる支援者の労力が大きく、高い支援技術が必要とされる。
復職支援プログラム	雇用期間中にメンタル不調等によって休職した従業員が復職して働き続けられるようにすること。「医療」「リハビリテーション」「復職に向けての企業との調整」の三つの柱で構成される。医療機関および企業の意向の影響を強く受けるので、精神保健福祉士には対象者の意向との折り合いをつけるなどていねいな支援が求められる。
就労定着支援プログラム	就職後に職場不適応になり、不本意な形で離職となることを防いだり、問題解決を行う支援をいう。対象は事業主と対象者の双方であり、❶個別相談、❷半セルフヘルプグループによる相互支援組織の育成と支援、❸職場における再集中支援などの方法で支援を行う。障害者総合支援法では職場定着支援事業として制度化された。
IPS モデル	重度の精神障害者を対象にした援助付き雇用プログラムである。八つの基本原則に基づいて実践される。❶希望すれば誰でも支援対象とする、❷就業支援と医療保健の専門家でチームを結成、❸短期間・短時間でも一般企業への就労をめざす、❹本人の興味や選択に基づいた職探し、❺施設内での訓練等は最小限にして迅速に職場を探す、❻就職後のサポートは継続的に、❼経済的側面の支援を提供、❽本人の希望に基づいて就労支援専門家は企業の雇用主との関係づくりを行う。

支え合い、教え合い、学び合うことで自信や自尊心の回復にもつながる効果が期待できる。

① 就職活動の技能に関するプログラム

自分の障害や配慮事項などを採用面接で上手に説明する面接技術、上手な履歴書の書き方、ハローワークでの仕事の探し方、求人票の見方などがある。集団を基本とするが、個別でも行う。

第4章　精神障害リハビリテーションプログラムの内容と実施機関

② 職業生活に必要とされる技能に関するプログラム

対人コミュニケーションスキルを高めるプログラムとして、アサーショントレーニングやSST（social skills training：社会生活技能訓練）、アンガーコントロールなど認知行動療法の手法を取り入れたプログラムが活用されている。ビジネスマナーとしてロールプレイを活用するなど、障害特性を踏まえた取り組みが求められる。

③ 職業生活維持に関するプログラム

就職後に職業生活を維持継続するには、心身の持久力、健康自己管理などが必要とされている。スポーツや体力トレーニング、ストレッチを取り入れたり、IMR（illness management and recovery：疾病管理とリカバリー）など病気や薬に関する心理教育プログラムなどがある。

④ 基本的な仕事の技能に関するプログラム

現在はあらゆる職場にITが導入され、多くの職場で基本的なパソコン技術は必須となり、基礎的なスキルを身につけるプログラムが多く取り入れられている。また、事務系の仕事に就く対象者も多いため、オフィスワークなど、従業員同士で協力して仕事に取り組むスキルや基礎的な企画事務のスキルを身につけるプログラムが取り入れられている。

■2 援助付き雇用プログラム

❶援助付き雇用プログラムとは

概要は**表4-8**を参照してほしい。place-then-trainモデルともいわれる。

このプログラムが我が国に取り入れられ始めたのは1990年代であり、地域障害者職業センターに職域開発援助事業として制度化された。現在の職場適応援助者（ジョブコーチ）支援事業として、地域障害者職業センターだけでなく、地域の就労支援機関に委託するような形で援助付き雇用プログラムを地域に根づかせている。

2006（平成18）年の障害者自立支援法によって就労移行支援事業が制度化され、援助付き雇用プログラムによる支援が積極的に奨励された。しかし、積極的に取り入れている就労移行支援事業所は数少ない。

援助付き雇用プログラムでは、ジョブコーチなどの支援者が企業の開拓を行い、雇用、トライアル雇用、または職場実習などの契約を結び、職場のアセスメントを行う。その後、企業内で対象者と従業員の双方を支援し、仕事や職場環境への適応を図る。

Active Learning

アンガーコントロールを行うためのアンガーマネジメントについて調べてみましょう。

❷援助付き雇用プログラムの基本的なプロセス

　援助付き雇用プログラムは、準備期、集中支援期、フォローアップ期に分けられる。準備期には、対象者のアセスメント、職場開拓と職場のアセスメント、援助付き雇用を行う企業の決定を行う。対象者のアセスメントは職業リハビリテーション過程（p.113）で述べたとおりである。そして、対象者の希望や能力・適性にもとづいて職場開拓に入る。職場開拓は、企業を選定し、見学訪問する。見学では作業および職場環境の分析を行い、その後、支援者が職場体験を行って、作業内容および職場環境をアセスメントする。これらのことを行って、事業主（採用担当者）の了解を得られれば、企業が決定する。

　次に、集中支援期として、仕事や職場環境への適応を目指して対象者と従業員双方を支援する。支援内容は以下の3点がある。

❶対象者も従業員も大きな不安や緊張を抱えているので、安心感を与えるために、一緒にいて見守る

❷モデリングやロールプレイ、手を添えて教える、メモや絵・写真を活用するなど対象者本人にわかりやすく教える、その教え方を従業員にも伝える

❸支援者がいなくてもやれるよう、少しずつ支援量を減らしていき、従業員が自然に対象者をサポートできるように働きかける（ナチュラルサポートの確立）

　ナチュラルサポートが確立されたら、雇用へと移行できるよう、ハローワーク等と連携して雇用契約の支援を行う。

　集中支援期が終わったらフォローアップ期へと移行する。フォローアップ期も継続的に双方と連絡を取り合い、必要な場合は再度職場での支援に介入する。

　このプログラムにおいても、対象者のリカバリーについて意識した支援が求められる。対象者ができるようになったことは言語化して本人に伝えるなど成功体験が積めるような支援は大切にしたい。

Active Learning

ナチュラルサポートがうまくいく条件について話しあってみましょう。

3 復職支援プログラム

　近年、企業が直面する精神障害者問題は、統合失調症を中心とした新たな雇用に関することよりも、うつ病を中心とした採用後精神障害者の復職に関することである。

　復職支援プログラムは、「医療」「リハビリテーション」「復職に向けての企業との調整」の三つの柱で構成される（**表4-8**）。「医療」は服薬

と十分な休息が中心となる。復職支援プログラム対象者の多くはうつ病の精神疾患であるため、まず、うつ症状回復の治療が行われる。

　次に「リハビリテーション」に入る。最初に復職相談が行われ、復職意向の確認、アセスメント、復職についての職場の意向、職場のアセスメントが行われる。就職と違って、働く職場が決まっているためにアセスメントしやすいのが復職支援の特長である。そして復職に向けたプランニングを行う。ここでは、対象者本人、主治医、事業主と支援者との協力体制づくりが重要となる。

　復職相談の次には、復職に向けた準備プログラムに入る。これは、就労準備プログラムの内容と同じである。うつ病の対象者が多いことから、再発防止と職業生活のウォーミングアップが中心となる。グループミーティングや思考・気分の振り返りノートの活用など、思考の柔軟性を高める（自動思考の修正）ことに焦点を当てている。また、再発予防のために、ストレスマネジメントも重視している。

　このように、医療とリハビリテーションを十分に行っておかないと再発と休職を繰り返すことになる。その後に、「復職に向けての企業との調整」となる。この時点で産業医との調整もあるので重要な支援である。多く活用されるのがリハビリ出勤である。企業によってはリハビリ出勤が制度化されている場合もあるが、そうでない場合は健康保険の傷病手当との関係を慎重に検討したい。あくまでも対象者本人の自主的な職場でのウォーミングアップという位置づけにすることが重要である。

　リハビリ出勤では、「職場の入り口まで行く→挨拶する→１時間ほど職場で体験する→半日勤務する」など徐々に負荷をかけ、適応性を高めていく。おおむね週20時間ほどの勤務が達成できそうな状況になってきたときに復職について事業主と調整するというのが一応の目安となることが多い。この間に、支援者が職場でジョブコーチとして支援することもある。リハビリ出勤は援助付き雇用プログラムと同様に考えてよいであろう。

　復職にあたっては、職場の支援体制、ほかの従業員と対象者との職場でのかかわり方、復職支援担当部署の決定、勤務時間、医療継続の必要性など、さらに企業との調整を行う必要がある。このように、医療、労働および産業保健機関、企業が対象者本人を中心としてつながることが、復職し、継続するための秘訣といえる。復職後のフォローアップも必要である。復職直後の対象者は、休職したことによる自尊心の低下、職務遂行および職業生活の維持への自信不足、過度な緊張感、休んだ分を取

り戻そうとするあせりなどの心理状態になる。その点を事業主と協力しながら対象者と一緒に乗り越えていく支援が必要となる。

また、事業主が、復職した対象者の障害者雇用率への算定を期待することも多く、精神障害者としての確認方法について悩むところである。そのため、厚生労働省は「プライバシーに配慮した障害者の把握・確認ガイドライン」を作成している。

以上のプログラムを行う際にも、リカバリーへの意識が大切である。特に復職支援プログラムは、事業主の意向と主治医の意見が強調される場合が多い。特に事業主の意向と対象者本人の意向が折り合わなければ成功しない。精神保健福祉士は対象者本人の意向と事業主や主治医の意向とが十分に折り合えるよう、対象者の意向を大切にしながら援助を進めていくことが重要といえる。

■4 就労定着支援プログラム

就労定着支援プログラムは、就職後のフォローアップのことである。障害者総合支援法において、就労定着支援事業が制度化されたことに伴い、就労定着支援プログラムとして整理した（**表4-8**）。

半セルフヘルプグループによる相互支援組織の育成と支援とは、定期的に対象者同士が助言し支え合う仕組みをつくって運営する方法である。具体的には、月に1～2回程度「集い」等を開催し、グループワークによって働く障害者同士の支え合いの場をつくるものである。

例えば、「OB会」「ワーカーズクラブ」「勤労者の集い」などと銘打ったグループを立ち上げて毎月1～2回、バーベキュー、クリスマス会や花見会などの季節行事などのレクリエーションを行い、対象者中心の癒しの場や余暇の場を提供する。みんなで楽しんだ後は茶話会形式でまるく座り、支援者がファシリテーターとなり、参加者各自が近況報告や職場での楽しいこと、悩みなどを出し合う。意図的に対象者同士が助言しあう場面をつくり、運営する。特に、職業経験の浅い対象者の悩みや苦しみ、つまずき等に対して、キャリアのある対象者の経験に基づく助言は、支援者の助言よりもはるかに効果がある。

また、職場では、孤立、叱責、不当な扱い、不平等な扱いなどつらい思いや経験をして、それに耐えてがんばって仕事をしている精神障害者も多い。彼らがそのつらい思いを語ることで心が軽くなることも多いであろう。一人ひとりが思いを語り、みんなが聞くという機会もフォローアップとしては重要な支援といえる。

Active Learning

半セルフヘルプグループを支援するときの留意点について考えてみましょう。

第4章 精神障害リハビリテーションプログラムの内容と実施機関

この集いのなかで、深刻な問題を抱えた対象者が発見された場合は、ただちに個別相談を行い、必要に応じて家族とも相談し、早急に企業または関係機関と調整する。そして、不幸にして離職となった場合は、再度就労相談から支援を開始する。

　集いのもう一つの効果は、余暇活動の提供である。障害のために友人関係がうまくもてず、職場だけでなく地域でも孤立している精神障害者にとって、余暇の過ごし方は切実な問題である。仕事だけで余暇がない暮らしは、誰でも心身の不調を来すであろう。余暇を充実させることで職業生活も継続できることは、障害の有無に関係なく共通しているといえよう。

　ここでもリカバリーの視点は忘れてはならない。精神保健福祉士が引っ張るよりも、後方支援に回り、対象者同士による支え合い・分かち合い・学び合いの機会を多くつくることが大切である。対象者が「自分の発言が役に立った」と思える経験はリカバリーに大きく影響する。

　事業主・従業員への支援は、職場訪問による個別支援と、事業主の組織化という方法に分けられる。

　職場訪問による支援では、①対象者の職場での状況を把握すること、②事業主の「思い」を聞くこと、③対象者本人に適した職場環境になるように調整することの3点がある。

　事業主の「思い」を聞く支援は、職場を訪問して事業主の思いを十分に聞き、精神的負担の軽減を図ることである。就職までに濃厚な支援を要する障害者を雇用した場合は、どんなに配慮や工夫を行っても、事業主や従業員には精神的、経済的な負担がかかる。そこで、事業主や従業員の精神的な負担感・ストレスを軽減する方法として「思い」を聴くことが効果的な支援といえる。アドバイスするよりも聴くことのほうが効果的な支援となることが多い。

5 IPSモデル

　精神障害者の就労支援は、1980年代から始まった援助付き雇用プログラムの導入により成果が上がり始め、現在に至っている。さらに、米国では重度の精神障害者を対象に、援助つき雇用プログラムに加えてストレングスモデルを強調し、本人の主体性を大切にし、医療を含む包括的な支援を行うIPSモデルが開発され、成果を上げている。つまり、リカバリーを重視した援助付き雇用プログラムといえる。我が国でもACTチームや就労移行支援事業所で取り入れられ始め、いずれも成果

を上げている。

　IPS モデルは、八つの基本原則に基づいて実践される（**表 4-8**）。

　具体的には、対象者がどのような精神症状であっても、本人が働きたいと希望する場合には就労支援を開始する。また、就労支援チームは医療チームと統合され、包括的に支援する。我が国の場合は強固に連携することになるであろう。初めから一般就労を目指し、福祉的就労から開始するという段階論は踏まない。施設内の就労準備プログラムは最小限にして、迅速に職場探しに入る。その際、仕事の内容は対象者の興味に基づくものとする。就労支援担当者は対象者の希望に基づいて雇用主との関係づくりを行う。障害の開示非開示は対象者が決める。就職を希望する職場で支援を行い、就職後の支援は継続的に行う。就労支援に伴う経済面の支援も同時に行う。

6 具体的事例

　本事例は、就労準備プログラム、IPS モデルを加えた援助付き雇用プログラム、職場定着支援プログラムを活用した職業リハビリテーションを展開している。それぞれの具体的なイメージをもってもらいたい。

❶インテークからプランニングまで

　R精神保健福祉士は、障害者就業・生活支援センターに勤務して10年になる。あるとき、若い男性が母親と一緒に相談に来た。表情には覇気がなく動作もゆっくりでぎこちない。R精神保健福祉士が話を聞くと、小さな声で「就職したい」という。そこでR精神保健福祉士は、「どうすれば就職して働き続けられるか一緒に考えましょう。お手伝いしましょうか？」と答えた。男性の表情は固さがあるものの少し明るくなり、ホッとした様子であった。

　R精神保健福祉士は、インテークに続いてアセスメントに入った。男性の名前はWさんで年齢は30歳、中学から不登校となり、通信制高校を4年かけて卒業している。高校時代には引きこもり状態となり、インターネットやテレビ、漫画などを見て過ごしていた。ときにイライラして母親に暴言を吐いたり壁を叩く行為がみられた。外出時には手洗いと着替えに1時間ほどかかり、その手順を踏まないと外出できない状態が現在も続いている。高校時に精神科への通院を開始し、強迫性障害と診断された。服薬は忘れがちである。母親によると、幼少時から言葉の理解が不十分であったが記憶力はよく、絵本の間違い探しなどは大人以上の能力であり、いろいろなことにこだわりが強かったとのことであった。

Active Learning
事例を読んで、うまくいかない場合にはどんなものがあるのか、またその理由について話しあってみましょう。

現在の生活は、午前10時頃にリビングに出て来て朝食をとり、また部屋に戻る。週に2〜3日は、午後から地域活動支援センターに行っている。そこのスタッフの話では、作業活動をしたり、パソコンを操作したり、ベンチに横になったりして過ごしている。人との交流はあまり好まないが、利用者同士で話すこともあるとのことであった。

　本人の了解を取って主治医に話を聞くと、発達に偏りがみられ、自閉症スペクトラム障害が根底にあるであろうとのことであった。

　R精神保健福祉士は本人および母親に就職を希望する背景を尋ねた。2人の話から、3人家族の収入の支えであった父親が定年退職を迎えることになり、これからの生活について両親が話しあっているところにWさんがいて、それから急に就職したいと言い始めたとのことであった。

　R精神保健福祉士はWさんに、やれそうでやってみたい仕事や勤務時間について尋ねた。Wさんは高校時代に自宅の庭木のせん定をしたことがあり、それならできそうでやってみたいとのことであった。そこでR精神保健福祉士は、Wさんに自分がどれくらいできそうか知るためにせん定作業の体験を提案した。Wさんも希望したため、R精神保健福祉士は知り合いの植木せん定業者と交渉して、3日間の職場体験を行うこととなった。

　体験終了後、Wさん、R精神保健福祉士、植木せん定業者の担当者と振り返りを行った。担当者によると、せん定作業は慣れれば何とかできそうであること、朝9時までの出勤なのに11時にならないと出勤できなかったこと、体力がないこと、説明がなかなか理解できず、質問もできないので苦労したことなどが話された。

　その後、R精神保健福祉士はWさんと面接した。Wさんは不満顔を見せながらもせん定の仕事に就きたいこと、そのための練習をしてみたいこと、しかし、今は自信がないことを話した。そこで、R精神保健福祉士が就労移行支援事業の利用を提案したところ、Wさんは興味を示し、近所の就労移行支援事業所を利用することとなった。利用にあたって、R精神保健福祉士と就労移行支援事業所のT精神保健福祉士とWさんとで話し合い、以下のプランを立てた。そして利用を開始した。

❶せん定の仕事での就職を目指す

❷朝8時に家を出られるようにWさんとT精神保健福祉士とで対策を考え、練習する

❸Wさんが理解しやすい職場での指示や指導方法をT精神保健福祉士と一緒に考え、実行する

❹職場での上手なコミュニケーション方法を学ぶ

❺体力をつける練習をする

❻自信を回復させる

❷施設内就労準備（就労準備プログラム）

　Ｗさんは就労移行支援事業所を利用することとした。Ｔ精神保健福祉士は、Ｗさんと話し合い、以下の支援を行うこととした。

① 　作業への適応

　Ｗさんの認知機能の障害を考えると、Ｗさんが希望する植木のせん定を行う職場を開拓し、そこへの適応を図り、そのまま就職へと移行する。したがって、就労移行支援事業所内では作業活動を行わない。

② 　職場の常識・ルールへの適応

❶朝８時に家を出られるようにＷさんと一緒に家を出る手続きについて対策を考え、練習する：夜の就寝時刻を１時間早め、朝起きる時刻を１時間早くする習慣づけを行う。朝起きてから家を出るまでの時間割手順書を作成し、それにしたがって行動できるように支援する。日中に就労移行支援事業所で活動することで適度な疲労感をもってもらい、入眠しやすくする。

❷体力をつける：就労移行支援事業所の体力プログラム、ストレッチプログラムに参加してもらい、持久力、筋力をつける。

❸ストレングスモデルによる支援を繰り返すことによって自信の回復を目指す：常にＷさんの長所やできること、できるようになったことに着目し、正のフィードバックを与え続ける。SST や心理教育プログラムに参加してもらい、自信回復を図る。

③ 　対人関係への適応

❶Ｗさんが理解しやすい従業員からの指示等の対応方法をアセスメントし、実行する：抽象的でなく具体的な表現でＷさんに話す。聴覚情報だけでは理解できないことが多いので、視覚情報を多用する。スタッフが作成した作業手順書の携帯、メモをとる習慣、指示は言葉だけでなく、必ずやってみせたり身振りや手を添えるなどして、Ｗさんが理解しやすいような工夫をする。

❷上手なコミュニケーションを身につけるプログラムを行う：SST やアサーションコミュニケーションプログラムに参加し、対人技能を高める。グループワークも多用し、コミュニケーション力を高める。

　就労移行支援事業所では、就労準備プログラムを午前と午後に用意してあった。基本的な仕事の技能に関するプログラム（企画事務・パソコ

ン・清掃など）、職業生活に必要な技能に関するプログラム（ビジネスマナー・職場の常識・対人技能など）、職業生活維持に関するプログラム（体力づくり、健康管理、リラクゼーション、ストレッチなど）、就職活動の技能に関するプログラムなどである。

　Wさんは自分が参加したいプログラムを選択し、Ｔ精神保健福祉士との面接で振り返りを行った。これにより、自信が回復し、朝家を出るまでの強迫的な行為が減少してきた。Wさんの認知機能に合わせたコミュニケーション方法をとることで理解も進み、これも自信回復の大きな後押しとなった。6か月後には職場体験を希望するようになった。

❸職場探しと雇用への移行支援（援助付き雇用プログラム）

　Wさんが利用を開始して6か月が経過した頃、障害者就業・生活支援センターのＲ精神保健福祉士は、就労移行支援事業所のＴ精神保健福祉士から、そろそろ職場での支援も開始したい旨の連絡を受けた。そこでＲ精神保健福祉士はWさんの職場探しに着手した。

　Ｒ精神保健福祉士は、Wさん、Ｔ精神保健福祉士とともにハローワークの障害者窓口を訪れた。本日は求職登録と職場探しである。あらかじめ主治医とも連絡を取り、Wさんあてに「主治医の意見書」も作成してもらった。Ｔ精神保健福祉士は、ハローワークや企業向けにWさんの紹介状を作成しておいた。3人は障害者窓口で担当官や精神障害者雇用トータルサポーターと面談した。そして職場探しに入り、植木せん定業のＹ社を見学することとなった。

　後日、Ｒ精神保健福祉士とＴ精神保健福祉士はＹ社を訪れ、Ｐ社長と面談した。2人はＰ社長に対し、Wさんのこと、体験実習の結果で採否を判断できること、体験実習にはＴ精神保健福祉士が一緒に支援に入ることなどを話した。そして、Ｐ社長の質問に丁寧にわかりやすく答えた。Ｐ社長は最初はいぶかしそうな表情で2人を迎え、話を聞いたが、2人の話を聞くうちに、精神障害者であっても仕事ができるならよいという考えに傾いていった。

　そして、2人を現場に案内し、Wさんにできる仕事であるかどうかの確認を求めた。2人は、「可能性は十分にあるが、実際に体験してみないとわからないし、私たちの支援の仕方によっても結果は変わってくる」と正直に話した。そして、Ｔ精神保健福祉士による1日体験実習を依頼し、Ｐ社長の了解を得た。

　翌日、Ｔ精神保健福祉士は、せん定作業を現場で体験した。出勤から退勤までの1日の仕事の流れ、作業の難易度評価、担当上司による指示

の出し方の確認、休憩時間における従業員との歓談による関係づくり、キーパーソンとなりそうな従業員の特定を行った。幸い、作業内容はWさんができそうなレベルであった。そして体験終了後、P社長にその旨を話し、Wさんとの面接が決まった。

　数日後、T精神保健福祉士、R精神保健福祉士、Wさんの3人はY社を訪れP社長の面接を受けた。この日はWさんとP社長とで話してもらい、2人はほとんど口を挟まなかった。そしてWさんの2週間体験実習が決まった。勤務時間は午前中とした。

　T精神保健福祉士は、Wさんが作業中に携帯するために、職務内容を整理して作業手順票を作成した。また、作業に入る前後の流れも手順票にした。そして初日の挨拶の仕方についてWさんと練習した。

　いよいよ初日である。職場の近くで待ち合わせた2人は、一緒にY社に出勤した。Wさんはかなり緊張していた。現場に行くと、Wさんだけでなく、従業員たちも緊張しているのがわかった。T精神保健福祉士は双方のつなぎ役として、Wさんへの作業指示の出し方や作業の教え方についてもやってみせながら従業員たちに示した。作業終了後には一緒に就労移行支援事業所に戻り、従業員とのコミュニケーション方法について、SSTを活用しながら復習した。また面談も実施した。

　体験実習は無事に2週間が過ぎた。Wさんも従業員もともに慣れ、T精神保健福祉士は遠くで見ているだけで大丈夫なほど両者は適応していた。Wさんは就職を希望し、P社長も採用を決断したため、ハローワークの紹介で無事に採用となった。

❹就職後のフォローアップ（職場定着支援プログラム）

　Wさんの就職後のフォローアップ支援は引き続きT精神保健福祉士の事業所が担当した。ここは就労定着支援事業も行っており、Wさんは就職6か月経過後から就労定着支援事業を利用した。引き続きT精神保健福祉士が主に支援を行った。

　T精神保健福祉士が職場を訪問すると、従業員やP社長からWさんに関する雇用管理について相談を受けた。多かったのはWさんの認知機能障害による予想外の言動への対応であった。T精神保健福祉士は、Wさんとのコミュニケーション方法や注意や指導の仕方について具体的に助言した。ときには一緒に現場に入り、従業員に対して接し方のモデルを見せた。しかし一番効果的だったのは、P社長や従業員の気持ちを聞き、それに共感することだった。後に、P社長と従業員は「愚痴に耳を傾けて頷いてくれたことが一番嬉しかった」と語っていた。

Wさんは仕事帰りに事業所に寄り、愚痴や不満をこぼしたり、SSTなどに参加して対処技法を学んだりした。Wさんにとっては、支援者とつながっていることが安心感となっていたようだった。

また、就労定着支援事業では、働く障害者の会を立ち上げ、毎月1回、集まりをもっていた。Wさんもこの会に参加することとなった。この会では、茶話会や食事会、ボウリングやハイキングなど全員で楽しみ、そのあとでざっくばらんに愚痴や自慢を言いあったり、ときには助言しあったりと、ピアサポートの形態になっていった。これはT精神保健福祉士などの専門職が助言するよりもはるかに効果があった。Wさんが職場の不満を口にするとき、ほかのメンバーはじっと聞いてくれて、「僕も同じ気持ちになった経験がある」「だけど職場で暴言吐いたら終わりだよ」など、共感や助言を自然にしてくれる。不思議とWさんの心に届くのである。こうしてWさんはその後も働き続けている。

5 職業リハビリテーションプログラムの実施機関

1 障害者雇用関連

障害者雇用促進法および職業能力開発促進法に規定されている支援機関を整理する。障害者雇用促進法関連機関として地域障害者職業センター、職業能力開発促進法関連機関として障害者職業能力開発校がある。

❶地域障害者職業センター

高齢・障害・求職者雇用支援機構により設置運営されており、障害者に対する職業評価・職業指導、職業準備支援、知的障害者・重度知的障害者の判定、事業主に対する支援を行っている。全国に52か所設置され、障害者職業カウンセラー等の専門職が配置されている。

職業リハビリテーションプログラムとしては、職業準備支援、職場適応援助者（ジョブコーチ）による支援、職場復帰支援（リワーク支援）がある。また、精神障害者に対しては、これらを含めた包括的な支援として精神障害者総合雇用支援を体系化しており、すべての職業リハビリテーションプログラムを実施している。

職業準備支援は地域障害者職業センター内で、作業支援、職業準備講習カリキュラム、精神障害者自立支援カリキュラム、就労支援カリキュラムからなっている。就労準備プログラムに位置づけられる。

職場適応援助者（ジョブコーチ）による支援は、援助付き雇用プログ

Active Learning

ジョブコーチに会って、直接話を聞いてみましょう。

ラムに位置づけられる。地域障害者職業センターの障害者職業カウンセラーが策定した支援計画に基づき、同センターに所属するジョブコーチ（配置型ジョブコーチ）が職場で障害者や従業員に支援を行う。

　支援期間は個別に必要な期間を設定するが、標準的には 2 か月から 4 か月となっている。支援終了後も、必要なフォローアップを行う。なお、地域の社会福祉法人等に所属する訪問型職場適応援助者、企業に所属する企業在籍型職場適応援助者も同センター外に存在している。これらの職場適応援助者とも協働して支援を行っている。

　職場復帰支援（リワーク支援）は、在職中に精神疾患を発症した休職中の精神障害者に対して、本人、事業主、主治医の 3 者が合意した場合に、職場復帰に向けた支援を行う職場復帰支援プログラムである。

　内容は、同センターに通所して作業課題や各種講座（リラクゼーション、アサーショントレーニング等）を受講することで、対人対応力の向上、生活リズムの構築や基礎体力の向上をめざす。その後、リハビリ出勤支援に入る。これは復帰に向け、復帰予定の職場でウォーミングアップを行う。同センターは対象者、事業主に対して助言等の支援を行う。そして、円滑な職場復帰につなげる。

❷ 障害者職業能力開発校

　一般の職業能力開発校で職業訓練を受けることが困難な障害者に対して、障害者職業能力開発校が設置されている。ここでは、障害の特性に配慮した施設や訓練カリキュラム、技法によって職業訓練を実施している。全国に 19 か所設置されている。

　訓練の主たる内容は職業そのものの専門的技能の訓練であるが、精神障害者や知的障害者の訓練カリキュラムでは、就労準備プログラムとして位置づけられる内容が多く含まれている。

2 障害者福祉関連

　障害者総合支援法に規定されているものに、障害者就労移行支援事業、障害者就労継続支援事業および障害者就労定着支援事業がある。

　障害者就労移行支援事業は、一般就労を希望し、知識・能力の向上、実習、職場探し等を通じ、適性に合った職場への就労等が見込まれる 65 歳未満の障害者を対象に、企業就労に移行するための支援を行う障害福祉サービス事業である。

　ここでの職業リハビリテーションプログラムは、就労準備プログラムと援助付き雇用（職場体験実習およびトライアル雇用に限る）プログラ

ムである。就職後6か月までの就労定着支援プログラムも含まれる。援助付き雇用プログラムとしてIPSモデルを取り入れている事業所もある。また、復職支援プログラムも実施できるようになっている。このように、すべての職業リハビリテーションプログラムが可能である。

▌3 医療関連

我が国の精神科医療は入院中心という負の歴史を負っており、それが未だに解決していない。また、人員体制や診療報酬などの不十分さが拍車をかけ、支援者側の意向を中心に医療が展開されることが多く、リカバリーにつながる医療が十分に展開されているとは言い難い面がある。

我が国独特の精神科医療文化のなかにおいて、一部の精神科医療機関では精神科デイ・ケアを中心に職業リハビリテーションプログラムが行われている。主に就労準備プログラムと復職支援プログラムであり、精神科クリニックのデイケアを中心に復職支援プログラムが盛んである。

▌4 教育関連

特別支援学校高等部の進路指導として職業リハビリテーションプログラムが取り入れられている。プログラムの中心は就労準備プログラムである。授業の一環として職業生活に必要とされる技能や基本的な仕事の技能が教えられ、職場体験実習などで体験を積むことと、実習を通じて雇用への移行を円滑に進めるという取り組みを行っている。

6 ▶ 我が国の障害者雇用の仕組み

▌1 障害者雇用率制度

我が国の障害者雇用制度の特徴は、企業に一定の障害者雇用数を割り当て（法定雇用率という）、義務づけるという割り当て雇用制度をとっていることである。法定雇用率の算定方法は、我が国のすべての常用労働者数から除外率相当労働者数を引き、さらに失業者数を加えたものを分母とする。そして、身体障害者、知的障害者および精神障害者である常用労働者の数と失業者の数を足した総数を分子とする。2020（令和2）年3月現在の法定雇用率は民間企業が2.2％、都道府県等の教育委員会が2.4％、国および地方公共団体等が2.5％となっている。なお、2021（令和3）年3月にそれぞれ0.1％引き上げることとなっている。

　障害者雇用率に算定される精神障害者は、精神障害者保健福祉手帳所持者となっている。そして、週あたりの所定労働時間が 30 時間以上の常用労働者を 1 人としてカウントし、週 20 時間以上 30 時間未満の所定労働時間である短時間労働者については0.5 人としてカウントされる。

　厚生労働省は、すべての法定雇用率適用の対象企業に対して、毎年 6 月 1 日現在の障害者雇用状況を調査している。その結果、法定雇用率未達成の企業に対して達成指導を行っている。

❷ 障害者雇用納付金制度

　障害者を雇用している企業としていない企業との不公平感を解消するため、また、障害者雇用を推進していくために、民間事業主の共同拠出によって障害者雇用に伴う経済的負担を調整する障害者雇用納付金制度が設けられている。この制度は次の仕組みから成り立っている。

❶従業員 101 人以上の雇用率未達成企業から障害者雇用納付金を徴収（未達成人数 1 人当たり月 5 万円）

❷徴収した雇用納付金を財源に、障害者雇用調整金（法定雇用率を達成している従業員 101 人以上の企業で法定雇用率を超えて雇用している人数 1 人当たり月 2 万 7000 円）および報奨金（従業員 100 人以下で障害者を一定数雇用している企業で超過 1 人当たり月 2 万 1000円）を支給

❸徴収した雇用納付金を財源に、各種助成金（障害者を雇い入れるために作業施設の設置・整備を行ったり、障害者の雇用管理のために職員を配置したりする事業主に対する助成）を支給

❸ 事業主の経済的負担の軽減策

　障害者雇用率制度によって、企業には一定数以上の障害者雇用が義務づけられている。そうなると、職業能力が低い障害者を雇用する、または障害者を雇用することで施設設備や人的な環境整備が必要になる場合など、障害者を雇用することで企業に経済的負担が生じることがある。特に、重度障害者を雇用した場合は、企業に経済的負担が生じることが多い。そのようななかで障害者雇用を促進するには、企業の経済的負担を軽減する施策が必要となる。

　経済的負担の軽減策は大きく分けて二つあり、一つは前述した障害者雇用納付金制度による障害者雇用調整金・報奨金や各種助成金の支給で、

もう一つは、公的な資金によるものである。代表的なものが、ハローワークの紹介で雇用保険加入事業主が障害者を雇用した場合に支給される特定求職者雇用開発助成金である。企業規模や雇い入れる障害者の障害の程度および年齢、当該障害者の所定労働時間にもよるが、精神障害者の場合は1年から3年の間に30万円から240万円を企業に支給する制度である。その他、「障害者雇用安定助成金」「トライアル雇用助成金」などがある。また、採用後に障害者となって休職した従業員を職場復帰させ、雇用を継続する場合の助成、税制上の優遇措置、雇用促進融資など、企業への経済的負担軽減策がとられている。

4 職業リハビリテーション制度

　障害者雇用率制度によって事業主に障害者雇用を義務づけたり、企業への経済的負担軽減策によって障害者を雇用する事業主を援助するなどの支援施策は一定の効果はある。しかし、重度障害者の雇用を推進するためには、障害者の総合的な職業能力向上と雇用への移行支援、そして事業主の障害者雇用管理能力向上のための支援等の人的支援が必要となる。そのため、労働関係の職業リハビリテーション専門機関および障害福祉サービス事業者などが支援を行っており、医療機関等が補完的な支援を行っている。詳細は「5　職業リハビリテーションプログラムの実施機関」を参照。

　このように、我が国の障害者雇用の仕組みは、❶障害者雇用率制度（障害者雇用納付金制度を含む）、❷事業主の経済的負担軽減策、❸職業リハビリテーションの三つの柱で構成されているといえよう。

社会的リハビリテーションプログラム

学習のポイント

● 社会的リハビリテーションプログラムについて具体的に学び、理解する
● 社会的リハビリテーションが実施されている機関について把握する
● 精神障害リハビリテーションプログラムへの精神保健福祉士のかかわりを知る

　人が社会生活を営むには、次のような力が必要だと西園昌久は述べている。それは、❶就寝、起床、昼間の活動などの「生活の規則性」、❷入浴、更衣、洗髪などの「生活習慣、保清、自己ケア」、❸生活に必要な持ち物の「整理・整頓」、❹「会食の能力」、❺明日の活動に向けての最低限の「計画性」、❻「コミュニケーション能力」、❼「社会資源の活用能力」である。このうち❶❷❸は生活指導で日常的に取り上げられ、利用者が受動的な場合でもかなりの程度で回復がみられるが、それ以外は計画的なアプローチが必要とされている。

　ここでは、六つの精神障害リハビリテーションプログラムをとりあげ、それらにおいて当事者はこれらの力をどのように獲得していくのか、また精神保健福祉士はどのような視点で支援する必要があるのかをみていきたい。

 ## SST（社会生活技能訓練）

1 SSTとは

　SSTとはsocial skills trainingの略で、日本語では社会生活技能訓練、生活技能訓練などと訳されている。日本には1988（昭和63）年に精神障害リハビリテーションの一方法として導入された後、1994（平成6）年に入院生活技能訓練療法★として診療報酬化されたことをきっかけに、精神科病院を中心として広く実施されるようになった。SSTにおいて支援者は、利用者が自分の希望する生活の実現に必要な社会生活技能を把握し、身につけたい人とのかかわり行動を選択し、その内容を段階的に組み立てて体系的に学習し、身につけることを援助していく。

　社会生活技能（ソーシャルスキル）とは、対人状況において自分の目

★入院生活技能訓練療法

精神科専門療法の一つ。1994（平成6）年に診療報酬化された。入院中の患者を対象に経験のある2人以上の従事者が行った場合に算定できる。診療報酬の点数は、入院の日から起算して6か月以内の期間に行った場合100点、6か月を超えた期間に行った場合75点である。

的を達成し、相手から期待した反応を得られるような対人行動能力のことである。私たちは毎日の生活で、自分の気持ちやニーズを他の人に伝える社会生活技能を用いることで人とかかわり、個人的目標を達成している。ただし、ニーズを満たすために有効な社会生活技能は、その時々の社会的状況やその状況にかかわる人の目的、期待などに応じて変わってくるので、状況の具体的な変化に合わせて自分のコミュニケーションを柔軟に変える必要がある。つまり、人間にとって必要なツールであるコミュニケーションを、どのように使い応用していくのかを効果的に学習できるよう構造化された方法がSSTである。

Active Learning

構造化について調べてみましょう。SST以外で使われている構造化についても考えてみましょう。

精神障害者のなかには、入院や通院など治療が長期にわたることで社会生活から遠ざかってしまい、以前には何の心配もなくできていたことに対して不安が大きくなってしまった人が多くいる。また統合失調症などは、思春期に発病することが多く、社会生活を経験しないまま年月を重ねた人もいるのが現状である。そういう人々に対して、SSTは効果的な支援方法の一つである。

▌2 取り組みの焦点

SSTは学問的には認知行動療法の一つとして位置づけられており、その特色は希望志向的なところにある。SSTに従事する側の焦点としては、利用者の考え方や解釈、つまり認知の改善と、具体的な行動の改善という二つの側面が重要となる。

具体的には、SSTの利用者は支援を受けながら自分が置かれた状況を正確に判断し、その状況のなかで効果的な対人行動がとれるように練習する。支援者は始終、利用者に寄り添い、本人の意見を最大限取り入れる努力をするとともに、積極的に提案もしていく。そして、利用者のできていないところではなく、今できているところに着目し練習をすることで、できる行動を少しずつレベルアップしていくようにかかわる。SSTは、話しあってやるべきことを学ぶのではなく、具体的な行動を練習しながら学んでいく活動的な方法である。

▌3 SSTの進め方

SSTを実施する前に、利用者の機能評価と機能分析を行う。社会生活を送るうえで役立ったり妨げになっている行動上の長所や不足な点を、本人と一緒に見定める。また、生活の妨げとなっている問題を同定し、そうした問題が生じる前にどのようなことが起きているのかを見出

し、そのことと結果との関連を見つけ出すなどのアセスメントを行う。具体的には、利用者と「どんな場面が苦手なのか」「それはどうして起こるのか」などを話しあう。

　また、SSTでは本人の希望を大切にし、「今の生活がどう変化するとよいと思いますか」「3か月先にはどんなことができるとよいですか」などと問いかけながら、アセスメントに基づいてSSTの長期目標と短期目標を設定する。たとえば、長期目標は「休憩時間に自分から同僚に話しかける」、短期目標は「ひと言添えて朝の挨拶をする」などが考えられる。

　SSTのセッションは多くの場合、数人から10人程度のグループで行う。また、セッションの頻度は週1回以上、1回1時間程度が標準とされている。グループのスタッフにはリーダーとコリーダーがいて、共同して進行する。ほかに記録係がいる場合もある。

　SSTの進め方は一連のステップにしたがっており、またそのステップの一つひとつは社会的学習の原理に基づいている。実際の練習は、❶はじめの挨拶、❷新しい参加者の紹介、❸SSTの目的と決まりの確認、❹前回の宿題報告、❺今回の練習課題の明確化、❻ロールプレイを用いた技能の練習、❼次回までの宿題の設定、という順序で行われることが多い。一人の参加者が❹〜❼までのプロセスを終了すると、今度は次の参加者の練習に進み、同じように❹〜❼のプロセスを繰り返し、全員の練習が終わるとセッションが終了する（❹〜❼のプロセスは**表4-9**も参照）。

　なお、❻ロールプレイを用いた技能の練習は、①場面をつくり相手役を選ぶ、②いつものやり方でやってみる、③よかったところを伝える（正のフィードバック）、④改善点を提示する、⑤モデル行動を示す（モデリング）、⑥もう一度練習する、⑦実生活で実行する練習を計画する（宿題）、という手順で実施する。

表4-9　SST練習の順序

1　練習することを決める
2　場面をつくって1回目の練習をする（必要ならばお手本を見る）
3　よいところをほめる
4　さらによくする点を考える
5　もう一度練習する（必要ならばお手本を見る）
6　よくなったところをほめる
7　チャレンジする課題を決める（宿題）
8　実際の場面で実行する
9　次回に結果を報告する
10　次のステップに進む

このように SST は、ロールプレイ、フィードバック、モデリングなどの認知行動療法の技法を用いて対人的技能を学習する。さらに、練習を踏まえた宿題を通して練習で身につけたことを実生活のなかでできることをめざす（般化）。本人の希望を大切にして目標を設定し、それに向けて小さなステップを刻むように練習課題を設定し、系統的に練習を積み重ねていく方法が基本訓練モデルである。

4 ひとり SST

SST はグループで行うことが多いが、一対一でも実施することができる。これをひとり SST と呼んでいる。たとえば、精神保健福祉士との面接で、精神障害者保健福祉手帳の更新時期が近づいてきたが、自分で手続きする自信がないと話す人がいた場合、その面接のなかで SST を用いて練習できる。

まず、更新手続きに必要なものを確認し、それから役所に到着したあとの行動を本人と一緒に考える。窓口がわからないので「まず受付に聞いてみよう」ということになれば、精神保健福祉士が役所の職員の役（ロール：role）を演じ、2 人でロールプレイを行う。そして「手帳の更新手続きに来たのですが、窓口はどこですか」と言うことができていたら、「用件が伝わった」ことや「話の内容がわかりやすい」ことなどよかった点をフィードバックする。その一方で、たとえば、「顔が下向き加減で声が聞き取りにくい」ようなら、さらによくする点として「相手の顔をみて話してみよう」と提案する。そして、新しい練習目標と練習方法を本人と話し合って決め再度ロールプレイを行う。その際、本人の希望を確認し、その前に精神保健福祉士がお手本をやってみせる（モデリング）。それを参考に 2 回目の練習をした本人に対してよかった点を伝える（正のフィードバック）。最後にここで練習したことを実際に役所でチャレンジしてみようと励まし、宿題として設定する。その際、忘れないようにメモをすることも重要である。

普段の面接のなかで必要に応じてタイムリーに活用することができるひとり SST は、精神保健福祉士にとってもとても便利な方法である。

5 SST の広がり

SST の対象は精神障害者に限られているわけではない。実際に保護観察や更生保護事業、矯正教育に SST が取り入れられている。たとえば、全国で活動している保護司は約 4 万 6763 人（2020（令和 2）年 1 月

★保護司
各地域社会で選ばれ、法務大臣から委嘱を受けた非常勤の国家公務員で、保護観察を受ける人の指導、助言を行うほか、犯罪予防なども行っている。定数は 5 万 2500 人。

1日現在[1]) いるが、そのうち約1000名を超える保護司が、SST普及協会認定講師が実施するSST初級研修を修了し、日々の利用者との面接で「ひとりSST」を活用している。学校教育でも、普通学級のみならず特別支援学校の教員やスクールカウンセラーなどがSSTを実施している。また、精神障害者本人ばかりではなくその家族に対するSSTを実施し、家族をサポートする支援も行われている。

精神保健福祉士の相談支援の過程には、SSTを活用するとよい場面がたくさんある。利用者はSSTでの練習を積み重ねることでスキルを獲得し、自分の対人関係に自信をもち始める。しかもそれは利用者の希望からスタートしているので、自分の望む生活の実現に近づいていることも実感できる。そのような意味でも、SSTはエンパワメントアプローチのツールとして、相談支援のなかで活用するには極めて有効なプログラムの一つであるといえる。

2 心理教育プログラム

1 心理教育とは

心理教育とは、サイコエデュケーション（psycho-education）の訳語である。心理教育は、精神障害やエイズなど受容しにくい問題をもつ人たちに対して、個別の療養生活に必要な知識や情報を心理面への十分な配慮をしながら伝え、病気や障害の結果もたらされる諸問題・諸困難に対する対処や工夫をともに考えることによって、主体的な療養生活を営めるようにする援助技法である[2]。この内容を表4-10に整理して示す。なお、名称に「心理」がつくのは、心理的な配慮のもとに知識や情報を伝えることと、伝えられた知識・情報の活用方法を当事者とともに考える点に特徴があるからである。心理教育プログラムでは、「問題に圧倒

表4-10　心理教育とは

【対象】精神障害やエイズなど受容しにくい問題をもつ人たち。
【方法1】正しい知識や情報を心理面への十分な配慮をしながら伝える。
【方法2】病気や障害の結果もたらされる諸問題・諸困難に対する対処方法を習得してもらう。
【目標】主体的な療養生活を営めるよう援助する。

資料：浦田重治郎「心理教育を中心とした心理社会的援助プログラムガイドライン（暫定版）」『厚生労働省精神・神経疾患研究委託費. 統合失調症の治療およびリハビリテーションのガイドライン作成とその実証的研究成果報告書』p.7, 2004. を参考に作成

されて無力な私」としてやって来た参加者が、プログラムを通して「今まで何とか対処してきたし、これからも何とかできそうな私」と元気になることも目標である。

対象には、まず統合失調症の本人が挙げられる。本人に対するプログラムは、急性期がおさまり主治医が心理教育プログラム導入可能と判断した時期から開始できる。また、長期入院患者で退院を目指している人、デイケアなどの通所プログラムを利用している人が対象となる。そして、本人に対して日常的な援助を提供している家族も対象となる。ここでは、主に統合失調症の本人を身内にもつ家族（以下、単に家族と表記する）に対する心理教育プログラムについて紹介する（第4章第5節も参照）。

■2 背景にある考え方

心理教育が発展してきた背景には三つの条件があったと、伊藤順一郎は述べている。それは、❶市民が病気について知る権利を主張できる状況ができ、市民が養生の対処技能を伸ばすことの大切さが認められてきた、❷精神科臨床自体が、治療のバリエーションを少しずつでも増やしてきた、❸統合失調症に対して家族が知識をもち、ともに暮らしながら対処技能を伸ばすようになることが、再発率を下げるのにも大変役に立つという報告が各国で発表されたという3点である。このうち❸には、EE研究という、家族と本人との相互関係を扱った研究も寄与している。

EE（expressed emotion：感情表出）は、1960年代にイギリスのブラウン（Brown,G.W.）によって開発された感情の表出に関する評価尺度である。具体的には、面接で語られる家族の言葉から、一定の定義に従い、批判的コメント、敵意、情緒的巻き込まれ過ぎ、温かさ、肯定的言辞ととれる言葉を選び取る。そして、ある基準にしたがって、批判的コメント、敵意、情緒的巻き込まれ過ぎの三つの感情表出のいずれかが高い状態を高EEと呼び、いずれも低い状態を低EEと呼ぶ。

EEが高い家族は本人に対して批判や敵意に満ちた会話が多いか、心配のあまり過保護・過干渉的な行動が多く、反対に低EE家族は、本人とほどほどに距離のとれた関係であるというように、EEは本人と家族の間の相互関係を反映している。そして、高EEと統合失調症の再発の関連は日本も含めて多くの追試があり、ほぼ確実なものと考えられている。このEE研究により、統合失調症の治療では患者本人へのかかわりに加えて、家族への支援がきわめて大切であることがわかり、教育的介入が推進されるようになった。ただし、ここで気をつけなければいけな

Active Learning

批判的コメントと情緒的巻き込まれの具体例について話しあってみましょう。

いことは、高 EE 家族は「不適切な行動をしている家族」ではなく、統合失調症という疾患と長期に付き合うことがもたらす負担による家族自体の SOS と捉えることである。そのため、心理教育も「家族の不適切な行動を修正する」のではなく、家族に必要な情報を的確に伝え、個々の家族にふさわしい対処の仕方・コツをともに考えることが求められる。

3 心理教育プログラムの進め方

心理教育プログラムの主な構成要素は、「教育プログラム」と「グループワーク」「対処技術習得プログラム」であり、それらの組み合わせによっていくつかのタイプに分けることができる。また、対象が精神障害のある当事者の家族が複数名参加する「複合家族グループ」、当事者も含めた家族全体を対象とする「単家族心理教育」「本人を対象とした心理教育プログラム」など、いくつかの形態で実施することができる。

ここでは、「国府台方式」を参考に、「複合家族グループ」の概略を示す。１グループあたりの参加者は約 10 名程度の家族である。スタッフは１グループあたりリーダー、コリーダー、板書係の３名がいるとよい。グループワークを進めるにあたっては、ルールや進め方など、あらかじめグループ運営の構造を明確にしておき、それらを掲示することで参加者も安心して参加することができる。グループの内容は、知識・情報を家族と共有する「教育プログラム」と対処技能の向上を目指す「グループワーク」の組み合わせが基本となる。「教育プログラム」では、主に**表 4-11** のような項目について情報を伝える。なお、国府台方式の「グループワーク」は**表 4-12** のような流れである。

ここでスタッフが気をつけることは、話しあいが参加者相互の非難や原因探しとならないようにすること、相談をした人の役に立つようにグ

★ 国府台方式
厚生労働省精神神経疾患研究委託費を受けて、日本における心理教育普及のためのモデルづくりが1995（平成 7）年から始まった。その時に国立精神・神経センター国府台病院を中心に開発されたグループの進め方を国府台方式と呼んでいる。

表4-11 教育プログラムで伝える項目・内容

項目	内容
精神疾患に関する情報	ストレス―脆弱性モデル、フィルター理論、長期予後など
症状に関する情報	陽性症状、陰性症状、再発のサインなど
薬物療法などの治療法	薬の種類と副作用など
利用できる社会資源	リハビリテーションの資源、経済的なサポートなど
本人への家族の対処の工夫	コミュニケーションのコツ、症状への対処など
家族自身のストレスマネジメント	家族の健康への留意、家族自身の時間確保など

表4-12　国府台方式のグループワークの流れ

```
1　グループのルール、グループの進め方を確認しましょう
2　ウォーミングアップ
3　相談したいことを言いましょう
4　今日の話題を決めましょう
5　話題について、みんなで取り組みましょう
6　ここで、どんなことがわかる・できるようになるとよいか教えてください（目標の
　　設定）
7　アイデアを出し合いましょう
8　自分に役立ちそうなアイデアを選びましょう
9　感想を言って終わりにしましょう
```

ループワークを進めることである。具体的には、❶テーマとなった話題について、参加者が自分の体験を踏まえて話ができるよう参加者に話題をふって発言を促す、❷相談のテーマはなるべく小さく具体的で、その人のニーズに合ったものとなるように話題をしぼる、❸参加者が安心して参加できるよう、場の雰囲気を和ませる工夫をするなどである。

4　家族による家族心理教育

★みんなねっと
全国精神保健福祉連合会（みんなねっと）は、精神障害者の家族の全国組織。医療・福祉制度など施策をよくするための活動、「月刊みんなねっと」を発行し情報を伝える活動、精神障害について啓発・普及を進める活動など積極的に行っている。

　みんなねっとでは、各地の家族会で「家族による家族学習会」（以下、家族学習会）を行っている。家族学習会とは、同じ立場の家族が「担当者」となり、チームで運営・実施するピアサポートプログラムである。このプログラムではテキストを使って、疾患・治療・回復・対応の仕方などの正しい知識を学ぶとともに、家族としての体験的知識を共有する。プログラムの大きな目標は、「家族が元気になる」ことにある。

　プログラムは、5～6回を1コースとして行われる。担当者は、リーダーのほか、複数のコリーダーの役割を担う。担当者は参加メンバーと事前打ち合わせを行い、その日の流れ、役割の確認、会場の準備などをする。毎回のグループワークは、テキストの輪読、テキストの内容に沿ってそれぞれが体験を話しあう、最後に感想をひと言ずつ話すという流れで進む。担当者は一方的な講義にならないように、そしてテキストの内容が理解しやすいように具体的に伝えるなどの工夫をする。さらに、参加者のできていることにも目を向けて伝える。この家族学習会は参加者が学ぶだけでなく、担当者にも多くの学びがある。

　みんなねっとでは、「家族同士の体験的知識に価値を置く」「家族同士の語り合いを重視する」などの担当者としての姿勢を身につけるために、また家族学習の内容や実施方法、担当者の心構えを習得するために、担当者養成研修会を実施している。

5 心理教育プログラムに求められること

心理教育は、当事者やその家族が自ら抱えた困難を十分に受けとめること、乗り越える技術を修得すること、希望の実現に向けて現実に立ち向かい、困難を解決できる力量と自信を身につけること、リハビリテーションプログラムなどの援助資源を主体的に利用できるようになることなどを目指している。そのため、心理教育アプローチはほかのプログラムと連携して運用される必要がある。

また、多職種によるチームアプローチが必要であり、さらに地域リハビリテーションに移行する際には、地域の関係機関との連携など、ケアシステムの整備が必要となるアプローチである。

3 生活訓練プログラム

1 生活訓練の概要

障害者の日常生活及び社会生活を総合的に支援するための法律（障害者総合支援法）における自立訓練事業には、機能訓練と生活訓練があり、自立した日常生活や社会生活が送れるよう、一定期間身体機能や生活能力の向上のために訓練を行う。このうち、生活訓練の主な利用者は、地域生活を送るうえで生活能力・技術の維持、向上のための訓練が必要な精神障害者、知的障害者である。具体的には、精神科病院や入所施設から退院・退所した人々へのサービスである。

2 生活訓練の内容

生活訓練のサービス内容は、日常生活を送るうえで必要となるスキルを獲得するための訓練や、利用者個々の状況、課題に対する相談・助言を行うことである。支援にあたっては、サービス等利用計画に基づいた個別支援計画を作成し、相談支援専門員を中心とした関係機関との連携を図ることが必要となる。支援内容は**表4-13**に示した。このほかに、利用者の地域生活を実現させるために必要な支援が随時盛り込まれる。

3 生活訓練のポイント

生活訓練の「訓練」をどのように捉えればよいのだろうか。「訓練」と聞くと「できないことをできるようにする」「指導」などをイメージしやすいが、生活訓練プログラムは当事者の夢や希望の実現に向けた支

表4-13　生活訓練の内容

日常生活スキルの獲得	調理、清掃、洗濯、買い物、身だしなみ、金銭管理の支援
健康管理	服薬管理、受診同行、生活リズムの獲得、障害の理解、セルフケアの方法
社会資源の活用	社会資源の勉強会、役所等での手続き同行
対人関係	コミュニケーション能力の獲得、SST、家族・友人関係への助言、利用者同士のミーティング
社会参加	外出支援・同行、レクリエーション、余暇活動の促進、就労へ向けた支援
住居設定	物件探し、家財購入、引越し手続き

援である。

　また、生活訓練は期限が定められているので、利用者と支援者がサービス終結時の目標を明確に共有することも求められる。さらに、サービス終結後の生活を見据えた支援体制の整備も重要である。そのため、個別支援計画に沿って、一定期間ごとの評価、目標の再設定、サービス終結までに支援チームを構築し、次の支援者につなげる準備も求められる。

　精神障害リハビリテーションの目的は、生活のあらゆる側面への完全な包容と参加であるが、池淵恵美はそれは専門家の視点であるとしている。そのうえで本人からすると、リハビリテーションに参加する目的は、本人の価値観や好みが反映された納得のいく自分なりの回復をすることであり、それをパーソナルリカバリーと位置づけている。生活訓練も、専門家と当事者の共同創造（co-production）が鍵となる。

★包容
ここでいう「包容」とは、社会そのものが多様な人々が共生する場であり、多様な人々を社会のなかに受け入れるという考え方である。

4 地域移行（退院支援）プログラム

1 精神障害者の地域移行をめぐる動向

　長期入院者の地域移行に関する施策は、2003（平成15）年4月に精神障害者退院促進支援事業が開始され、2008（平成20）年4月に精神障害者地域生活移行支援特別対策事業となり、国の補助金事業として実施されてきた。そして、長期入院者の地域移行は、2012（平成24）年から障害者自立支援法（現・障害者総合支援法）において実施されるようになった。

2 地域移行支援を進めるには何が足りないのか

地域移行支援は「病院・施設から地域へ」を支援するサービスである。精神科病院に長期入院している人や、さまざまな事情により入院の長期化が見込まれる人などに、住居の確保その他の地域における生活に移行するための活動に関する相談、障害福祉サービス事業所等への同行支援などを行い、地域生活への円滑な移行を目指す。しかし、精神障害者の地域移行がなかなか進まないのはなぜなのだろうか。

たとえば、精神科病院の開放病棟に長期入院している人に「これからの夢や希望」を聞くと、「このまま入院を続けたい」「退院したくない」という返事が返ってくることが多い。その理由には、❶退院して住む場所がない、❷経済面を含む生活全般への不安が大きい、❸それらの不安を解決する方法を知らないなどがある。また病棟看護師からは、❶退院するには治療による病気の改善がまだ必要であること、❷生活習慣・生活リズムを整える必要があることとともに、❸看護師の「長期入院者」に対する退院支援の経験不足も挙げられることがある。さらに家族は長年、離れて暮らしているため「今さら戻って来ても」「また症状が悪化したら困る」「親の代から兄弟の代に移り、自分たちの生活が大事」など、受け入れることが難しい状況がある。

つまり、入院中の人にとっては地域移行・退院支援といわれても、「自分は何を考えたらよいのか、何をしていけばよいのか」わからず、地域移行（退院）のイメージがつかめずに大きな不安をいだくこととなり、支援をする側も何をどう順序立てて行えばよいのか、何が有効で何が正しいのか迷っているのではないだろうか。

これに対して日本精神保健福祉士協会は、『医療・福祉・行政関係者が共有して活用できる長期入院精神障害者の地域移行推進ガイドライン』において、地域移行支援を推進するためには、①相談支援体制の整備、②権利行使支援としての周知、③医療と福祉の連携、④意思表明の支援が極めて重要であると示している。何よりも、私たち精神保健福祉士が退院支援を諦めず、本人が望む生活の実現に向けて取り組むことが大切である。

3 地域移行の進め方

❶相談スタート期

この時期は、市町村の障害福祉担当職員、相談支援専門員、ピアサポーター等の地域支援者が、入院中の本人と出会い支援関係を形成する重要

Active Learning

地域移行が進まない理由について、本人と環境のそれぞれに焦点を当てて整理してみましょう。

第4章 精神障害リハビリテーションプログラムの内容と実施機関

★ピアサポーター

ピアとは「仲間」という意味。病気や障害のような同じ体験をした人たちが、対等な関係性の仲間で支え合うのがピアサポートであり、そこで主に支える役割の人がピアサポーターである。

な時期である。「退院したくない」と思っている本人に対して、最初から「退院」を勧めるのではなく、なぜ退院したくないと思っているのか、その理由にしっかり耳を傾けて受けとめ、まずはよい関係づくりを行う。そして地域支援者は、精神保健福祉士をはじめとする病院職員と一緒になって考える存在だということを本人に理解してもらう。

　さらにこの時期は、地域移行支援・地域定着支援をはじめ、住む場所、所得保障、生活への支援などに関する本人が利用できるサービスの情報を伝えることが重要になる。その際、口頭で伝えるだけでなく、パンフレットなどわかりやすい資料を準備する工夫も大事である（**図4-3**）。ほかにもピアサポーターが病棟を訪問し、自分の経験や実際の生活の様

図4-3　地域で暮らすことをイメージしてみよう

Aさん（男性・40歳代・統合失調症）
・Aさんは統合失調症で10年近く入院していた。病気はすっかり落ち着いていたが、長く入院している間に、退院したいという気持ちが小さくなっていた。
・病棟で仲良くなった患者が退院して一人暮らしを始め、その話を聞いているうちにAさんも地域で生活してみたいと思うようになった。しかし、自信がなかった。そこで病院の精神保健福祉士に相談し、地域移行支援を活用することにした。色々な人と一緒に準備を進め、グループホームに退院することとなった。
・現在は生活保護を受けているが、将来は自分で働いたお金で生活できるようになりたいので自転車で通える距離にある就労継続支援事業所にも通うようになった。

　Aさんの一日（月〜金曜日）

7：00	起床・朝食・身支度	毎日決まった時間に起き、世話人が用意してくれた朝食をみんなで食べる。
8：00	掃除、ごみ出しなど	ホーム内の掃除を分担して行う。
9：00	通所	自転車で通う。
9：30 〜 16：00	就労継続支援B型事業所	内職や自主製品づくりをしている。月に1回はレクリエーションとして外出し、お花見や軽いスポーツ、ときには映画を観たりする。
16：30	帰宅	自転車で帰宅する。
17：30	夕食・片づけなど	夕食は世話人が用意してくれる。配膳や片づけはみんなで手伝う。
18：30	入浴・洗濯	お風呂は毎日入る。
21：00	自由時間	テレビや新聞を見たりして過ごす。
22：00	就寝	寝る前に薬を飲んで布団に入る。

Aさんが利用しているサービス
　手帳／精神障害者保健福祉手帳2級　　　　　　　お金／障害年金2級、生活保護
　通院／自立支援医療（精神通院）、障害者医療費助成　　　生活／相談支援事業所
　活動／就労継続支援B型事業所
　住まい／グループホーム

出典：前橋市自立支援協議会地域移行・地域定着部会編「前橋市地域移行支援・地域定着支援ハンドブック」2016. を参考に作成

子を話すことで、それを聞いた本人が退院後の生活のイメージがしやすくなるというかかわりもある。そして、家族への支援も忘れてはいけない。本人と同様に必要な情報を届け、理解を得ることが退院支援には欠かせない。

❷退院に向けての準備期

この時期は、本人が地域移行支援の申請をして支給決定され、地域移行支援計画に沿って住む場所、日中の活動先、通院先などを決めていく時期である。地域移行支援の申請をしてから支給決定されるまで約 1 か月かかることを見越して、精神科病院のスタッフは本人の「退院したい」という気持ちが途切れないようにかかわることが求められる。この時期には、具体的にどこへ退院し、どんな暮らしをするかという本人の意向を聞くことは難しいと思われる。地域移行に向けた訪問相談、本人や家族等への情報提供を重ねることで、退院に向けた具体的なイメージづくりができるように心がけたい。

サービス担当者会議（退院に向けての支援会議）は、本人、家族、病院関係者、指定特定相談支援事業所（計画相談を担当）、指定一般相談支援事業所（地域移行支援を担当）の相談支援専門員、もしくは地域移行推進員、障害福祉サービス提供事業者などの参加をもって実施する。ここでは本人の意向に基づいて作成されたサービス等利用計画（案）を提示し、中長期的な支援目標、本人・家族、関係者の役割確認などを行い、退院に向けた今後の取り組みについて合意形成を図る。そして、この計画を実行していく。

病院の中では、作業療法などのプログラムも地域生活を念頭において実施する。服薬管理、金銭管理、外出・買い物の練習など、精神保健福祉士や看護師等が一緒に考える、同行するなどして、本人が退院後の生活を具体的にイメージできるようにする。

地域支援者は、本人の不安軽減やモチベーション維持のために訪問相談を継続しながら、グループホームなど暮らす場所や、就労継続支援事業所などの日中活動場所を一緒に見学に行くことや、外出・外泊支援を行う。退院後どこに住むのかは、本人にとっても関係者にとっても退院後の生活を見通すために重要な事柄である。

❸地域で暮らす準備期

この時期は、いよいよ退院を目の前にして退院後の生活に関する計画を作成するとともに、住居の確保、必要な障害福祉サービスの申請などを行う時期である。

退院後、一人暮らしを希望するならアパート契約手続きなど入居手続きを、また自宅へ戻るなら自宅の状況を確認して部屋の片づけを手伝い、住みやすい環境を整える。さらに日用品や家電製品などの日常生活に必要な物品の購入に同行するとともに、退院後に利用する障害福祉サービスの申請も支援する。指定特定相談支援事業所は、サービス等利用計画（案）をサービス担当者会議（退院後の生活に向けた支援会議）で提示する。その際、サービス提供事業所の個別支援計画とすり合わせることが大切になる。さらに、事業所と情報を共有しながら本人と事業所の支援者との関係を構築することも求められる。

　もう一つ忘れてはいけないことは、病院と指定一般相談支援事業所は、本人と協力してクライシスプランを入院中に作成することである。クライシスとは本人にとって急に体調不良になったなど危機的な状況のことで、そのときに自分がすること、周りの人にしてほしいこと、ほしくないことを明らかにして、本人と支援者が共有しておく。

　本人にとっては、退院がゴールではない。これから自分の希望する生活を実現していくために、本人と支援者の協働は続くのである。

5 WRAP

1 WRAP の成り立ち

　WRAP（Wellness Recovery Action Plan：元気回復行動プラン）は、アメリカで精神的困難を抱えたコープランド（Copeland, M. E.）を中心としたピアグループによって考案された。WRAP（ラップ）は、やっかいな感情や行動を減らしたり防いだりすること、暮らし方や生き方を自分で選択することが増えること、生活の質を高めることなどを目的としており、夢や目標が達成できるようデザインされたツールである。

　はじまりは、精神科病院への入退院を繰り返してきたコープランドが、同じような感情の波を経験しながらも地域で暮らしている人々に行った調査の結果をまとめたことにある。そのまとめられた内容を自分でも試してみると結果がよかったことから、コープランドはリカバリーワークショップを開催した。そしてあるとき、ワークショップの参加者からの、うまくいかない日常生活に役に立つものはないかという問いに応えて WRAP ができあがった。1997 年のことである。

　このように WRAP は、精神疾患を経験しリカバリーしてきた人たち

の経験に基づいてつくられ、人とのつながりに根差して互いの経験から学び、自分のリカバリーやウェルネスのためにできることを自分のプランとしてつくる点が特徴といえる。当事者の経験から生みだされたものであり、理論に基づいて開発された治療プログラムでも治療的介入方法でもない。しかし、2010 年に WRAP は、アメリカ連邦保健省薬物依存精神保健サービス部（SAMSHA）から EBP（evidence-based practice：根拠に基づく実践）として承認されている。ランダム比較研究の結果では、希望の感覚の増加、引き金に対する症状への気づき、ソーシャルサポートシステムの強化、ウェルネスに対する責任能力の向上などが効果として挙げられている。

■2 WRAP の概要

WRAP は調査の結果をもとにまとめられたもので、リカバリーに大切な五つを基本において、日常生活に活用していくための元気に役立つ道具箱と六つのプランからなるツールである（**表 4-14、4-15**）。そして、自分で自分の WRAP プランをつくり、日常生活で活用していく。

WRAP 活用の手順は、まず自分の元気に役立つ道具のリストを挙げていく。次に、日常生活管理プランのいい感じの自分を確認する。そして、普段の自分、いい感じの自分でいるために、あるいは引き金が起きたとき、注意サインを感じるとき、調子が悪くなったとき、クライシスを脱したときも、いい感じの自分に戻れるように元気に役立つ道具箱から道具を選んで使う。さらに、それらを事前に行動プランとしてつくり、日常に活用していく。クライシスプランだけが、自分のケアを委ねなければならない危機的状況のときに信頼できるサポーターに活用してもらうプランである。WRAP を実際に活用している人々は、自分にとっての WRAP について、自分の取扱説明書、いい感じでいるための道標、

表4-14　リカバリーに大切なこと（key recovery concepts）

希望	誰もがリカバリーできる、元気になり、元気であり続けることができる、自分の望む生き方ができる
責任	主体性。リカバリーとウェルネスのために自分でできることを自分で選んでやっていく
学ぶこと	自分にとってよい選択ができるように知る、情報を得る
自己権利擁護	誰もが尊重され幸せになる権利があり、自分で擁護していく
サポート	自分からサポートに手を伸ばすこと、一方的でなく双方的に支えあう

出典：*Wellness Recovery Action Plan*, Human Potential Press, 2018. を参考に作成

表4-15　WRAP（六つのプラン）

日常生活管理プラン （デイリープラン）	いい感じの自分 いい感じの自分でいるために毎日するとよいこと いい感じの自分でいるために時々するとよいこと
引き金 （ストレッサー）	自分にとっての引き金 引き金のためのアクションプラン
注意サイン	自分にとっての注意サイン 注意サインのためのアクションプラン
調子が悪くなったとき	自分にとって調子が悪いと感じるとき 調子が悪くなったときに即座に対応するプラン
クライシスプラン	クライシスプランを使うとき クライシスになったときに委ねたい人、委ねたいこと、 よくなるためにサポートしてほしいことなど
脱クライシスプラン	脱クライシスを使うとき ゆっくりと日常に戻るためのプランなど

出典：*Wellness Recovery Action Plan*, Human Potential Press, 2018. を参考に作成

自分を振り返る道具などと表現する。

3 WRAP クラス

Active Learning

WRAPを学生同士で行い、実際に体験してみましょう。

　自分の WRAP プランは、自分にしかつくることはできない。WRAP を知りたい、自分の WRAP プランをつくりたいと思ったとき、誰もが WRAP グループに参加することができる。日本では WRAP グループを WRAP クラスと呼んでいる。WRAP クラスは参加者それぞれのリカバリーやいい感じ（ウェルネス）でいるためにやってきたことを学びあえるピアサポートグループに位置づけられている。

　WRAP クラスは誰でも参加できるが、本人の意向が最も尊重され、参加を強制することはできない。WRAP クラスは、10～15 名の参加者に対して 2 名の WRAP ファシリテーターによって進められ、8～12 週間にわたり毎週 2 時間程度で、WRAP の一つひとつのプランを扱うセッションを行うこととされている。WRAP クラスでは、安心して居心地よく参加できるための合意を参加者全員で決めて進められる。参加者一人ひとりが対等な人として尊重され、自分のリカバリーとウェルネスのために活用できる方法を自分で選択していく。

　また、WRAP クラスを開催できる WRAP ファシリテーターは、WRAP クラスに参加し自分の WRAP プランを活用したうえでファシリテーター養成研修を受講して承認される。ファシリテーターは助言者でも指導者でもなく、WRAP を活用しているピアであり、参加者と対

等な一人の人としてお互いの経験を共有する者である。WRAP ファシリテーターには価値と倫理があり、一人ひとりを自分の専門家として認め、ありのままのその人が**尊重されること**、自己決定の尊重などが盛り込まれている。この価値と倫理を大切にしながら WRAP クラスが行われる。

6 当事者研究

1 当事者研究とリカバリー

近年、精神保健福祉領域において、精神障害をもつ当事者と関係者や専門家との協同が重視されるなかで、「自分の研究者になる」ことを理念とした自助活動である当事者研究が注目され、相談援助や心理教育のなかに取り入れられている。

当事者研究とは、2001（平成 13）年に、北海道浦河町における浦河べてるの家（以下、べてる）をはじめとする地域精神保健福祉活動における当事者による起業を目指した活動や暮らしのなかから始まった取り組みである。「自分の苦労の主人公になる」という活動理念に示されるように、当事者自身がさまざまな困りごとを含めた生活経験のなかから、生きやすさに向けた「知」を生み出し、仲間と共有することを目的とした自助の活動として始まった。

当事者研究では、当事者がかかえる固有の生きづらさ、たとえば、幻覚や妄想などの症状のつらさ、言いようのない不安や身体の不快感、服薬管理の難しさや家族・仲間・職場における人間関係、日頃活用している制度やサービスまで、日常生活のなかで生じるジレンマや葛藤を、自分の「大切な苦労」と捉えるところに特徴がある。

そして、そのなかから生きやすさに向けた「研究テーマ」を仲間とともに見出し、その出来事や経験の背景にある意味や可能性、パターン等を見極め、ユニークな発想で、その人に合った「自助－自分の助け方」や理解を創造していくプロセスとして展開される。

2 「当事者との協同モデル」としての当事者研究の系譜

当事者研究が大切にしている「当事者との協同モデル」ともいうべき「障害者本人の体験について、対話を通じて新たな意味づけを行っていく」というアプローチが誕生した背景には、1970 年以降の障害者福祉

や精神保健医療福祉領域で起こった重要なパラダイムシフトがある。

1970年代のアメリカでは、自立生活運動（IL運動）におけるピアカウンセリングや障害当事者のエンパワメント運動などの流れを受け、1980年代後半には、障害当事者が発信した「私がエビデンス（証拠）である」というメッセージとともにリカバリーの概念が広がりをみせた。同時に、フィンランドのケロプダス病院がある西ラップランド地方では、1980年代から対話によるアプローチであるオープンダイアローグの実践が始まった。

このように、精神障害のもつ病理的な側面に焦点を当てた専門家主導のかかわり、いわゆる医学モデルから、当事者本人の体験や価値観を重視する当事者主体モデルへという、重要な変革が先進諸国では起こっている。我が国においても、1970年代には脳性麻痺の当事者を中心として結成された「青い芝の会」をはじめとして、公害問題に端を発した住民運動や難病問題など、さまざまな領域の当事者運動が活発に行われていた[3]。しかし精神障害においては、「治安対策」として続いた隔離収容政策や、1980年代に台頭した統合失調症の「脳病仮説」[4]や脳科学の進歩も重なり、薬物療法への期待が高まり先進諸国とは対照的に医学モデルからの脱却は進まなかった。

そのようななか、1978（昭和53）年、北海道浦河町において、精神障害や依存症を抱える当事者たちが自助活動を始め、1983（昭和58）年にはAA（Alcoholics Anonymous）活動などを通じて、ナラティヴコミュニティ*[5]としての土壌がつくられていった。

さらに1992（平成4）年に、べてるではSSTを導入したことにより、さまざまな事業展開の局面（仕入れ、販売、交渉、人間関係など）でそれが活用され、「練習すればいい」という発想は当事者の社会参加を促すことを可能にした。特に、べてるの当事者研究では、従来の精神保健福祉領域において「再発予防」を重視するあまり奪われてきた当事者の語りや仲間とのつながりを取り戻すことを可能にした。これは、「専門家が症状を取り除くという発想から脱却し、ユーザーが自身の経験を理解し管理する方法を見つける[6]」というリカバリーの理念にも通じるもので、当事者との協同を重視した相談援助の基盤づくりにつながった。

▌3 当事者研究の基本モデルと実際

当事者研究に関する文献は『べてるの家の「当事者研究」』（医学書院）や『レッツ！　当事者研究1・2・3』（地域精神保健福祉機構）など

★ナラティヴコミュニティ
クライエントを「その人自身の人生の専門家」と位置づけ、ナラティヴ（語り、物語）を共有することを通じて、仲間や社会との「つながり」を回復する機能をもつ空間のこと。

Active Learning
当事者研究の事例を探して、一緒に読み、感想を共有しましょう。また、実際の当事者研究会を探して、実際に参加してみましょう。

多数出版されているため、ここでは、その特徴や活用例を示すこととする。

❶「生きづらさへの着目」と活用

当事者研究で大切なのは**表4-16**に示したように、当事者本人がもつ「生きづらさ」への理解である。元来、精神障害は「見えにくい障害＝理解されにくい障害」として扱われてきた。そういった見えにくい障害によりもたらされる生きづらさに着目し、ともに「何が起きているのか」を問いの起点として研究が行われる。

❷「当事者研究」活用の実際

表4-17は、統合失調症をもつ人の心理教育プログラムに当事者研究を活用した国立花巻病院スタッフがまとめた「臨床における当事者研究活用の原則」（花巻の原則）であるが、これは、当事者を取り巻くスタッフの態度を含めた治療環境の大切さを示唆している。実際にソーシャルワーカーが、精神保健福祉の現場で行った当事者研究を活用した取り組みを紹介したい。**図4-4**が基本的な展開のイメージである。

❸事例：自傷行為による入退院が止まらないAさんの研究

経過

20代男性、小学生のときから大人に「理解されていない」という気持ちが強く、不登校となり、自傷行為（針刺し、飛び降り等）により緊急入院。中学1年生の頃からリストカットがやめられず、計40回以上の入院を経験。退院後（20歳）、デイケアのプログラムに参加。そこで当事者研究に出会い、スタッフと協同して「何が起きているのか」の研究に取り組んだ。そこで、明らかになったのが**図4-5**である。

表4-16 「生きづらさ」の理解

> ・再発も含めて、パターン化され、繰り返しおきる問題の背景には、維持されている一貫した"前向きな意味"があること
> ・爆発や不適切な行為や言動の背後には、辛い状況から抜け出そうとする当事者なりの"もがき"（自分の助け方）があること
> ・その"もがき"の底流には、自己表現と"つながり"への渇望があること
> ・表出されたニーズと真のニーズ（例・空腹を感じると厭世感情が強まる）の間には乖離があり、本人もそれに気づいていない場合が多いこと
> ・五感で感じる現実と、周囲の人が共有している現実とのギャップが、人間関係に影響し、生活をしづらくしていること
> ・当事者の多くは、将来に対する希望と生きがいを見失い、かつそれを切実に探し求めていること

出典：向谷地生良「当事者研究」日本統合失調症学会監、福田正人・糸川昌成・村井俊哉・笠井清登編『統合失調症』医学書院, p.614, 2013.

表4-17 臨床における当事者研究活用の原則（花巻の原則）

原　則	臨床における態度	備　考
1．「非」評価的／「非」援助的態度	スタッフは本人の語りに対して内容が妄想的かどうか、何が問題か、などの評価を伝えたり、否定したりせず（評価・判断の留保）治療的・支援的態度を少なくする。出来事は、現象、データ、素材として扱う。	・非援助的態度＝自分を助ける主役は自分である、を前提に、仲間の力を活用した自助をともに模索
2．人と「こと」（問題）を分ける	問題（こと）に対しては批判的でも、人に対しては、一貫して共感的・肯定的な態度を大切にする。	
3．積極的関心、積極的迎合	あいまいな語りや本人の独特の言葉遣いに対しては、その人の生きる世界を理解するために、積極的な関心を示し、質問や対話を重ねながら聞き、意味を解き明かしていく。本人の生きる世界に身を置きながら、時には反転した対話、苦労の先取り、苦労の再現を用いた対話をする。	・反転した対話＝苦労の「起こし方」を一緒に考える ・苦労の先取り＝起きる可能性のある苦労の先読みをする ・苦労の再現＝さまざまな手立てを用いて起きた出来事の再現を試みる
4．対話の三角形	どんな場面でも、経験や出来事（テーマ・問・課題）を見えるように前に置き（ホワイトボードなどを活用して、対話の三角形をつくる）探索的、研究的対話を重ねる。	
5．経験の見える化	内容の視覚化、データ化に努め、パソコンなどを見ながら本人と一緒に図式化したり、ホワイトボードに絵やグラフ、流れ図を描いたり、時にはアクションを交えながら対話を深める。	
6．出会いの創造（仲間づくり）と共有	研究活動から生まれた出会いと成果の共有を通じて、地域のネットワークとつながることを意図する。	研究発表

出典：向谷地生良「花巻の原則——当事者研究の臨床活用における原則」『こころの科学』第210号、p.20、2020.

苦労のメカニズム

　図4-5にあるように、研究を通して、周囲には「問題行動」として捉えられていた自傷行為や「入院生活」は、実はAさんにとっては「自分を助けるための行動」であることがわかり、同時に「入院費がかかる」ことや「周囲の人に心配をかけてしまう」という「副作用」もあることがわかった。そして、自傷行為の背景にある生きづらさの一つとして「常に誰かに見られている圧迫感」（当事者研究の先行研究では、誰にも覚えられていないという孤独感の裏返し現象）が明らかになったことで、その苦労の意味の探求と対処方法を検討し、効果の検証、共有を繰り返

図4-4　当事者研究の基本的な展開イメージ

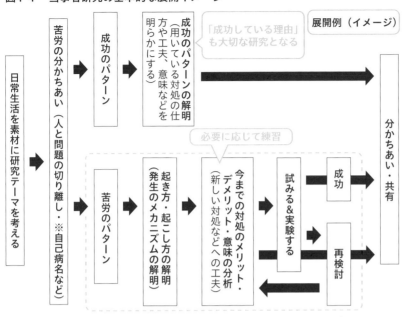

※自己病名＝医学的な診断ではなく、自分の理解と発想に基づいた病名で、「苦労ネーム」ともいう
例）上昇志向過剰型ガンバリ症候群

出典：向谷地生良「当事者研究」日本統合失調症学会監，福田正人・糸川昌成・村井俊哉・笠井清登編『統合失調症』医学書院，p.614，2013.

図4-5　Aさんの当事者研究

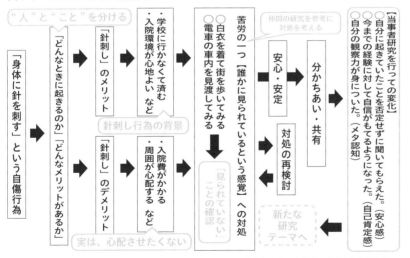

出典：向谷地生良他「特集　打つ手なしの行きづまり事例が、当事者研究で変化する」『精神看護』第20巻第3号，pp.202-241，2017. を参考に作成

した。

結果

　以上の研究プロセスを通じて、自分の人生を主体的に生きることや仲間とのつながり、自分らしさを取り戻すことの大切さを見出すことがで

きた。Aさんは、自分の抱えていた生きづらさを説明する手段を獲得し、それを第三者と共有できるようになり、研究成果の発表も行った。現在は自傷行為も止まり、一般就労を目指している。

■4 ソーシャルワーク実践における「当事者研究」の活用

2001（平成13）年に始まった当事者研究は、「当事者が語りを取り戻すことによって、自己を再定義し、人とのつながりを回復することを促すという機能を持つ[7]」ようになった。また、ソーシャルワーク実践において模索されてきた「当事者主体」と「協同」の理念を具現化する手立てとして注目されている。そして、精神保健福祉領域にとどまらず、子育てを支える市民活動や教育分野、一般企業などにおいても、人材育成や組織づくりのプログラムのなかに当事者研究が導入され、当事者研究の全国ネットワークへと広がりをみせている。

7 精神障害リハビリテーションプログラムの実施機関

精神障害リハビリテーションプログラムはさまざまな機関で行われるが、ここでは代表的な機関を例示する。

■1 生活訓練事業所

障害者総合支援法における自立訓練には、機能訓練と生活訓練がある。そのうち、生活訓練（通所型）施設は、通所による個別支援、集団支援を通じ、利用者の目標に応じた生活能力の獲得に向けた支援を行う。通所が困難な利用者等に対しては、条件が整えば訪問による訓練が可能である。また、宿泊型自立訓練は、利用者に対し居住の場を提供することから、昼夜を通しての訓練が可能となる。利用対象者は長期間精神科病院に入院、施設に入所をしていた者である。

■2 地域活動支援センター

地域活動支援センターはその地域の実情に合わせて、創作的活動や生産活動の機会の提供、社会との交流を行う場である。地域活動支援センターⅠ型は障害に対する普及啓発活動や、地域内の社会資源がうまく連携できるようにすること、相談支援事業を行うこととなっている。Ⅱ型は機能訓練、社会適応訓練など社会で生活するために必要な訓練を、Ⅲ

型はかつての「小規模作業所」が移行したものが多く、授産作業などを行っている。

3 共同生活援助（グループホーム）

共同生活援助（グループホーム）は、主に夜間、共同生活を行う住居において相談、食事や入浴、その他日常生活上の援助を行うものである。精神障害者の孤立の防止、生活への不安の軽減、共同生活による身体・精神状態の安定などが期待されるサービスである。

4 保護観察所

保護観察所は、地方裁判所の管轄区域ごとに置かれ、保護観察、生活環境の調整、更生緊急保護、精神保健観察等にかかわる施策等の事務を行う更生保護・医療観察の第一線の実践機関である。心神喪失等の状態で重大な他害行為を行った者の医療及び観察等に関する法律（医療観察法）における通院患者については、継続的な医療を確保することを目的に、社会復帰調整官による精神保健観察が実施される。社会復帰調整官は対象者一人ひとりに「処遇実施計画書」を作成し、実施計画の下で関係機関が相互に連携して本人の社会復帰に取り組んでいく。

ここでは、四つの実施機関を取り上げた。それぞれの機関の役割と利用者の状況に合わせ、リハビリテーションが展開されている。たとえば、保護観察所では処遇中の対象者家族に対して「家族教室」を開催したり、社会復帰調整官が面接で「ひとり SST」を活用することもある。必要な人に必要なリハビリテーションプログラムを届けることができるよう、精神保健福祉士として学び、技術を身につけることが求められる。

★ 医療観察法
心神喪失等の状態で重大な他害行為を行った者の医療及び観察等に関する法律（医療観察法）は2003（平成15）年7月に成立し、2005（平成17）年7月から施行された。「心神喪失等の状態で重大な他害行為を行った者に対し、その適切な処遇を決定するための手続等を定めることにより、継続的かつ適切な医療並びにその確保のために必要な観察及び指導を行うことによって、その病状の改善及びこれに伴う同様の行為の再発の防止を図り、もってその社会復帰を促進することを目的とする」とされている。

第4章 精神障害リハビリテーションプログラムの内容と実施機関

◇引用文献

1）更生保護ネットワーク 全国保護司連盟ホームページ「保護司の現況」 https://www.kouseihogo-net.jp/hogoshi/condition.html
2）浦田重治郎他『心理教育を中心とした心理社会的援助プログラムガイドライン（暫定版）』p.7, 2004.
3）中西正司『自立生活運動史──社会変革の戦略と戦術』現代書館, p.257, 2014.
4）八木剛平・田辺英『精神病治療の開発思想史──ネオヒポクラティズムの系譜』星和書店, pp.203-207, 1999.
5）野口裕二『物語としてのケア──ナラティヴ・アプローチの世界へ』医学書院, p.178, 2002.
6）平成23年度 東京都地域の拠点機能支援事業 講演会「リカバリー中心のメンタルヘルスサービスへ──英国での経験から学ぶこと」社会福祉法人巣立ち会 巣立ち風, 2012. http://sudachikai.eco.to/katudou/PDF/2012.03Lecture_by_Julie_Repper.pdf
7）石原孝二編『当事者研究の研究』医学書院, p.12, 2013.

◇参考文献

・西園昌久監『SSTの技法と理論──さらなる展開を求めて』金剛出版, 2009.
・R. P. リバーマン, 西園昌久総監, 池淵恵美監訳, SST普及協会訳『精神障害と回復──リバーマンのリハビリテーション・マニュアル』, 星和書店, 2011.
・前田ケイ『基本から学ぶSST──精神の病からの回復を支援する』, 星和書店, 2013.
・伊藤順一郎監『心理教育の立ち上げ方・進め方ツールキットⅡ』地域精神保健福祉機構・コンボ, 2016.
・鈴木丈編著, 伊藤順一郎『SSTと心理教育』中央法規出版, 1997.
・伊藤順一郎監修『統合失調症を知る心理教育テキスト家族版 じょうずな対処・今日から明日へ【改訂新版】──病気・くすり・くらし』地域精神保健福祉機構（コンボ）, 2008.
・日本精神保健福祉士協会「医療・福祉・行政関係者が共有して活用できる長期入院精神障害者の地域移行推進ガイドライン」2017.
・Copeland Center FOR WELLNESS AND RECOVERY 'THE WAY WRAP WORKS! STRENGTHENING CORE VALUES & PRACTICES' 2014. https://copelandcenter.com/sites/default/files/attachments/The%20Way%20WRAP%20Works%20with%20edits%20and%20citations.pdf
・坂本明子編『WRAP®のリカバリーストーリー──それぞれの物語』地域精神保健福祉機構コンボ, 2019.
・日本精神保健福祉士協会, 日本精神保健福祉学会監『精神保健福祉用語辞典』中央法規出版, 2014.

◇おすすめ

・池淵恵美『心の回復を支える 精神障害リハビリテーション』医学書院, 2019.

第4節 教育的リハビリテーションプログラム

学習のポイント

- 特別支援教育の実施機関について理解を深める
- 特別支援教育における各プログラムについて理解を深める
- 障害のある学生への支援について学ぶ

1 教育的リハビリテーションについて

　教育的リハビリテーションは、学齢前教育から大学などの高等教育、さらに社会人を対象とする社会教育や生涯教育を含む幅広い教育活動を指す。さらに、教育活動を通じて、障害のある人の能力の向上、潜在能力を開発し、自己実現を目指すものである。

　1979（昭和54）年に国際連合教育科学文化機関（United Nations Education, Scientific and Cultural Organization：UNESCO）により開催された「特殊教育に関する専門家会議」では、特殊教育（現・特別支援教育）について、政策、計画、職員の訓練等を取り上げた。また、この会議は、障害児の教育権の保障、障害児の義務教育についての法制化、教育プログラムの策定などの必要性を示した。我が国では、2003（平成15）年に特別支援教育の在り方に関する調査研究協力者会議によって示された「今後の特別支援教育の在り方について（最終報告）」において、「特別支援教育とは、従来の特殊教育の対象の障害だけでなく、LD、ADHD、高機能自閉症を含めて障害のある児童生徒の自立や社会参加に向けて、その一人ひとりの教育的ニーズを把握して、持てる力を高め、生活や学習上の困難を改善または克服するために適切な教育や指導を通じて必要な支援を行うものである」とされた。

1 実施機関

❶特別支援学校

　特別支援学校とは、心身に障害のある児童・生徒の通う学校のことであり、幼稚部、小学部、中学部、高等部がある。その教育については、学校教育法第72条によると、基本的に幼稚園、小学校、中学校、高等

学校に準じたものであるが、加えて障害のある児童・生徒の自立を促すために必要な教育を受けることができることとなっている。

学校教育法第74条では、幼稚園、小学校、中学校、義務教育学校、高等学校または中等教育学校の要請に応じて、幼児、児童・生徒の教育に関して必要な助言や援助を行うように努めることとされている。つまり、通常学校への支援を実施するセンター的機能が努力義務として示されている。

❷障害児への支援サービス

障害児への支援は、児童福祉法において位置づけられ、障害児通所支援と障害児入所支援に分けられる。障害児通所支援においては、児童発達支援、医療型児童発達支援、放課後等デイサービス、居宅訪問型児童発達支援、保育所等訪問支援がある。

① 児童発達支援

厚生労働省児童発達支援ガイドラインによると、障害児支援の基本理念として、❶障害のある子ども本人の最善の利益の保障、❷地域社会への参加・包容（インクルージョン）の推進と合理的配慮、❸家族支援の重視、❹障害のある子どもの地域社会への参加・包容（インクルージョン）を子育て支援において推進するための後方支援としての専門的役割を掲げている。

児童発達支援を提供する機関として、児童発達支援センター、児童発達支援事業所がある。これらの機関は、主に未就学の障害のある子どもまたはその可能性のある子どもに対し、個々の障害の状態および発達の過程・特性等に応じた発達上の課題を達成させていくための本人への発達支援を行うほか、子どもの発達の基盤となる家族への支援に努めなければならない。また、地域社会への参加・包容（インクルージョン）を推進するため、保育所、認定こども園、幼稚園、小学校、特別支援学校等と連携を図りながら支援を行うとともに、専門的な知識・経験に基づき、保育所等の後方支援に努めなければならない。

② 放課後等デイサービス

本制度は、障害のある児童生徒を家庭にもつ保護者からの「放課後や休日・長期休業中における居場所を求める声」（社会保障審議会障害福祉部報告、2008）に応じる形で、2012（平成24）年に規定され始まった。

放課後等デイサービスの対象は、6〜18歳までの小学校、中学校、高等学校、特別支援学校の小学部から高等部、専修学校等の障害のある児童である。身体障害者手帳や療育手帳、精神障害者保健福祉手帳など

を所持する児童、または発達の特性についての医師の診断書がある児童に限定される。子どもの発達過程や特性、適応行動の状況を理解したうえで、コミュニケーション面で特に配慮が必要な課題等も理解し、一人ひとりの状態に即した個別支援計画に沿って発達支援を行う。

③ 保育所等訪問支援

保育所等訪問支援は、教育等の現場に入り込んで行うアウトリーチ型の児童発達支援であり、訪問先の保育所等からの依頼ではなく、保護者からの依頼に基づく事業である。保育所等訪問支援の対象となる子どもは、児童福祉法に定める障害児であり、❶保育所等の施設に通い、❷集団での生活や適応に専門的支援が必要な子どもである。

支援内容としては、保育所や幼稚園、認定こども園、学校、放課後児童クラブ、乳児院、児童養護施設など集団生活を営む施設を訪問し、障害のない子どもとの集団生活への適応のために専門的な支援を行うものである。

2 特別支援教育プログラム

2012（平成24）年7月、中央教育審議会初等中等教育分科会において「共生社会の形成に向けたインクルーシブ教育システム構築のための特別支援教育の推進（報告）」が公表された。インクルーシブ教育システムとは、障害のある児童生徒と障害のない児童生徒がともに学ぶ仕組みのことである。同じ場で学ぶにあたっては、障害のある児童生徒の個別の教育ニーズに配慮した教育支援が不可欠である。同報告書の柱として以下が示された。

❶ 共生社会の形成に向けて
❷ 就学相談・就学先決定の在り方について
❸ 障害のある子どもが十分に教育を受けられるための合理的配慮およびその基礎となる環境整備
❹ 多様な学びの場の整備と学校間連携等の推進
❺ 特別支援教育を充実させるための教職員の専門性向上等

本報告において、共生社会の形成に向けてインクルーシブ教育システムをつくることを最終目標とし、特別支援教育を推進していくという報告が示された。そして、そのシステムづくりの柱において関係機関との連携の重要性についても触れている。

❶障害のある児童・生徒

文部科学省の示す「特別支援教育の対象の概念（義務教育段階）」（図

図4-6　特別支援教育の対象の概念（義務教育段階）

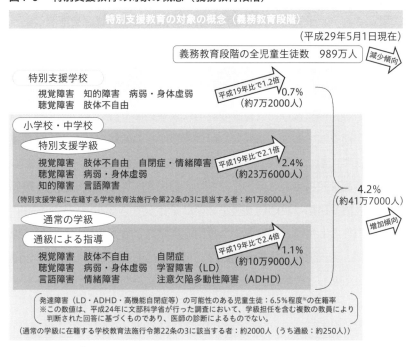

資料：文部科学省「新しい時代の特別支援教育の在り方に関する有識者会議（第1回）資料3-1」p.5, 2019.

4-6）によると、約41万7000人の児童生徒が特別支援教育の対象となっている。

　発達障害の児童生徒については、2012（平成24）年の「通常の学級に在籍する発達障害の可能性のある特別な教育的支援を必要とする児童生徒に関する調査結果」において、学習面または行動面で著しい困難を示す児童生徒が通常学級において6.5%在籍することが明らかとなり、潜在的な支援ニーズの存在がわかった。発達障害の児童生徒については、一見してその障害がわかりにくく、障害としてではなく本人の努力や家庭のしつけの問題といった誤った捉え方をされている場合もある。このことで、不適切な対応から二次障害へとつながる可能性がある。何より、本人が自己の困難さに対し理由を理解できず、自己肯定感の低さにつながってしまうことがある。

❷特別支援教育の展開

　全国の特別支援学校においては、個別の指導計画と個別の教育支援計画の作成を行う。さらに、2017（平成29）年の学習指導要領の改訂では、通常学級の特別支援学級や通級指導教室における「個別の指導計画」「個別の教育支援計画」の作成が義務づけられることとなった。

　「個別の指導計画」とは、教師が担当する児童生徒一人ひとりの教育

的ニーズに応じた指導目標、各教科・領域の長期目標および短期目標を設定し、指導内容を盛り込んだものとなる。「個別の教育支援計画」とは、障害のある児童生徒のニーズを把握し、教育の視点から適切に対応していくという考えのもと、長期的な視点で乳幼児期から学校卒業後までを通じて一貫して的確な教育的支援を行うことを目的に作成される計画のことである。

また、教育のみならず、福祉、医療、労働等のさまざまな側面からの取り組みが必要であり、関係機関、関係部局の密接な連携協力を確保することが不可欠である。他分野で個別の支援計画が作成される場合は、教育的支援を行うにあたり同計画を活用することを含め教育と他分野とが一体となった対応が確保されることが重要であるとされる。

① 校内支援体制

「plan（計画）―do（支援）―see（評価）」の流れで、校内支援体制を機能させる。校内支援体制を円滑に運営するために、校内委員会の開催、特別支援教育コーディネーターの指名が必要となる。

校内委員会は、支援が必要な児童生徒へのケース会議である。参加者は、校長、教頭、特別支援教育コーディネーター、担任・学年主任、きょうだいの担任、養護教諭、特別支援学級担任などが挙げられる。

② 市町村の巡回相談体制

校内支援体制による支援が開始されると、校内体制では解決が困難な状況になった場合、より専門的なアドバイスを受けることが必要となる。そのために、市町村において巡回相談体制を整備し、学校を支援することが求められる。巡回相談は、そのような場合に機能する専門的な視点からのアドバイスを提供する相談システムである。校内支援体制と巡回相談は両輪であり、特別支援教育が円滑に実施されるうえで重要となる。巡回相談の役割は以下のとおりである。

・対象となる児童生徒や学校のニーズの把握と指導内容・方法に関する助言
・校内における支援体制づくりへの助言
・個別の指導計画作成への協力
・専門家チームと学校の間をつなぐこと
・校内での実態把握の実施への助言
・授業場面の観察等

③ 専門家チーム

専門家チームとは、学校からの申し出に応じLD（learning

Active Learning

特別支援教育コーディネーターとソーシャルワーカーの違いについて話しあいましょう。

第4章 精神障害リハビリテーションプログラムの内容と実施機関

disabilities：学習障害）、ADHD（attention deficit hyperactivity disorder：注意欠陥多動性障害）、高機能自閉症か否かの判断と対象となる児童生徒への望ましい教育的対応について、専門的な意見の提示や助言を行うことを目的として教育委員会に設置されるものである。LD、ADHD、高機能自閉症ではないと判断された場合、あるいはほかの障害を併せ有するような場合にも、どのような障害あるいは困難さを有する児童生徒であるかを示し、望ましい教育的対応について専門的な意見を述べることが期待されている。

専門家チームの役割としては、以下が挙げられる。
・LD、ADHD、高機能自閉症か否かの判断
・児童生徒への望ましい教育的対応についての専門的意見の提示
・学校の支援体制についての指導・助言
・保護者、本人への説明
・校内研修への支援等
特別支援教育コーディネーター等との連携協力が重要となる。

また、専門家チームは、教育委員会や教育センター等における専門家による相談機関の位置づけである。教育委員会の職員、特別支援学級や通級指導教室の担当教員、心理学の専門家、医師等での構成となる。さらに、福祉関係者、保健関係者、特別支援コーディネーター、保護者等の参加も可能なシステムとすることが求められる。

❸発達障害の子どもへのプログラム

現在、発達障害の子どもたちへの特別支援教育が推進されているが、発達障害の子どもたちの不登校率の高さが課題となっている。

発達障害のなかでも、自閉スペクトラム症の子どもたちの対人関係やコミュニケーション等の困難さへの対応として実践されているプログラムがある。自閉スペクトラム症の子どもたちの抽象的な意味理解の困難さ、暗黙的な状況理解の困難さを助けるためのアプローチとして、場の意味や見通しなどを伝える構造化や感情理解を助ける CAT-Kit、物事の意味などを文章で本人に説明するソーシャルナラティヴなどがある。

❹家庭・教育・福祉の「トライアングル」プロジェクト

2017（平成 29）年に文部科学省と厚生労働省による家庭と教育と福祉の連携「トライアングル」プロジェクトによる連携についての検討が行われ、2018（平成 30）年に報告が発表された。同報告によると、教育と福祉に係る主な課題として、❶学校と放課後等デイサービス事業所等における活動内容や課題、連絡先などが共有されていないために円滑

★**構造化**
アメリカのノースカロライナ大学の TEACCH Autism Program で自閉症の子どもや家族へのアプローチとして提案されたもの。アメリカにおける自閉スペクトラム症者への根拠ある支援の一つとして認められ、世界的に用いられている。

★**CAT-Kit**
アスペルガー症候群の教育支援の権威であるトニー・アトウッド博士によって開発された7歳〜成人までを対象とした感情教育の指導法。

★**ソーシャルナラティヴ**
自閉スペクトラム症の行動上の問題やコミュニケーションスキルの改善に向けた教育技法の一つ。社会的状況を記述した文章や挿絵を含む物語を用い、その場面における社会的意味や期待される行動などを記述する。

なコミュニケーションが図られていない点、❷乳幼児期、学齢期から社会参加に至るまでの各段階で、必要となる相談窓口の分散による保護者の混乱、保護者が必要な支援を受けられていない点が指摘されている。そして、これらの課題への対応策として、以下を提案している。

①教育と福祉との連携を推進するための方策

・教育委員会と福祉部局、学校と障害児通所支援事業所との関係構築の「場」の設置

・学校の教職員等への障害のある子どもに係る福祉制度の周知

・学校と障害児通所支援事業所等との連携の強化

・個別の支援計画の活用促進

②保護者支援を推進するための方策

・保護者支援のための相談窓口の整理

・保護者支援のための情報提供の推進

・保護者同士の交流の場等の促進

・専門家による保護者への相談支援

　これから、特別支援教育プログラムの展開において、家庭・教育・福祉の連携を今後、推進する重要性が示されていることがわかる。

❺特別支援教育の生涯学習化推進プラン

　文部科学省では共生社会の実現を目指し、特別支援学校や大学等の段階的取り組みを拡充するとともに、学校卒業後の学びやスポーツ、文化芸術等の取り組みを拡充するため、「特別支援教育の生涯学習化推進プラン」を取りまとめている。2019（平成31）年度の予算概要によると、切れ目のない支援体制整備、学校における医療的ケア実施体制構築、発達障害の可能性のある児童生徒に対する支援事業、学校と福祉機関の連携支援、障害理解の推進事業、教科書デジタルデータを活用した拡大教科書、音声教材等普及促進プロジェクト、社会で活躍する障害学生支援プラットフォーム形成事業等に予算を割いていることがわかる。我が国では、教育的リハビリテーションとしての生涯にわたる教育保障までを見据えたライフサイクルを通した支援体制の構築を進めている。

2　障害学生支援プログラムについて

　障害のある学生への支援については、2016（平成28）年に障害を理由とする差別の解消の推進に関する法律（障害者差別解消法）の合理的

配慮規定等が施行され、大きな変化の時期を迎えた。我が国においては、2012（平成24）年、大学等高等教育における障害のある学生の就学支援の在り方について検討を行うため、文部科学省に「障がいのある学生の修学支援に関する検討会」が設置された。また、2017（平成29）年に第二次まとめが提出された。その中心的内容として、「不当な差別的扱い」「合理的配慮」についての考え方、「教育環境の調整、進学への移行支援、就労への移行支援等の課題」「社会で活躍する障害学生支援プラットフォームの形成」について示されている。

★合理的配慮
障害者差別解消法において、合理的配慮の規定がある。本法によると「障害者から現に社会的障壁の除去を必要としている旨の意思の表明があった場合において、その実施に伴う負担が過重でないとき」にその社会的障壁を除去することが求められる。

■1 障害学生の推移とその対応

❶障害学生の推移

　障害学生の推移は図4-7のとおりである。2019（令和元）年における障害学生数は、3万7647人（全学生数の1.17％）、障害学生在籍校数は937校（全学校数1174校の79.8％）となっている。

❷障害のある学生とその対応

　障害のある学生とは、障害者基本法の定義である「身体障害、知的障害、精神障害（発達障害を含む）その他の心身の機能の障害がある者であって、障害及び社会的障壁により継続的に日常生活又は社会生活に相

図4-7　障害学生の推移

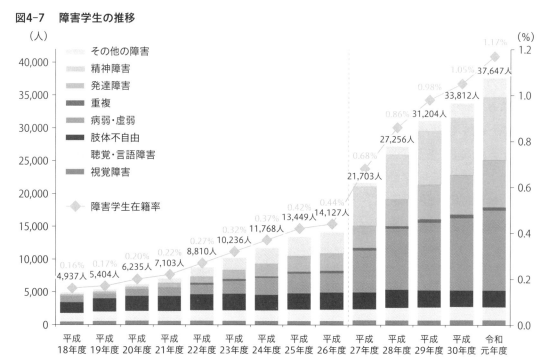

資料：日本学生支援機構「障害のある学生の修学支援に関する実態調査」

当な制限を受ける状態にある」学生と捉える。障害者手帳や診断書の有無で決められるものでもなく、精神障害や発達障害、内部障害などのように、外見上は気がつくことが困難な場合も少なくないことにも留意する必要がある。

また、社会的障壁の視点から考えると、大学等においては、大学等における事物、制度、慣行等により、大学内での移動、施設の利用、修学、資格取得、その他のさまざまなプログラムへの参加等のすべての場面において、配慮が求められることが想定される。

2 障害のある学生への支援の展開

障害学生への支援については、合理的配慮の内容決定からスタートする。合理的配慮の検討は、原則として本人からの大学等への申し出により始まる。そのため、申し出がうまくできない状況にある場合には、本人の意向を確認しつつほかの者が支援の申し出をサポートする。

その後、根拠資料をもとに、その学生への配慮の内容、妥当性について検討を行う。資料においては、機能障害の状況と必要な配慮との関連が確認できることがポイントとなる。根拠資料の例としては、障害者手帳の種別・等級など、診断書、心理検査等の結果、学校外の専門家の所見、大学等への入学前の支援状況に関する資料などがあげられる。根拠資料は必須の条件ではなく、その障害の状況が明らかな場合は必要とならない。合理的配慮の決定においては、建設的対話が求められる。大学等が一方的に決定するのではなく、障害のある学生の意思決定を重視する。この際の決定手続きには、大学等における学内規定を定め、委員会等の組織的な決定がなされるようにすることが必要である。

多くの大学等では、学生支援室等の相談窓口が設置され、障害学生の支援展開の窓口となっている。障害学生支援室においては、アセスメントや学生への情報供給、大学外への機関への紹介、大学コミュニティについての教育、修学上の配慮の手配、アクセシビリティへの配慮等を実施することが求められる。さらに、学内における障害学生のかかわる教員や職員へのサポート役割も担う。

3 発達障害の学生への支援プログラム

近年、発達障害の学生への支援について、高等支援教育機関の研修等で取り上げられる機会が多くなっている。多くの機関において、修学上の問題だけでなく、対人関係形成の課題が取り上げられている。

Active Learning

あなたが所属する教育機関や近隣の障害学生支援プログラムについて調べましょう。

アメリカのノースカロライナ大学の TEACCH Autism Program において、自閉スペクトラム症の学生に対する支援プログラム（T-STEP）を展開している。本プログラムでは、大学等での授業の一環として提供し、本人の目標設定、整理統合についての指導、コーピングについての指導、キャリアプランについての指導を実施する。さらに、インターンシップ制度を活用した実践的なトレーニングの機会を通してキャリアプラン形成をサポートする体制となっている。

　このように、大学卒業後を見越した支援体制は、自閉スペクトラム症の学生にとって重要である。さらに、本プログラムに採用しているアプローチ方法としては、認知行動療法の手法、スケジュール等視覚的な見通しの支援、モデリングやビデオモニタリングの手法、ソーシャルナラティヴなどを用いて展開している。これらのプログラムを通じて、学生は自分自身の障害理解、進路決定や社会的ふるまいについての学習を深めている。

　さらに、ピアグループも障害学生支援の場の一つとして有用である。ピアグループには、障害のある学生同士が自分自身の悩みや対処法を共有する場としての機能、さらに障害のある学生と障害のない学生がともに話し合う場をもつようなグループ活動もある。障害のある学生が、学内において同級生との交流機会が乏しいことが指摘されており、障害のない学生と障害のある学生の交流機会をつくることは、ピアネットワークの形成につながり、障害のある学生の有機的なインフォーマルネットワークの形成に大きな意味をもつと考えられる。

第4章　精神障害リハビリテーションプログラムの内容と実施機関

◇**参考文献**

- 三好正彦「特別支援教育とインクルーシブ教育の接点と探求──日本におけるインクルーシブ教育定着の可能性」『人間・環境学』第18巻，pp.27–37，2009.
- 河合純「発達障害が疑われる児童生徒に対するスクールソーシャルワーカーの有効な関わりについての調査──スクールソーシャルワーカーへのインタビュー調査の結果と考察」『自閉症スペクトラム研究』第14巻第 2 号，pp.53–57，2017.
- 「教育と福祉の一層の連携等の推進について」平成30年 5 月24日30文科初第357号，障発0524第 2 号
- L. E. ウォルフ，J. T. アラン，G. R. K. ボルク『アスペルガー症候群の大学生──教職員・支援者・親のためのガイドブック』日本評論社，2017.
- 中村忠雄，須田正信『はじめての特別支援教育──これだけは知っておきたい基礎知識』明治図書出版，2007.
- 姉崎弘『特別支援教育第 4 版──インクルーシブな共生社会をめざして』大学教育出版，2017.
- 文部科学省初等中等教育局特別支援教育課・総合教育政策局男女共同参画共生社会学習・安全課・高等教育学生・留学生課・スポーツ庁健康スポーツ課・文化庁地域文化創生本部事務局「2019年度「特別支援教育の生涯学習化推進プラン」予算案の概要」『特別支援教育』第73巻，pp.68–71，2019.
- 門田光司「発達障害とソーシャルワーク」『ソーシャルワーク研究』第44巻第 4 号，pp. 5 –16，2019.
- 独立行政法人機構日本学生支援機構『合理的配慮ハンドブック──障害のある学生を支援する教職員のために』2018.
- 東京都日野市公立小中学校全教師・教育委員会・小貫悟『通常学級での特別支援教育のスタンダード──自己チェックとユニバーサルデザイン環境の作り方』東京書籍，2010.

学習のポイント

● 精神障害リハビリテーションにおける家族支援の視点について学ぶ
● 精神障害リハビリテーションにおけるさまざまな家族支援プログラムの方法を学ぶ
● セルフヘルプグループとしての家族会と精神保健福祉士の支援のあり方について学ぶ

1 ▶ なぜ家族支援が必要か
―精神障害リハビリテーションの観点から

1 生活から家族と家族支援をとらえる

Active Learning

精神障害者家族会設立の経緯や果たしてきた役割について調べましょう。

　精神保健福祉士が精神障害リハビリテーションに携わる際に重要な視点は、精神障害のあるその人（以下、特に断りのない限り、本節では本人と表記する）の暮らしや人生をみることである。精神疾患の治療や精神障害の改善という狭義の精神科治療やリハビリテーションにとどまらず、その人の暮らしや人生を見通して、その人が自分らしく生き生きと暮らせる支援が精神保健福祉士には求められている。また、リカバリーという観点からも、精神保健福祉士は、たとえ精神疾患が仮に治らなくても、たとえ精神障害が仮に軽くならなくても、その人が自分らしく生き生きと暮らせるように支援するというリカバリー志向のリハビリテーションの姿勢が重要である。

　暮らしや人生を中心に考えてみれば、人の暮らしや人生にとって家族の存在や家族との関係はとても大きいことはいうまでもない。2014（平成26）年3月に内閣府より報告された「家族と地域における子育てに関する意識調査」報告書をみても、大切だと思う人間関係やつながりは、「家族」（96.9％）と、「親戚」（55.1％）、「地域の人」（49.4％）、「仕事の仲間・上司・部下」（37.0％）、「趣味の友人」（33.1％）、「学校・出身校の友人」（31.9％）に比して突出して多い。また、家族の役割として重要だと思うものは、「生活面でお互いに協力し助け合う」が51.0％で最も多く、以下「夫または妻との愛情をはぐくむ」（38.4％）、「子どもを生み、育てる」（36.0％）、「経済的に支えあう」（33.9％）、「喜びや苦労を分かち合う」（33.5％）の順となっている。本調査の結果をみても、私たちの暮らしにおいて、家族は、愛情を育み、協力し助け合い、

子育てをし、経済的にも支えあい、喜びや苦労を分かちあうという、いわば暮らしの、そして人生の基盤となっていることが理解できる。それはたとえば家族の誰かが精神障害になったとすれば、ふだん以上に重要となってくるものであることは容易に推測できる。家や家族を表す英語を使って表記してみると、

・「House」＝本人の住まい
・「Family」＝家族など
・「Home」＝居場所

という「住まい」や「家族」や「居場所」支援は、本人の生活支援の重要要素であり、支援メニューの一つとして当たり前のように準備され、提供されていかなければならない。

　しかし、日本の精神保健医療福祉システムでは、現状では本人を中心に治療やリハビリテーション、支援が組み立てられている。狭義の医療やリハビリテーションは、当然本人の疾患の治療や障害のリハビリテーションに注力することになるため、自ずと家族はその背景要因となる。本人の疾患や障害に注目する視点からは、家族は「本人の精神科治療や精神障害リハビリテーションに協力的か、支持的か」という観点で捉えられる。その結果、たとえば本人の治療やリハビリテーションが進んでいるのであれば、仮に家族がどれだけ困っていても支援者に関心をもたれにくい。そして、家族支援は治療者側、支援者側に余裕があるときにしか提供されない。

　だが、自明のことであるが、本人が自分らしく生き生きと暮らすようになれば家族も生き生きしてくるし、家族が自分らしく生き生きと暮らすようになれば、本人も生き生きしてくるという相互関係がある。つまり、精神疾患の治療や精神障害のリハビリテーションにおいても、本人と家族の関係や、本人と家族の状況は密接に関連している。家族がリカバリーしていくことに加え、本人にとっての生活の基盤である家族全体がよりその家族らしく生き生きとしていくことは、本人のリカバリーを促進することにもつながる。精神保健福祉士が家族支援に臨む際には、そういった視点から家族支援を考えていきたい。

■2 権利の主体としての家族

❶家族も権利の主体者として捉える

　一方、権利の主体者として家族一人ひとりを捉えていく視点も、精神保健福祉士の視点として重要である。

民法の扶養義務や精神保健及び精神障害者福祉に関する法律（精神保健福祉法）の医療保護入院等での家族の同意など、家族が本人の扶養や代理を担う法律や制度があり、さらに、家族なのだからケアするのは当然という意識が根強くある現状では、どうしても家族を、本人をケアする人という役割でしか捉えられなくなる。しかし、家族はケアする人である前に一人の生活者である。そして、権利の主体者でもある。本人の暮らしや人生も大切だが、それと同じように家族の暮らしや人生も大切であるという認識が求められる。もし家族が本人のケアによって、自分の人生をあきらめたり、著しい制限がなされている場合は、社会がケアや支援体制を整え、家族のケアしない権利も認めていくことが必要になる。あるいは、本人をケアしたいと思っているが何らかの理由があってケアをすることが難しい家族に対しては、社会が支援体制などを整えケアする権利を保障していくことが求められることになる[1]。

　現時点では、家族の「ケアしない権利」も「ケアする権利」も保障されているとはいいがたい状況ではあるが、いずれこれらの権利も保障できるよう社会に働きかけていくことも精神保健福祉士には求められている。

❷メインケアラーだけでなく家族一人ひとりへの支援に

　権利の主体者として家族を捉えていくと、その権利を保障していく対象は、本人を主にケアしている親だけにとどまらない。親に加え、配偶者、きょうだい（以下、兄弟姉妹を「きょうだい」と呼ぶ）、そして精神障害のある本人に育てられている子どもも含まれてくる。しかし、医療機関や行政等で開催される心理教育的家族教室などは、主にケアしている人のみが案内されていることが多い。その他の家族も、本人の精神疾患をもっと知りたい、どのように接するのが本人の病気のためになるのか知りたい、本人を支援する法律や制度にはどのようなものがあるか知りたいと思うであろうし、ほかの精神障害のある人と暮らす同じ立場の人が何を思いながら毎日暮らしているのだろうと思うのは当たり前なのだが、そこにはまだまだ目を向けられていない。

　また、家族といってもそれぞれの立場によって本人との関係性は異なる。親の多くは自分の人生のほとんどを費やして本人のケアをするという方向性になりやすい。しかし、きょうだいは本人と横並びの関係であり、まずは自分の人生があり、余裕があればきょうだいをケアするという関係である。さらに配偶者は唯一本人との契約によって家族となった、いざとなれば離婚も可能な特殊な関係である。そして、精神障害のある

本人に育てられている子どもは、自分を育てている親を人生の早期にケアする関係となり、自分らしく子ども時代を生きられないばかりか、場合によっては安心や安全が護られない。そして、大人としてのモデルを家族のなかで形成することが難しいままの子ども時代を送っていることも多い。さらに、きょうだいや子どもたちは、本人の病気や障害のことを誰からも説明されることがないことが多く、周囲の人が外部の人（社会、世間）に内緒にするように働きかけていることもあって、成人になるまで胸に秘めて誰にも相談せず何とか毎日をやりすごしていることも少なくない。現時点では一部で先駆的にグループ支援が行われているが、親をはじめ、配偶者、きょうだい、子どものそれぞれが自分らしく生きる支援をつくりだしていく働きかけが求められている。[2)3)4)]

❸ 求められる介護者支援法

　家族を権利の主体者として支援していくには、介護者支援に関する法制度の整備も重要となる。世界各国では介護者支援（ケアラー支援）の法制度が存在する。たとえば、介護者支援法のような制度は、イギリスのケアラーズ法（Care Act: 2014 年制定）、オーストラリアのケアラー認識法（Carer Recognition Act: 2010 年制定）、アメリカの RAISE 家族介護者法（the Recognize, Assist, Include, Support and Engage（RAISE）Family Caregivers Act: 2018 年制定）、フィンランド・親族介護支援法（Act on Support for Informal Care: 2005 年制定）などがある。いずれの法制度にも基本となる考え方として、介護者は家族・親族に加え、パートナーや友人あるいは隣人まで含まれており、「介護者について専ら貧困に止まることなく、広く社会的排除とのかかわりにおいて分析を加える見地は、日本を除いて広く国際的に共有される」と述べる三富紀敬[5)]は、介護は介護者の健康はもとより、職業生活を含む経済生活、家庭生活、そして教育や余暇を含む広く社会生活へと影響がおよぶことから、社会的排除（ソーシャルエクスクルージョン）の観点からの分析が加えられ、社会的包摂（ソーシャルインクルージョン）を理念に据えた介護者支援策を整備してきていると説明している。これらの点が、残念ながら現在の日本とは大きく異なるといわざるを得ない。

　このように、これからの家族支援には、本人のケアをする家族という面を捉えるだけでなく、家族一人ひとりが自分らしく生き生きと生きる「権利をもつ主体者」であるといった捉えかたが求められている。

Active Learning

日本にケアラーズ法がない理由について考えてみましょう。

第 4 章　精神障害リハビリテーションプログラムの内容と実施機関

２ ▶ エビデンスベースドの家族支援

　現在の日本においては、精神保健医療福祉の施策の議論、あるいは精神保健福祉士の実践では科学的根拠に基づいた実践をもとに議論されることは多くない。しかし、多くの国では科学的根拠に基づいたEBP（evidence-based practice：根拠に基づく実践）を重視した施策立案や実践が行われている。EBPとは、「入手可能な最良の研究・調査結果（エビデンス）を基にして、医師や実践者の専門性とクライエントの価値観を統合させることによって、臨床現場における実践方法に関する意思決定の最善化を図るための活動[6]」とされ、一部の個人的で偏った経験を根拠にした臨床実践を行うのではなく、多くの人間を対象に行う実践研究の成果、つまり科学的根拠を重視して臨床実践を行うことをいう。しかし、科学的根拠に基づいて行うEBPをもってしても、その実践が効果のある場合は60～90％ともいわれ、EBPがすべての者、すべての場合に有効と考える必要もない。こういった点からEBPは、科学的根拠に基づく「有効性の高い治療やリハビリテーション」の重要な情報として捉えるのが望ましい。

　それでは、科学的な根拠に基づく有効性の高い家族支援とはどのようなものであろうか。例としてアメリカやイギリスの統合失調症ガイドラインで推奨されている「有効性の高い家族支援」の情報を確認しておこう。それぞれ、どのような家族支援が推奨されているのだろうか。

　2020年夏に刊行されたAPA（アメリカ精神医学会）の統合失調症治療ガイドラインでは、良好な精神医学的治療には、患者本人の生活に重要な役割を果たしている配偶者、親、子どもの家族、そして家族以外の友人なども含めることが推奨されている[7]。そして、提供される家族支援（family intervention）には、構造化された問題解決アプローチ、病気の症状に対処する方法のトレーニング、家族のコミュニケーションを改善する支援、感情的サポートの提供、ストレスを軽減しソーシャルサポートネットワークを強化するための戦略が含まれていることが推奨されている。

　また、家族支援は統合失調症の初期の段階で特に重要になる可能性があるが、治療のどの段階でも役立つ可能性があると指摘され、家族支援の効果としては、病気の中核症状の減少と再入院を含む再発の減少、そして一部の研究では、家族の負担や苦痛のレベルの低下や家族間の関係

の改善など、家族にとっての利点も示されているとしている。さらに家族支援の推奨される期間や回数としては、少なくとも7か月間に10回以上のセッションが行われた場合、家族支援の利益が最大になることが示されており、第5章第1節「3　家族による家族支援」に詳述されているアメリカの精神障害者家族会 NAMI（National Alliance on Mental Illness）で取り組まれている FFEP（Family-to-Family Education Program）（p.215参照）については、それぞれ2〜3時間の週単位のセッションで構成される12週間のプログラムの利益が最大になることが指摘されている。

　また、イギリスの NICE 統合失調症治療ガイドライン[8]でも、APA と同様に家族支援が推奨されている。家族支援は、❶精神疾患患者本人を含めて実施する、❷実施期間3か月から1年の間で少なくとも10の計画的セッションを含んでいる、❸本人や家族が一つの家族への支援か複数の家族の支援を選べる、❹主なケアラーと精神疾患患者本人との関係を考慮する、❺支持的、教育的または治療的機能をもち、問題解決または危機的状況を切り抜けるプログラムが用意されていることが推奨されている。

　両者に共通する注目したい点は、本人と家族をともに支援することが「家族支援」と記されている点である。日本においては、「本人の支援」と「家族支援」は分けて考えられており、それぞれに支援メニューが組み立てられることがほとんどである。それに対し APA や NICE の統合失調症治療ガイドラインでは、本人を含めることが推奨され、本人を含めた family、つまり家族まるごと支援が推奨されている。この点は、日本においてもさらに推し進めなければならない支援のあり方であろう。

　2008（平成20）年刊行の日本の統合失調症治療ガイドライン[9]には、家族心理教育の具体的な記述が多くみられるが、今後改訂を重ねていくなかで、たとえば APA や NICE の統合失調症治療ガイドラインに記載されているような、具体的な推奨される効果的な家族支援の詳述を期待したいところである。

３ どのような家族支援が求められるか

1 家族支援を求めることが難しい家族もいる

　それでは、今後、本人を含めた家族支援は、どのような機関でどのよ

Active Learning

家族が求めていることについて、学生で話しあいましょう。

うな家族支援を提供することが求められているのであろうか。現在、精神科病院、精神科診療所、精神科デイ・ケアなどの精神科医療機関、いわゆる作業所、相談支援事業所などの障害者総合支援法の事業所、市町村や保健所などの行政機関、医療観察法の指定医療機関や保護観察所、そして、家族会などでさまざまな家族支援が行われているが、それらは各機関が必要に応じて実施しているのが現状であり、実施されているかどうかは各機関に任されているのが現状である。しかし、家族の相談から漏れ聞こえてくる家族の現状は、家族支援の質量の不足から本人と家族が悩み、困惑し、傷つき、孤立している様子が浮かび上がってくる。

　こういった家族の状況に対応して求められる家族支援は、図4-8のように考えることもできるだろう。

　すべての家族は孤立し、自分の気持ちを理解し受け容れてくれる場や人はなかなか見つけられないため、「自分の苦しい気持ちを聞いてほしい、わかってほしい」と願う。そのために家族会などの当事者同士の支えあいや分かちあい、そしてさまざまな機関にいる精神保健福祉士をはじめ支援者などの個別支援による受容、共感、傾聴が助けになる。

　しかし、それだけではニーズを満たせない家族がほとんどである。そのために、家族会の勉強会への参加に加え、医療機関で開催される家族心理教育や行政などで開催される家族教室に参加し、知識や情報を得るとともにかかわり方の工夫を学ぶ。ところが、このような家族心理教育や家族教室に参加するには、本人の病状が少し安定し、心配がありながらも家族が外出できる、参加する家族自身が参加者の誰か知り合いに会う恐怖よりも学びたいという動機が勝る、開催されている平日昼間に時間があるなどいくつかの条件がそろわないと参加できないこともあり、

図4-8　精神障害者家族のニーズと求められる支援

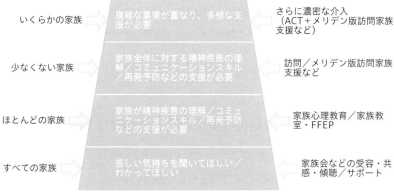

出典：MFP所長のG. ファッデンが講演で示した図を参考に筆者が作成

置かれている状況が厳しく困難に多く直面している場合には家族教室などに参加することが難しい。

2 訪問による家族支援

そこで、そのような家族に対して求められているのが、訪問による家族支援である。現在、我が国の精神保健医療福祉の訪問による支援としては、医療機関からの往診、精神科医療機関からの訪問看護、都道府県や行政からの訪問指導、生活訓練（訪問型）による訪問支援、相談支援事業所による訪問相談支援、居宅介護（ホームヘルプ）などが挙げられる。訪問支援をすると、精神保健福祉士をはじめとする支援者は、家族の困難や疲弊が手に取るようにわかり、本人も含めた家族まるごと支援の必要性を実感する。しかし、現時点では、本人と家族の関係に介入するような支援技術は日本で十分普及していないため、p.187 に述べられているメリデン版訪問家族支援や p.199 に述べられているオープンダイアローグの普及が望まれている。

さらに、複雑な事情が重なり、いわゆる通常の訪問看護等だけでは支援が難しい場合、総合的・包括的な支援の提供を可能とする ACT（assertive community treatment：包括型地域生活支援）などの多職種チームによる濃密な訪問支援に加え、本人と家族一人ひとりの家族まるごとを支援する家族支援が提供されることが必要であろう。[10]

特に、日本の精神障害者の約 7 割は家族と同居していることを踏まえ[11]ても、家族支援は重要である。将来的には家族が当たり前のように家族支援を受け、しかも、ニーズや希望に応じて家族支援のメニューが選択できる精神保健医療福祉システムを目指していきたい。

4 家族支援の方法

1 家族面接

家族一人ひとりが自分らしく生き生きと生きられるようにするための家族面接となると、どのような工夫や働きかけが求められるのだろうか。

❶家族の苦労を家族の視点で理解する

精神疾患に最も振り回され混乱しているのは本人である。しかし、その混乱する本人に関係が近い家族ほど混乱が著しくなる。多くの人は、

Active Learning
見学等を活用して家族支援プログラムに参加してみましょう。

精神疾患についての知識がほとんどないばかりか、先入観による精神疾患や治療についての偏見も加わって、本人に起こっている状況を客観的に十分理解することが難しい。

そういった知識もないなかで、家族はさまざまな感情や思いに振り回される。本人が精神疾患によって以前とは異なる別人のように振る舞う姿を見る家族は、強いショックとともに、ときには恐怖すら感じている。そして、目の前に本人がいるにもかかわらず、以前の本人がいなくなったと感じるあいまいな喪失[12)]といわれる喪失感も経験している。

さらに、家族は、できることならばこの混乱は一時的なストレスによるものであって、こういった本人の状況は一刻も早く治してやりたい、そして誰にも知られることなく元の本人に戻ってほしいと願う。回復が信じられない、そして世間は偏見や差別が多いと信じている家族からすれば、そう考えるのはもっともである。そのため、家族は主治医や精神保健福祉士などに、「どうすれば早く治るのか」と迫ったり精神科の薬をできるだけ飲ませないで治る方法を探したり、あるいは必要以上に本人をかばい、少しでもストレスを減らそうとすることもある。

このような家族に対して「障害受容ができていない」とか、本人との距離が近く振り回されている家族の様子をみて「共依存である」と性急に判断し、対応することは避けなければならない。家族のほとんどは、求めている支援をタイミングよく受けることができずに混乱にいっそう拍車がかかり、周囲に本人の精神疾患を知られずにこの事態が改善できないかと必死になっている場合がほとんどである。また、できれば誰にも知られたくないと思っているため、普段であれば相談できる友人や知人などに相談することもできず、知られたら困ると思うあまり、専門機関に相談することもできず孤立している。そういった状況に置かれたほとんどの家族がとる「自然な反応」への対応として、専門職には、まずは家族と向かい合うという姿勢が求められるであろう。

❷リカバリー志向の家族面接

本人および家族のリカバリーを目指していくには、家族も自分の人生を自分で決定していくことが必要となる。狭義の精神疾患の治療や精神障害リハビリテーションには、その疾患や障害に対する適切な選択肢があり、それを選択した家族の対応や解決を指導できるかもしれない。しかし、精神保健福祉士が行う支援は、その家族自身の暮らしや人生を踏まえて、精神疾患によって新たにもたらされる、本人や家族が直面する問題や課題を、自分で（自分たちで）解決できるように支援する必要が

ある。そこには本人はもちろんのこと、家族にも100人いれば100通りの自分の暮らしや人生に対する思いや考えがある。

　そして、その思いや考えに基づいた決定があるはずであり、それを尊重することが求められている。さらにいえば、支援する精神保健福祉士は、その人の暮らしや人生の「最も適切な選択肢」を知っているわけではない。そのため、本人や家族とともに悩み、ともに解決していく伴走型の支援が求められる。

　家族は、これまでの人生で、問題を解決してきた経験とそれを切り抜けていくリソース（資源）*をたくさんもっている。望ましい支援のあり方は、精神保健福祉士がもつ専門的知識、そして本人がもつ精神疾患とともに暮らしてきた体験的知識、さらに本人とともに暮らしてきた家族がもつケアの経験による知識を互いに活かしあって、この困難を切り抜けていく方法を考えていくことである。そのためには、本人はもとより、これまでの家族が行ってきたケアの経験に敬意を払い、大変ななかを本人と生き抜いてきた人として捉え、家族とともに目の前のいくつもの課題を家族とともに解決していく、切り抜けていくといった姿勢が求められる。この姿勢を保つためには、受容・共感・傾聴といった面接技術に加え、クライエントとともに解決につなげていくような面接技術、たとえば認知行動療法、動機づけ面接、解決志向アプローチ、ストレングスアプローチ、ナラティヴアプローチ、オープンダイアローグというような技術を身につけることも求められるであろう。

　これらの技術は、本人のリカバリーを促す支援技術であることはもちろん、家族面接においても有効な支援技術であり、これらは家族のリカバリーを促進することにもなることは押さえておきたいところである。家族面接を行う際に重要な原則を**表 4-18** にまとめておく。

★リソース（資源）
ストレングスアプローチや解決志向アプローチでいわれる「リソース」とは、その人の能力、強さ、可能性、そして使えるものを指す。その人の解決するリソース（たとえば声をかけてくれる近所の人、癒しになるペット、一緒にいるだけで楽しくなる友人など）はその人がたくさんもっているので、それを有効に使うことが支援には求められる。

表4-18　家族面接の原則

- 家族のケアする役割に注目しすぎず、自分らしく生き生きと暮らす権利をもつ生活者であり主体者であることを認識する。
- 家族も必死にこの困難を切り抜けようと一生懸命であると理解する。
- 家族の混乱は、ショック、知識の不足、精神疾患を周囲に隠そうとする感情などから起こる当たり前のことだと精神保健福祉士が認識する。
- 家族に対して、本人とともに困難を切り抜けてきた人として捉える。
- 家族が自分でいずれは解決できるよう、助言や指導ではなく、家族とともによりよい方法を考え切り抜けていこうとする伴走型の相談が求められている。
- 家族および本人が利用できる地域資源についてよく理解し、必要な場合は確実につなぐ。

2 集団による家族心理教育

精神保健福祉士による家族面接という個別支援に加え、同じ体験をもつ家族同士が集まり、家族の相互作用を活かしながら行う集団による支援がある。これらのプログラムは個別支援としても使うことは可能であるが、集団で使うことによる効果が大きいプログラムである。

● 家族心理教育（family psycho-education）

① 感情表出（EE）

イギリスでは、1950年代の後半頃から、統合失調症の病因よりもその経過に焦点を当てた研究が始められていった。1959年のブラウン（Brown, G. W.）らの研究では、統合失調症の再発率は、精神症状や就労能力よりもむしろ退院後の生活環境、特に退院先として親や配偶者の元に戻るほうが高くなることが明らかにされた[13]。そこで、家族関係に注目したブラウンらは「家族の相互関係」を測る EE（expressed emotion：感情表出）を測定する家族面接をし、敵意、批判、そして情緒的巻き込まれすぎという三つの感情表出のいずれかが高い状態を高EE、そのいずれも低い状態を低 EE として、本人の再発率の差を調べた。

すると、高 EE を示す家族の元に退院して戻った場合は、退院後9か月以内に50％以上再発し、さらにその家族との対面時間が週35時間以上であると69％の再発率となるのに対して、EE の低い家庭に戻った患者の再発率は13〜15％という結果であった[14]。

つまり、統合失調症の再発を規定する要因として、家族の高 EE の関与がきわめて大きいことが明らかとなり、さらに高 EE は、❶病気や症状、治療法、社会資源に対する知識、情報の不足によってもたらされる、❷不慣れな対応方法、不適切な対処技術によってもたらされる、❸家族成員のネットワークの断絶や貧困によってもたらされる、❹家族の主観的な生活負担のバロメーターである[15]というように、心理－社会的な観点からの家族関係の理解を進めることになった。

② 家族心理教育プログラム

このような研究から高 EE の改善を目指して行われた家族支援の方法が、家族心理教育プログラムである。統合失調症に関する症状、経過、治療、社会資源、家族の対応などを系統的にわかりやすく伝える教育の部分と、日常的に本人の病状や対応で困ることや起こってくるさまざまな課題に対し家族自身が課題を解決する技能の向上を目的とする部分が組み合わされたプログラムである。再発、再入院予防（もしくは遅延）効果についても実証されている代表的な EBP プログラムの一つである。

　その家族心理教育プログラムには、さまざまな特徴をもついくつかのプログラムがあるが、これらを概観して共通点を挙げると、次の五つに整理できる。

❶　対象は、家族を基本としつつも本人の参加を含むこともある。

❷　プログラムの構造としてまずは、個々の家族と強い結びつきをつくるために、数回にわたる面接や訪問によりエンゲージメント（両者が対等なパートナーシップをもてる信頼関係を形成していく過程）を行う。

❸　医療機関や施設等で開かれるグループによる教育が行われる。参加している家族の共通したニーズを中心に、精神疾患に関する知識、症状や薬物療法も含む治療に関する知識、利用できる社会資源に加えて、本人への家族の対処の工夫、家族自身のストレスマネジメントなどのテーマについて、映像などの視聴覚媒体なども使いながら、できるかぎりわかりやすく伝達する。

❹　グループ等による話し合いや実際の場面に向けての練習が行われる。グループワークの技法や問題解決技法などを使ったミーティングを進めるが、参加家族がそれまで話題となっている課題に具体的にどのように対処してきたかに焦点を当て、その努力や工夫を賞賛し、ねぎらうとともに、さらによくなる工夫について参加家族同士が気軽に提案できるリラックスした肯定的な雰囲気をつくり出していくことが求められる。必要に応じて家族SST（social skills training：社会生活技能訓練）などを取り入れ、実際場面の練習をすることもある。

❺　数回にわたる面接や訪問による個々の家族の状況やニーズに合わせた個別家族セッションを行う。この個別家族セッションについては、あまり日本の家族心理教育プログラムでは強調されていないが、グループで学んだ知識や働きかけの工夫をそれぞれの家族の実情に合うように理解や工夫をするためにも、集団によるセッションの後に個別家族セッションは必要不可欠である。

　このような家族心理教育の効果は、精神疾患やその治療に関する正しい理解や社会資源の知識などに加え、家族同士の支えあい、さまざまに起こってくる課題への対処、そしてコミュニケーションスキルの獲得などによって、家族のエンパワメントとリカバリーを促進すると考えられている。

　我が国では、1988（昭和63）年にアンダーソン（Anderson, C. M.）とマクファーレン（McFarlane, W. R）が相次いで来日し、家族心理

教育の重要性が伝えられた。さらに2009（平成21）年より「日本心理教育・家族教室ネットワーク」が中心となり「標準版家族心理教育ガイドライン」が作成・研修が実施され、いわゆる国府台方式と呼ばれるこの方法が普及している（p.145参照）。

　現在では、精神科医療機関における、急性期の入院患者の家族やデイケアを利用するメンバーの家族、また障害者総合支援法に基づくいわゆる作業所に通所中の家族、市町村や都道府県保健所で行う家族教室などさまざまな機関で実施されている。さらに対象疾患は、統合失調症に限らず、うつ病・双極性障害、認知症、摂食障害、社会的ひきこもりなどさまざまな家族に対して行われている。実施可能な効果的な家族支援として、さらにさまざまな機関での実践や取り組みが期待される。

❷コミュニティ強化と家族トレーニング（CRAFT：community reinforcement and family training）

　コミュニティ強化と家族トレーニング（community reinforcement and family training：CRAFT）（クラフト）とは、カナダのメイヤーズ（Meyers, R. J.）らによって1990年代に開発された、アルコールや薬物などの依存症が疑われる人が精神科を受診しようとしないときに、本人の重要な環境となる関係者（たとえば家族など）に介入することで、患者本人を精神科受診につなげるための包括的なプログラムである（p.229参照）。行動理論が理論的背景にあり、患者本人を変えるのではなく環境である家族のかかわりを変えていくことによって、患者本人に自ら治療を選んでもらうことを目指している。また、このプログラムにより、本人の物質使用が減り、本人が依存症の治療につながり、さらに家族の精神的・身体的・人間関係がよくなることを目指している。

　CRAFTでは、本人と家族のコミュニケーションを変化させるポイントとして「PIUS」が挙げられている。

❶　家族は問題の指摘からではなく、本人のよいところ、好ましいところを述べることから話を切り出す（Positive）

❷　「あなた」という対決的、批判的、指示的なニュアンスをもつ二人称ではなく、「私」という一人称を主語にして思いを伝える（"Ｉ"message）

❸　本人が置かれた立場に理解を示す（Understanding）

❹　あえて家族が問題の責任の一端を背負ってみせる態度（Share）

　この4点の頭文字をとった「PIUS」というコミュニケーション方法を身につけ、依存症が疑われる本人と家族との間で想定されるさまざ

Active Learning
CRAFTやメリデン版訪問家族支援に関する資料を読んで、感想を話しあいましょう。

な衝突の局面に対する具体的な方法を示し、さらにその衝突のパターンを記録し、分析し、新しいかかわりのパターンを創り出していくプログラムである。

このCRAFTは、１回１時間のセッションを個人あるいはグループで12回行うのが基本である。その効果は、CRAFTにより精神科の受診につながったのは64％であり、このセッション開始から３か月後および６か月後の時点ですべての家族の幸福度が増加し、抑うつ気分と怒りが減少し、家族の結束力が強まり、衝突が減ったと報告されている。[16]

近年日本では、このCRAFTが社会的ひきこもりの本人とその家族にも援用され、ひきこもり地域支援センターや精神科診療所等の家族教室でプログラムが実践されている。

❸ペアレントトレーニング

発達障害のある子どもと親を対象として行われるペアレントトレーニングは、行動理論に基づき親が子どもへのかかわり方を学ぶ方法である。具体的には、応用行動分析（applied behavior analysis：ABA）の考え方を用いて、個人と環境の相互作用の枠組みのなかで子どもの行動を理解し、適切な対応方法を保護者が身につけていく。

欧米では、1960年代から知的障害や自閉症の子どもの養育者を対象として、行動療法を基盤としたトレーニングが行われるようになり、1980年代にはADHD（attention deficit hyperactivity disorder：注意欠陥多動性障害）、心身症、不登校などさまざまな対象に実施されるようになっている。[17]

ペアレントトレーニングは、一般的には数回から十数回のセッションで構成される。セッションは個別に行われることもあるが、多くはグループで実施される。内容は講義、ロールプレイ、宿題で構成されており、参加期間中に学んだことを家庭でも実践する（宿題）ことが求められ、親が日常生活に取り入れていけることが要となる。特に、ADHDや自閉スペクトラム症（autism spectrum disorder：ASD）の子どもという、いわゆる発達障害のある子どもに活用でき、不適応行動を減らし、適応的な行動を増やしていく点について効果をあげてきている。

３ 一家族への訪問家族支援（家族心理教育） — メリデン版訪問家族支援

集団で取り組まれる家族支援に加え、近年では、一つの家族、つまり本人と家族一人ひとりに対して、総合的、包括的に行われる濃密な家族

支援が注目されている。次節で述べられるオープンダイアローグも広義にはこれに該当するが、ここではメリデン版訪問家族支援について紹介する。

メリデン版訪問家族支援とは、訪問による、本人と家族一人ひとりを含む家族まるごとの、行動療法的家族支援である。この技術は、イギリスのバーミンガム・ソリハル地区のNHS（National Health Service：国民保健サービス）の一部門であるメリデンファミリープログラムという研修研究機関によって、イギリス全域、最近では世界各国の専門職に対し1998年より訓練が行われているものである。すでに、基礎研修約5000人、トレーナー研修500人の修了者を輩出している。この技術の原型は、行動療法的家族療法（behavioral family therapy）で、ファルーン（Falloon, I.）らによる構造的・指示的な行動療法が基盤となっている。[18]

特殊な「療法」というよりは、必要とする家族すべてに届けられる標準的な支援であり、次のような特徴がある。

❶ 自宅等への訪問によって通常10〜15のセッションが行われる

❷ 本人と家族がいずれ自分たちの力で困難を切り抜けられるよう、家族自身が問題解決などの技術を習得する

❸ ひいては本人、親、きょうだい、子ども、配偶者などそれぞれが自分らしく暮らせるよう家族まるごとを支援する

具体的には、①本人や家族がこのプログラムに積極的に取り組むためのエンゲージメント、②アセスメント（家族一人ひとりのニーズアセスメントも含む）、③精神疾患や治療などの本人・家族・支援者との情報共有、④コミュニケーショントレーニング（傾聴、肯定的な感情の表現など）、⑤家族の話しあいによる問題解決と目標達成、⑥再発予防のためのプラン作成などが重層的に取り組まれる。セッションには本人を含めた家族メンバー全員が参加することを奨励されるが、難しい場合はまず参加したい人が1名いれば開始できる、提供されるメニューは家族にあわせて順番などは変えてよいなど、家族の個々のニーズに応じて柔軟に提供される。

この技術の特徴は、本人・家族・支援者をそれぞれの専門家とみなし、それぞれが相互の力を信頼して対等なトライアングルの関係性をつくる重要性が強調される。そのために支援者は「non blaming（誰も責めない）」を貫き、本人や家族のさまざまな感情に「stay with（寄り添う）」ことが求められている。これらの姿勢は、研修、スーパーバイズにおけ

る「トレーナーと受講生（支援者）」、そしてメリデン版訪問家族支援を提供する「支援者（受講生）と本人・家族」の間で一貫しており、いわゆるパラレルプロセスとなっていることも特徴である。

　なお、この技術は最終的には、「本人と家族がそれぞれ力を発揮し、いずれ自分たちの力で話しあい、工夫をしながら自分たちで困難を切り抜けられるようにする」ことを目標にしている。そのためには困ったことを話しあう家族ミーティングの開催が重要になる。コミュニケーションの練習も、情報共有もすべてがいずれ「家族ミーティング」で自分たちが話しあって問題解決していくことを目指すためのものである。

5 家族による家族支援

1 家族会とは

　家族会とは、家族による家族のためのセルフヘルプグループ（自助グループ）である。

　一般的には、❶医療機関や行政機関などの主催で行われる家族の集まり、❷医療機関や行政機関などの主導で行われる家族の集まり、❸家族が主体となって行っているほかの家族との集まりのいずれもが「家族会」と呼ばれている。しかし、これらは同じではない。

　簡単に特徴を述べると、❶医療機関や行政機関などの主催で行われる「家族会」は家族心理教育あるいは集団精神療法などを指し、❷医療機関や市町村などの行政機関などの主導で会場などの準備も機関が行い、希望する家族が集まって行われる「家族会」はサポートグループを指す。ここでは、❸の家族による家族のためのサポートグループであるセルフヘルプグループとしての家族会をとりあげる。

2 家族会の機能

　このような、家族による家族のためのセルフヘルプグループである家族会には、大きく三つの機能がある。

❶わかちあい

　勇気を出して家族会に参加し、参加者の現在の悩みや体験談を聞いてみると、「こんなことで悩んでいるのは自分だけではないかと思っていたが、そうではなかった」と感じて少しホッとする。あるいは、同じ体験をしている家族が笑顔で話している場面に出会うと「いずれ私も笑う

★パラレルプロセス
支援者と利用者との関係、スーパーバイザーとスーパーバイジーの関係、この二つの関係において同様の感情や言動が出現すること。一方で生じたものは他方でも生じるため、両者には密接なつながりがある。この場合トレーナーと受講生、受講生と本人・家族との関係を指す。

ことができるようになれるのだろうか」などと少し希望を見出すことができる。

家族会の最も大きな役割は、たとえ本人の病状や家族の置かれている状況は異なっていても、同じ悩みや苦労をしている家族同士の思いや経験をわかちあうことである。このわかちあいの機能により、久保紘章の[19]いう「自分だけという感情」(“I”feeling)から「我々感情」(“We”feeling)への変容が生まれる。また、他人の体験を聞くことで自分が少し楽になり、自分の体験を話すことで自分も少し楽になるというヘルパーセラピー原則 (helper-therapy principle[20]) がみられるようになり、セルフヘルプグループの凝集性が高まる。このわかちあいは、セルフヘルプグループである家族会の活動の基盤を形成し、会を発展させる重要な機能である。

❷学びあい

家族会は、現在のところ十分とはいえない精神疾患や治療に関する情報提供、ケアをしていくうえで欠かすことのできない対応方法や、使える制度やサービスなどについての学びあいをする場でもある。インターネット等でさまざまな情報が得られやすい時代となっているが、インターネット等からの情報を得ることが苦手な家族や、たくさんある情報のなかでどの情報が本人に適切なのかを判断することはなかなか難しい。実際、家族が行っている本人とのかかわり方や、支援者との付き合い方、そして制度やサービスの利用の仕方など、体験に基づく情報や地域特有の情報など、生きた情報を学びあえることが参加する家族にとって大きな力となる。

❸働きかけ（運動）

わかちあいや学びあいからみえてくる、「私たち」家族が直面している困難や課題を明確にし、それを解決するために、医療や制度などの改善、作業所やグループホームなど社会資源の開発、福祉制度や計画に向けての当事者としての発言、署名活動・陳情、会議への参加、広報・啓発等々、社会や行政、関係機関への働きかけも家族会の役割として重要である。さらに、家族自らの経験と知恵を活かし、家族がほかの家族に対し相談にのる家族相談を展開している家族会も増加している。

■3 さまざまな家族会

❶みんなねっと

我が国における精神障害者家族会は、1960（昭和35）年に、青森県

弘前病院、茨城県友部病院、東京都烏山病院に通院、入院している患者の家族によって、病院家族会が結成されたのがはじまりである。また、同年、京都府立洛南病院の働きかけにより、京都府舞鶴保健所で同じ地域に住む精神障害者の家族が集まる地域家族会として精神衛生懇談会（現在の家族会）が結成された。これらの動きは次第に広まり、全国の各所で家族会が結成されるようになっていった[21]。

　その後、1965（昭和40）年には、精神保健医療福祉の充実を行政やさまざまな関係機関に働きかけていくには全国組織の家族会が必要であるという認識から、全国精神障害者家族会連合会（全家連）が結成された。その後、精神障害者の社会的偏見と差別の克服、医療費の負担軽減、精神医療の改善、福祉法の制定、社会復帰・社会参加などの我が国の精神保健医療福祉のあり方に関して、地方自治体や国などの行政機関や関係団体に対し、署名運動、請願活動などを行うとともに、施策や法改正に伴う審議会・委員会等の委員等として意見を述べたり、具体的な施策の提言を行うなど、全家連をはじめとする各家族会の精神保健医療福祉の推進に果たした役割は大きい。

　たとえば、1980年代から精神障害者共同作業所の設立が急速に拡大していったが、その作業所運動に対し大きな役割を果たしてきたのも家族会であった。家族会が精神障害者本人の通所する社会復帰施設を切望し、行政や議会等に要望・陳情を繰り返しても、いっこうに進まない。その結果、「自ら作るしかない」と決意した家族会の会員らは、精神保健医療福祉関係者と話しあいをしながら協力者を増やし、街頭に立って募金活動をし、行政などに再び働きかけ、共同作業所を作り、運営するようになった。1996（平成8）年の全家連の調査[22]では、全国に約1000か所ある共同作業所のうち7割は家族会が運営していた。それらの共同作業所は、以降、障害者自立支援法が成立した頃から社会福祉法人や特定非営利活動法人（NPO法人）などの法人の運営へと急速に移っていったため目立たなくなっているが、精神障害者共同作業所の設立を拡大していった大きな原動力は家族会の力であった。

　このように、我が国の精神保健医療福祉の推進に大きな役割を果たしていた全家連であったが、2002（平成14）年に補助金の目的外使用が発覚し、2007（平成19）年4月に東京地裁に破産手続き開始を申し立て、解散となった。

　現在は、2007（平成19）年5月に発足した特定非営利活動法人全国精神保健福祉会連合会（みんなねっと）（2011（平成23）年より公益

社団法人）が全国組織として活動している。全国に約1200の家族会が
あり、約3万人の家族会員が活動している。各地域の家族会は47都道
府県連合会を構成し、その連合会はみんなねっとの正会員となる組織と
して、相互支援（助けあい）・学習（学びあい）・社会的運動の3本柱を
掲げ、医療・福祉制度など施策をよくするための活動、『月刊みんなねっ
と』の発行、精神障害について啓発・普及、家族と当事者の相談支援な
どを行っている。

　近年、みんなねっとでは、2013（平成25）年よりメリデン版訪問家
族支援の日本への導入に取り組んだことをはじめ、精神障害者の交通運
賃割引制度実現の活動に加え、家族による家族相談、そして訪問相談、
FFEP（p.215参照）をもとにした「家族による家族学習会」を開催し、
さらに活動を推し進めている。

❷その他の家族会

　みんなねっと以外にも、さまざまな家族会がある。全国組織となって
いるものとしては、次のようなものがある。

❶　双極性障害の当事者・家族の会
　　NPO法人ノーチラス会（NPO法人日本双極性障害団体連合会）

❷　アルコール依存症の人の家族や友人のグループ
　　NPO法人アラノン・ジャパン

❸　薬物依存症の人の家族や友人のためのグループ
　　ナラノン（Nar-Anon Family Groups Japan）

❹　社会的ひきこもりの人の家族会
　　NPO法人KHJ全国ひきこもり家族会連合会

❺　自閉症の人の家族会
　　一般社団法人日本自閉症協会

❻　認知症の人の家族会
　　公益社団法人認知症の人と家族の会

　このように、さまざまな家族会が活動を行っている。家族会を家族に
紹介する場合は、インターネットなどを通じて情報を把握するとともに、
活動内容を把握するために電話等で確認をしたり、可能であれば集まり
に参加し、活動状況を把握したうえで紹介できることが望ましい。

❸精神保健福祉士による家族会への支援

　みんなねっとの2012（平成24）年度の家族会全国調査によれば、家
族会会長の年齢は75歳以上が32.3%と約3分の1を占め、例会の開催
が年3回以下が27.4%あり、会員数が「減っている」が49.4%と、会

員の高齢化と活動の縮小、会員数の減少がみられる。これは全国の全体的な傾向であるが、一方で例会の開催が年 12 回以上が27.0%、会員数が増えているが19.9%と、家族が頻繁に集まり、家族会が活性化している家族会もある。また、近年では、家族会に多く集まっていた親に加え、きょうだい、配偶者、子どもなどそれぞれ立場の異なった家族の集まりを行う動きもあるが、インターネットなどが普及している現在、家族会の活動のあり方もあらためて検討していく時期にさしかかっているともいえる。

こういった家族会に対して、精神保健福祉士の求められる支援はどういうものなのだろうか。

まず、精神保健福祉士に求められることは、家族会は家族のリカバリーになくてはならないセルフヘルプグループであるという認識である。家族は本人のケアをするために生きているのではない。家族は自らを、自らの人生を生きている。精神保健医療福祉の施策や支援が不十分ななか、自分の人生のほとんどを費やして本人をケアせざるを得ない家族に対し必要な支援を届け、「本人のための人生」から「自分自身の人生」というように家族が自分の人生を取り戻すリカバリー支援が求められている。それぞれの家族が「自分自身の人生」を取り戻すには、精神保健福祉士などの専門職による支援だけでなく、家族による相互支援、そして社会への働きかけへとつながっていくセルフヘルプグループによる家族のエンパワメントといった支援が行われることが、そのリカバリーに不可欠なのである。

それでは、家族会に求められる精神保健福祉士の具体的な支援はどのようなものだろうか。家族支援としては、個別の家族面接に加え、❶家族心理教育・集団精神療法などを行うほか、❷支援者主導のサポートグループなどを実施するとともに、家族会がセルフヘルプグループとしての家族会らしく活動できるように行う支援がある。たとえば、その地域に家族会がなければ、自分が相談を担当している本人の家族に「家族会があるといいですよね」「家族会って大切ですよね」と声をかけていく。そして、もし家族会をつくりたいという家族がいれば、「一緒に家族会をつくりたい人を探しましょう」と賛同してくれる家族を探してみる。小さいながらも家族会が開催されるようになったら、例会に顔を出して、家族を励ます。また、「家族会に参加してみませんか」と相談を担当している本人の家族に勧めてみる。あるいは、家族会を応援してくれる支援者を増やすための働きかけをしてみる。また、家族会が社会に働きか

Active Learning

精神保健福祉士等の専門職が行う家族支援と家族が行う家族支援のメリット、デメリットについて整理しましょう。

けたいと考えているのであれば、ともに活動する。

　これらは、本人のセルフヘルプグループを支援する精神保健福祉士は、自らの仕事として当たり前のように行っていることが多い。それを家族会に対しても同じように行うのである。精神保健福祉士の家族会支援に求められていることは、本人と家族と、ともにある、ともにいるという、当事者との協働を大切にする精神保健福祉士ならではの支援なのである。

◇引用文献

1）森川美絵「ケアする権利／ケアしない権利」上野千鶴子・大熊由紀子・大沢真理・神野直彦・副田義也編『ケアその思想と実践4　家族のケア家族へのケア』岩波書店，pp.37-54，2008.
2）谷口恵子「精神に「障害」がある人の配偶者・パートナーの支援を考える」『精神保健福祉』第50巻第2号，pp.160-162，2019.
3）横山恵子「精神障害者のきょうだいへの支援の現状と課題」『社会福祉研究』第134巻，pp.50-56，2019.
4）土田幸子・宮越裕治「精神障害の親を持つ子どもの理解とニーズ」『精神科治療学』第31巻第4号，pp.507-512，2016.
5）三富紀敬『介護者支援政策の国際比較──多様なニーズに対応する支援の実態』ミネルヴァ書房，p.iv，2016.
6）浅井篤「EBMを倫理的視点から検討する」『EBMジャーナル』第7巻第1号，p.11，2005.
7）The American Psychiatric Association, *The American Psychiatric Association Practice Guideline For The Treatment of Patients with Schizophrenia, Third Edition*, The American Psychiatric Association, 2020. https://www.psychiatry.org/psychiatrists/practice/clinical-practice-guidelines
8）National Institure for Health and Care Excellence (NICE), *Psychosis and schizophrenia in adults: prevention and management. NICE Clinical guideline (CG178)*, National Institure for Health and Care Excellence, 2014. https://www.nice.org.uk/guidance/cg178
9）佐藤光源・丹羽真一・井上新平，精神医学講座担当者会議監『統合失調症治療ガイドライン第2版』医学書院，pp.236-243，2008.
10）上久保真理子「ケアラーのライフ（生活／人生）を取り戻す──メリデン版訪問家族支援によるケアラー支援」『精神保健福祉』第50巻第2号，pp.154-156，2019.
11）日本精神科病院協会「精神障害者社会復帰サービスニーズ等調査事業報告書」（通院調査）2003.　https://www.mhlw.go.jp/shingi/2003/11/s1111-2e.html
12）P. ボス，南山浩二訳『「さよなら」のない別れ　別れのない「さよなら」──あいまいな喪失』学文社，pp.54-74，2005.
13）Brown,G. W., *Experiences of discharged chronic schizophrenic mental hospital patients in various types living group. Milbank Memorial Fund Quaterley*, 37, pp.105-131, 1951.
14）Vaughn, C. E. & Leff, J. P., *The influence of family and social factors on the course of psychiatric illness: A comparison of schizophrenic and depressed neurotic patients*, British Journal of Psychiatry, 129, pp.125-137,1976.
15）塚田和美・伊藤順一郎・大嶋巌・鈴木丈「心理教育が精神分裂病の予後と家族の感情表出に及ぼす影響」『千葉医学』第76巻第2号，pp.67-73，2000.
16）R. メイヤーズ・B. I. ウォルフ，松本俊彦・吉田精次監訳，渋谷繭子訳『CRAFT依存症者家族のための対応ハンドブック』金剛出版，pp.3-12，2013.
17）柘植雅義監修，本田秀夫編著『発達障害の早期発見・早期療育・親支援』pp.71-80，金子書房，2016.
18）佐藤純「メリデン版訪問家族支援とは何か──現場でどのように実践され、活きるものなのか」『訪問看護と介護』第23巻第11号，pp.778-786，2018.
19）久保紘章『セルフヘルプグループ──当事者へのまなざし』相川書房，pp.6-20，2004.
20）A. ガートナー・F. リースマン，久保紘章監訳『セルフ・ヘルプ・グループの理論と実際』川島書店，pp.117-125，1985.
21）全家連30年史編集委員会『みんなで歩けば道になる──全家連30年のあゆみ』全国精神障害者家族会連合会，pp.9-30，1997.
22）全国精神障害者家族会連合会『精神保健地域活動の現状と課題──'95年グループホーム・小規模作業所・社会復帰施設基礎調査報告書（ぜんかれん保健福祉研究所モノグラフ No.16）』全国精神障害者家族会連合会，p.64，1997.
23）全国精神保健福祉会連合会（みんなねっと）『2012（H24）年度「家族会」全国調査』pp.2-68，2013.

◇参考文献

・「特集メリデン版訪問家族支援！　「家族」を本人と同等の支援対象にすると、こんな変化が生まれるんです」『精神看護』第22巻第4号，pp.325-370，2019.
・G. ファデン，みんなねっとフォーラム2013講演資料「ファミリーワークについて」全国精神保健福祉会連合会，2014.

第4章　精神障害リハビリテーションプログラムの内容と実施機関

リハビリテーションに用いられるその他の手法・プログラム

学習のポイント

● マインドフルネスの概要とエクササイズを理解し、実践に活かせるようにする
● オープンダイアローグの考え方を理解する
● リカバリーカレッジについて理解する

1 マインドフルネス

Active Learning

マインドフルネスの
実際について調べて
みましょう。

マインドフルネス（mindfulness）は、「今・ここ」に意識を向ける瞑想法として知られている。瞑想というのは宗教的修行ではないかと思われる向きもあろう。しかし、ここでとりあげるマインドフルネス瞑想法は、誰もが取り組むことのできるストレス緩和、気分の安定、集中力を高めるといったことを目的としたセルフケアの方法である。

昨今は、非常に多くのマインドフルネス関連のプログラムがさまざまな領域で開発されているようであるが、ここでは医療やメンタルヘルスの領域で開発され実証研究により効果の認められている二つのプログラム、マインドフルネスストレス低減法とマインドフルネス認知療法をとりあげ、概要と実践内容について紹介する。

1 マインドフルネスストレス低減法

マインドフルネスストレス低減法（mindfulness-based stress reduction：MBSR）を開発したカバットジン（Kabat-Zinn, J.）の定義によると、「マインドフルネスとは、意図的に、今この瞬間に、価値判断をすることなく注意を向けること」である[1]。

1979年、カバットジンは、行動医学の考え方と座禅やヨーガの実践を基に、「ストレス対処およびリラクゼーションプログラム」を開発した。カバットジンは、アメリカのマサチューセッツ大学医療センターに開設されたストレスクリニックで、慢性疼痛に苦しむ人々を対象にこのプログラムを提供した。

これは医療の代替療法ではなく、むしろ医療を受けている患者がその効果をより高めるために、「自分自身を扱う方法を学ぶ」ことを目的と

した8週間におよぶトレーニングプログラムで、期間中、患者は自宅でもエクササイズ（後述）を実施し、プログラム終了以降も自分で継続できるような実践的な内容である。

このプログラムは、やがてさまざまな慢性疾患や不安障害に苦しむ人々にも適用範囲が広げられていった。カバットジンは、1990年に出版された自著で[2]、このプログラムで行っていることは「マインドフルネス瞑想法」であること、そしてマインドフルネス瞑想を行うことは「注意を集中するスキル」を用いた「自己管理トレーニング」であることを明記している。さらに、「注意を集中するということは、"一つひとつの瞬間に意識を向ける"という単純な方法」であるとも述べている[3]。

このプログラムは、「マインドフルネスストレス低減法」（MBSR）と呼ばれるようになり、MBSRのトレーナーのためのトレーニングプログラムも実施され、1990年代以降全米のみならず世界中に広まっている。

なお、MBSRは多くの効果研究が実施されている。研究方法が一定の基準に合致した26研究（いずれも健康な成人を対象としている）のメタ分析からは、ストレスの軽減だけではなく、抑うつ感、不安感、悲嘆の緩和に効果があることが示されている[4]。

2 マインドフルネス認知療法

メンタルヘルスの領域では、1990年代にMBSRを基にマインドフルネス認知療法（mindfulness-based cognitive therapy：MBCT）が開発された。MBCTは、シーガル（Segal, Z. V.）、ウィリアムズ（Williams, J. M. G.）、ティーズデール（Teasdale, J. D.）により、うつ病再発予防のプログラムとして開発され、実証研究によって効果が確認されている[5][6]。

シーガルらによると、1980年代後半には、認知療法がうつ病再発のリスクを低減させるという研究結果が出ていたが、どのように効果があるのかはわかっていなかった。従来の認知療法では、うつ状態に結びつくような思考（信念や非機能的態度）を変えることを目標にしており、「思考の内容を変化させる」ことによって効果を得るのだと一般に思われていたが、シーガルらは、患者が自分自身のネガティブな思考や感情を客観的に観察できるようになることが重要なのではないかと考察した。このように自分の思考や感情から距離をとることを、認知療法では脱中心化という。

ストレスに直面したときに脱中心化するようなプロセスを患者が体得することが、うつ病再発予防に有効かもしれないという考えをシーガルらが強めていた頃に、弁証法的行動療法を提唱し発展させていたリネハン (Linehan, M. M.) が、マインドフルネスを取り入れ、さまざまな出来事をただ観察し、否定的思考や感情から距離をおくためのエクササイズを患者たちに教えていた。シーガルらは、MBSR は思考をただ起こったままに観察できるように訓練することであり、そのプロセスが脱中心化を促すと考えた。MBCT 開発のプロセスにおいては、開発メンバー全員が MBSR のトレーニングを受けマインドフルネス瞑想を実践した。

　マインドフルネス瞑想を実践すると、思考だけではなく感情や身体感覚も観察することになる。シーガルら[7]は、「決定的に重要なのは脱中心化をもたらす心のモードである」とし、マインドフルネスアプローチのスタンスは「歓迎し、あるがままにしておくことにある。問題に対して『オープン』でいること」により、「ネガティブな思考と感情のサイクルの影響を受けた身体の部分」に気づくことができる。そして、このような気づきにより、「ネガティブな思考に対処できるようになる」と述べている。

▎3 実践内容：マインドフルネスのエクササイズ

　MBSR に続き MBCT が開発され、うつ病再発予防の効果が実証されて以降、マインドフルネスはメンタルヘルス領域においても、誰もが取り組むことのできるセルフケアの手法として広まりつつある。プログラムのトレーナーとなるためには所定のトレーニングを受けなければならないが、臨床場面においては、エクササイズのいくつかを専門家と患者が一緒に学び実践することもできるだろう。ただ、シーガルら[8]も言及しているが、専門家が知識だけでこれを患者に教えることは勧められない。まずは自らが、マインドフルネス瞑想の実践者であるということが必要である。

　MBSR と MBCT のプログラム構成は異なるが、エクササイズの内容は共通しているので、ここでは主だったエクササイズを紹介する。

❶自分の心の動きを観察する

　体の力を抜き、できるだけ背筋をまっすぐにして座り目を閉じ、自分の呼吸に注意を集中する。空気が出たり入ったりするのを観察し呼吸を意識する。まずは 3 分間これを行う。たいていの場合、心はさまよい、

次から次へといろいろな思いが浮かび呼吸に注意を向け続けることができない。それをただ観察する。

②呼吸法

自分自身の吸う・吐くという呼吸に意識を向け、呼吸に伴って生じる体の感覚にも気づきを向ける。

③レーズン瞑想

1粒のレーズンを手に取り、生まれて初めて見るものとして、ゆっくりと眺め、においをかぎ、ゆっくりと口に含み、味わう。その瞬間瞬間の自分自身の行為、感覚に気づきを向ける瞑想である。

④ボディスキャン

ヨガマットの上などに仰臥位となり実施する（仰臥位のほうがリラックスして行えるが、状況的に難しい場合はいすに座っても行える）。目を閉じ、まずは呼吸に意識を向ける。呼吸しているときの体の感覚に意識を向ける。その後、自分自身の体の各パーツに順々に意識を向けていく。左の足の指、足の裏、足の甲、足首・・・と細かく意識を向けていく。体の下部から順々に上に向かって走査（スキャン）する。体の感覚に気づきを向ける瞑想法である。

2　オープンダイアローグ

オープンダイアローグ[9]は、フィンランド北部の西ラップランド保健圏域で実践されている対話ベースのメンタルヘルス（精神医療保健福祉）のシステムの名称であり、そこでの対話のあり方の名称でもある。

■1　"オープンダイアローグ"というメンタルヘルスシステム

日本では通常、精神科への受診といえば、まずは医師の診察を受けることを指す。また、「治療」とは、ほぼ「薬物治療」のことである。他方、

> **Active Learning**
>
> オープンダイアローグに関する本を読んで話しあいましょう。また、オープンダイアローグに関する研修に参加してみましょう。

---

i　カバットジンによると、「瞑想とは意識的に心と体を観察して、今という瞬間から次の瞬間に向けて体験したことを、あるがままのものとして受け入れるプロセス」であり、気がかりなことを、押し殺したりすることでも注意を集中していること以外のことをコントロールすることでもないとしている。J. カバットジン, 春木豊訳『マインドフルネスストレス低減法』北大路書房, p.37, 2007.

ii　「①自分の心の動きを観察する」と同様に、雑念にも気づきを向けることである。しばしばさまざまな思いや感情が浮かんでは消えていく。それを抑えたり払拭したりしようとせず、それでいてその思いに没頭したり囚われたりせず、ただ気づき、観察し、最初の意図（体/呼吸に意識を向ける）に注意を戻す。

オープンダイアローグでは、医師の診察は必須とされていない。治療（トリートメント）は、患者の治療過程における治療チームのかかわりすべてを指し、なかでも治療チームが患者や関係者とともに行う治療ミーティングはこのシステムの要といえる。そのプロセスを事例に沿ってみていこう。

❶24時間の緊急電話対応

西ラップランド保健圏域には、六つの自治体が含まれている。その圏域で入院病床をもつ公立の精神科専門病院はケロプダス病院のみであり、主に急性期の治療を担っている。圏域にはほかに公立の精神科クリニックが5か所あり、それぞれが連携している。この圏域では、急性期にすぐさま対応できるように、住民に緊急時の電話番号が公開されており、スタッフが交代で24時間365日休みなくメンタルヘルス相談を受けている。早期対応を重視しているのは、問題の深刻化と入院をできるだけ避けるためである。

ある日、看護師兼家族療法セラピストのロタが電話対応のシフトに入るとすぐに電話が鳴った。17歳のサラという妹のことを相談する兄からの電話だった。兄が久しぶりに実家に戻ると、両親の様子がおかしく、サラが数日間ほとんど部屋にこもったままだと言った。部屋にはサラしかいないはずなのに、数人が会話しているかのような声が聞こえる。両親と一緒に思い切ってサラの部屋のドアを開けてみたところ、本や書類、衣服が散乱しており、家具の一部が倒れていた。サラは部屋の隅でうずくまっていた。母親はその状態をみて泣き出し、父親は「いったい、これは何なんだ！」と大きな声を出した。するとサラが父親をみて、「あんた偽物でしょう！　出ていって！」と叫んだ。兄は、メンタルヘルスに関する特別授業を受けたことがあり、サラの状態は精神の病によるものではないかと思ったという。

❷治療ミーティングのセッティング

ロタは、一通り兄の話を聴いてから、サラがこれまでメンタルヘルスに関する治療やサービスを受けたことがあるかどうか確認した。母親によると、精神科の利用はないが、昨年からときどきスクールナース（学校に配置されている看護師）と会っており、ケロプダス病院から定期的に派遣されるセラピストの面談も一度だけ受けたということだった。サラは繊細で、友達との関係に悩んでいたという。ロタは、セラピストの

ⅲ　本事例は筆者がケロプダス病院で見聞きした複数の事例を基に構成した架空の事例である。

名前とサラの高校について確認した。そして、なるべく早く治療ミーティングを行いたいので、明日にでもサラや家族と会えないか尋ねた。兄は両親に確認して承諾した。

次に、ロタは、会う場所は自宅がよいか、それとも市街地のクリニックかケロプダス病院がよいか尋ねた。兄は、サラを連れていく自信がないので自宅に来てほしいと言った。またロタは、明日はロタ自身とサラと面識のあるセラピスト、可能であれば、スクールナースが訪問できるように手配することを伝え、家族側は兄と両親だけでよいか尋ねた。兄は、サラが誰よりも慕っている祖母にも声をかけたいと言った。ロタはサラの生年月日や住所地など必要事項を聴き取り、訪問時間が決まったらまた連絡すると伝えて電話を切った。

■2 治療ミーティングにおける対話のあり方

治療ミーティングは、セラピストの資格を有する2名以上のスタッフが、患者および家族などの関係者とともに行うミーティングで、オープンダイアローグの治療過程における要といえる。ミーティングそのものが心理療法としての機能をもつ[10]が、家族や患者自身の話から明らかになったことを基に、ほかの治療法、たとえば薬物治療や個人心理療法、あるいは必要に応じて社会福祉的な制度利用なども提案される。

スタッフはミーティングの進行役であり、対話が開かれたものとなるように「不確実性への耐性」「ポリフォニー」「対話主義」と呼ばれる原則を共通の心構えとしてもっている[11]。以下、それぞれについて説明する。

❶不確実性への耐性

スタッフは患者の状態や解決法を知っているわけでも教えられるわけでもない。スタッフは、「自分は知らない」という無知の姿勢[12]を貫き、家族に求められても解決法を示したりアドバイスをしたりしないことにより、ミーティング参加者の誰もが、会話によってさまざまなことが明らかになるまで不確かさのなかにとどまることになる。スタッフが自らの推論や仮説によって会話を主導せずにオープンな態度でいることにより、会話の奥行きは広がり、これまで語られなかったことが語られる可能性が開かれていく。

ただし、不確実性への耐性は、治療が安全なものとして体験されてい

---

iv 西ラップランド保健圏域の精神医療保健従事者、特にケロプダス病院の職員の多くはその専門職種（医師、看護師、心理士、ソーシャルワーカー）にかかわらず、家族療法養成講座を受けており、セラピストの資格を得ている。

る場合にのみいえることである[13]。サラのケースでは、たとえば、もしサラに著しい混乱と自傷のリスクが見て取れる場合、ロタはサラの安全性を確保することを優先する。

❷ポリフォニー

「多声性」や「多声的であること」の意味で用いられている。治療ミーティングでは患者だけでなく参加者がそれぞれ尊重され、誰もが声を発することができる。家族といってもそれぞれ違う考えをもっている。スタッフは、異なる意見をまとめ一致させようとはしない。むしろ、参加者それぞれが違う考え、違う見方を自由に表現できるようにする。ときに家族の間で感情的なやりとりが起こることもあるが、制止されるのではなく、むしろ大切に扱われる。

そのようなとき、しばしばスタッフは、スタッフ同士で向きあい、患者や家族の前で、彼らの言葉ややりとりを聞いて感じたことや理解したことを話し合うリフレクティングを行う。リフレクティングの目的は、新たな視点や気づきを参加者の間にもたらしたり、選択肢を広げたりすることである。

❸対話主義

オープンダイアローグでは、対話の第一の目的は「対話そのものを推し進めること」であり、病状の改善や変化は「二義的なもの」であるとする[14]。そして、「対話とは、患者と家族がなんらかの問題について論じ合いながら、自身の人生においてより多くの媒介物（共有言語など）を利用できるようになるための空間」を意味する[15]。スタッフは、開かれた質問を行い、患者の前で家族一人ひとりが今の状況全体をどのようにみているかを、それぞれの言葉で話してもらう。

サラの例では、もしかすると、「サラは精神科の薬を処方してもらうべきだ」と兄は主張するかもしれない。一方、母親は「精神科の薬なんてとんでもない！　サラは友達との関係がうまくいかず過敏になっているだけよ」と言うかもしれない。サラは祖母に抱きかかえられるようにして座り、黙って話を聞いているかもしれないし、ほかのことに心が奪われているかもしれない。あるいは、誰かの思いやりのある言葉に呼応し何かを語り始めるかもしれない。

治療ミーティングにおける対話は多様な可能性に開かれており、新たな理解はこうした開かれた対話によってもたらされるというのがオープンダイアローグの考え方である。

リカバリーカレッジ

1 リカバリーカレッジの概要

❶ リカバリーとは

　ここで述べるリカバリー（recovery）とは、人が人として生きるなかで、自分のありたい姿や送りたい人生を見つけたり、自分なりの意味を見出したりしていく過程を指す。このリカバリーの考え方は、精神健康の困難があったとしても、送りたい暮らしを送ることができるということを、精神健康の困難の経験者たちやその周囲が声を挙げるなかで1990年代頃より広がってきた。

　疾患や症状があったとしても誰でもリカバリーできるという「リカバリー」の土台となる考え方とともに、リカバリーは誰かから方向づけされたり、誰かにさせられたりするものではなく、どちらへ向かうか、どのように進むかも含め、本人が決めるものであるということも「リカバリー」に関して重要な哲学である。また、本人が決めるという体験を繰り返すことで主体性が生まれ、「自分の人生には責任がともに存在している」ことに気づくこともリカバリーの恩恵の一つである。

　現在の精神保健福祉領域では、症状や疾患からの回復だけではなく、本人の望む方向へ向かうことを重視する必要があると認識されるようになってきている。

❷ リカバリーカレッジとは

　リカバリーカレッジ（recovery college）は、リカバリーについて、精神健康の困難の経験のある人々やその家族、専門職と呼ばれる支援者などが、学生としてともに学びあう場である。リカバリーカレッジは、「カレッジ」という名のとおり、大学のように自分の学びたい講義や講座を学生が選択でき、また、治療や支援の場ではなく、講師や学生同士が対等で安心して学びあえる場であり、リカバリーの可能性を広げていく場ともなっている。

　リカバリーカレッジの源流はアメリカにあるといわれているが、現在は特にイギリスで広がっており、その他ヨーロッパ、アフリカ、アジアなど世界の22か国以上にある。日本にも、少なくとも東京都三鷹市、立川市、大田区、佐賀県佐賀市、愛知県名古屋市、岡山県岡山市、美作市、群馬県安中市で実践がなされている（2020（令和2）年9月時点）。

　なお、この実践の名称をリカバリーカレッジとする組織が多いが、た

Active Learning

リカバリーカレッジに関する本を読んで話しあってみましょう。

第4章　精神障害リハビリテーションプログラムの内容と実施機関

とえばイギリスでは、リカバリー＆ウェルビーイングカレッジ、ディスカバリーカレッジ、リカバリーアカデミーなど、異なる名称も用いられている。

リカバリーカレッジでは、リカバリーに関連する講座、たとえば精神健康についての講座や、ありたい自分、ありたい状態へ進むことに関係する講座などが提供される。提供される講座は、精神健康の困難の経験のある人と、精神保健福祉の専門職とがともに計画し、ともに創る（共同創造）。そして、精神健康の困難を経験したことのある講師と専門職が、進行役あるいは講師として、ともに講座を提供する（共同提供）。

リカバリーに関連する講座やプログラムは、デイケアや地域にある精神保健に関連する組織でも提供されているが、この共同創造、共同提供が行われることが、リカバリーカレッジの最大の特徴であるといえる。共同創造において、精神健康の困難の経験のある人がカレッジの方針決定や講座設計に関与し、また講座を提供する際に精神健康の困難の経験のある人の口から、経験を通して得られた知恵や思い、経験者ならではの工夫などが語られることにより、精神健康の困難の経験を有する人の必要とする、そして実際に役に立つ講座の提供が可能となっている。

■2 リカバリーカレッジに参加することで経験すること

リカバリーカレッジは、本人の希望さえあれば、誰でも受講することができる。現在のところ、精神健康の困難の経験のある人、その家族や友人、精神健康の困難のある人をサポートする人や専門職の受講が多い。またほかにも、近隣住民や学ぶことに関心のある人など、さまざまな人が受講している。

なお、受講するかどうか、何を受講するかは、受講者が決め、治療として処方されたり、誰かに強制されたりして受講する場所ではないということもリカバリーカレッジで大切にされている（詳しくは、参考文献を参照）。

リカバリーカレッジで提供される講座一覧は、世界中ほぼすべてのリカバリーカレッジがウェブ上で公開しており、また、受講者のカレッジ参加の感想をウェブサイト上で公開しているカレッジも多い。それらによると、リカバリーカレッジに来ることで「自分の状況の理解が進んだ」

Active Learning

地域で行われているリカバリーカレッジを調べて、実際に参加してみましょう。

「自分の気持ちの取り扱い方や人とのかかわり方を学んだ」「自分の人生の手綱を握るきっかけとなった」など、カレッジ参加者は自分の経験している困難やその対処についての情報を得ていた。

また、「仲間ができた」「ピア講師（精神健康の困難の経験のある講師）の経験を聞くことができた」など、精神健康の困難の経験のある受講者や講師の話を聞いて自分の未来に目を向けるようになったことも挙げられている。「安心できる場だと感じた」「大切に扱われた」「自分の考えを医療者や研究者の考えと同等に扱ってもらえた」というような感想は、さまざまな立場の受講者がともに、そして対等に学ぶ場であることで生じていると考えられる。

リカバリーカレッジに参加し経験していく過程には、人と人との関係性を見つめたり、自身と向きあったりすることで新たな発見につながることがある。この過程で心の痛みに気づくことなどもあるが、場においてのつながりや安心の感覚がその痛みを癒し、精神健康の困難の回復につながることもある。このように、リカバリーカレッジには、リカバリーにおけるさまざまな可能性があり、それに挑む姿勢も重要とされる。

❸支援者にとって

専門職と呼ばれる人や支援者も、リカバリーカレッジで講座を受講することで多くのことを学んでいる。支援者は、精神健康の困難の経験のある人による講座進行を見ることで、これまで患者・支援の対象者として見ていた人達の力に気づいたり、講座で経験者の語りを聞くことで、リカバリーについて、あるいは精神健康の困難についての認識を深めたりする。

イギリスのリカバリーカレッジでの講座を受講した専門職からは、次のようなことがインタビュー調査で語られていた。[16]

・精神健康の困難の経験者が前に立って講座の進行をしたり、板書をしたり、自分の話を受講者にしたりするのを見て、それが可能なことなのだと考えられるようになった
・病棟では、状態のよくない患者さんと会う機会が多いが、リカバリーカレッジでは、その時期を乗り越えた方のリカバリーの話を聞くことができ、そこから深い学びを得た
・精神健康の困難の経験のある人と専門職者でリカバリーカレッジをともに創っている様子を見て、これまでの形だけの患者参加とは違うことを感じ、お互いに学びあっていることを感じる
・精神健康の困難のある人も専門職も同じ人間として話しあうことがで

きた

　リカバリーカレッジでは、リカバリーカレッジの講座講師（進行役）として活動する精神健康の困難の経験のある人に接し、また受講者同士が人として学び合うことで、精神健康の困難を有する人本人やその家族・友人、支援者にとって、精神健康やリカバリーについて新たな視点が開かれる経験となっている。

　このようにリカバリーカレッジは、その提供される講座と、精神健康の困難の経験のある人と専門職の共同創造による講座の提供のされ方により、さまざまな立場の人に影響を与えている。そして、精神保健福祉がリカバリーを重視し、すべての人の見方や考え方を尊重する人間的なものへと変化していくことに影響している。

◇引用文献

1）Z. V. シーガル・J. M. G. ウィリアムズ・J. D. ティーズデール，越川房子監訳『マインドフルネス認知療法——うつを予防する新しいアプローチ』北大路書房，p.25，2007.

2）J. カバットジン，春木豊訳『マインドフルネスストレス低減法』北大路書房，p.2，2007.

3）同上，p.2

4）Khoury, B., Sharma, M., et al., Mindfulness –based stress reduction for healthy individuals: A meta–analysis. Journal of Psychosomatic Research 78(6), pp.519–528, 2015.

5）前出1），pp.259–266

6）Piet, J., Hougaard, E., The effect of mindfulness–based cognitive therapy for prevention of relapse in reccurrent major depressive disorder; A systematic review and meta–analysis. Clinical Psychology Review, 31(6), pp.1032–1040, 2011.

7）前出1），pp.34–35

8）同上，p.50

9）J. セイックラ・T. アーンキル，斎藤環監訳『開かれた対話と未来——今この瞬間に他者を思いやる』医学書院．pp.87–121，2019.

10）同上，pp.40–47

11）Seikkula, J., Olson, M., The Open Dialogue Approach to Acute Psychosis: Its Poetics and Micropolitics. Family Process, 42(3); pp.403–418.

12）S. マクナミー・K. J. ガーゲ，野口裕二・野村直樹訳『ナラティブ・セラピー——社会構成主義の実践』遠見書房，pp.43–64，2014.

13）前出12），p.408

14）前出10），p.115

15）同上，p.115

16）Zabel, E., Donegan, G., Lawrence, K., et al., Exploring the impact of the recovery academy: a qualitative study of Recovery College experiences. The Journal of Mental Health Training, Education and Practice, 11(3), pp.162–171, 2016.

◇参考文献

・リカバリーカレッジガイダンス研究班「リカバリーカレッジの理念と実践例（リカバリーカレッジ ガイダンス）」http://recoverycollege-research.jp/guidance/

・小林伸匡・大平道子訳，近藤伸介・熊倉陽介監訳「リカバリーカレッジの10年」2019．http://sudachikai.eco.to/pia/pdf/Recoverycolleges10yearsOn.pdf

第5章

精神障害リハビリテーションの動向と実際

　本章では、精神障害リハビリテーションの動向と実際について概説する。

　当事者運動の活発化とリカバリーの理念は精神障害リハビリテーションを大きく変化させた。当事者主体のリハビリテーションを推進していくためには、当事者のリハビリテーションプロセスへの参加が必要となる。

　そこで、精神障害をもつ当事者を主体としたリハビリテーション、リカバリーの理念に基づいたリハビリテーション、ピアサポートについて学ぶ。

　また、精神障害をもつ当事者の家族やケアラーの支援や依存症のリハビリテーションなどについても学ぶ。

精神障害当事者や家族を主体としたリハビリテーション

学習のポイント

● 自身の経験を活かして活動するピアサポーターの多様性を理解する
● 精神障害者の家族を支援する活動の意義を学ぶ
● ケアラーがケアを行うことによって受ける影響について理解を深める

1 ▶ 多様なピアサポート活動

1 多様化するピアサポート活動

❶ピアサポートの始まり

　ピアサポートとは何かというと、同じ立場にある人同士の支え合いであり、今や教育や医療現場など多様な領域で活用されている。その活動の歴史は18世紀にさかのぼるともいわれているが、精神保健福祉分野のピアサポートとしてよく例に出されるのは、1907年にアメリカで自らの精神科病院入院の経験を出版したビアーズ（Beers, C. W.）によって始められた精神衛生運動や、1935年に設立されたアルコール依存症者によって結成されたAA（Alcoholics Anonymous）のセルフヘルプグループなどである。また、1950年代以降のアメリカでは公民権運動を背景として、ロバーツ（Roberts, E.）らを中心とした身体障害者の自立生活運動（independent living movement：IL運動）が広がりをみせ、精神障害当事者たちのピアサポート活動にも大きな影響を与えた。このような動きは、社会に対して多様性を許容することを求める大きなうねりにつながっていった。そして、2000年代に入ると、リカバリー概念の広がりとともにピアサポートに注目が集まり、アメリカ各州では認定ピアスペシャリストとして、サービスを提供する側に立つ当事者の活躍が報じられるようになった。

　幅広いピアサポートのなかでも、障害領域における「ピアサポート」に関しては、「障害のある人生に直面し、同じ立場や課題を経験してきたことを活かして仲間として支えること」だといえる。日本におけるピアサポート活動は、1970年代から80年代にかけて広がりをみせた。精神障害者に関しては、1970年代から病院の患者会や自助グループ活

動がはじまり、地域における生活支援の一環として、やどかりの里やJHC 板橋会などの取り組みが注目された。

❷他障害等の動き

身体障害では、先に述べた自立生活運動が各地での自立生活センター（CIL）の設立に結びついた。障害当事者を中心とする自立生活への取り組みが進み、ピアカウンセラーの養成が今も意欲的に行われている。

知的障害者の活動は、家族を中心に展開されてきたが、全日本育成会（現・全日本手をつなぐ育成会）には、1990 年の世界育成会連盟会議への当事者の出席を機に、本人部会が設けられている。また、1995（平成 7）年に日本でもピープルファーストが結成された。知的障害のある人たちが、自分たちの権利を自分たちで守ること（セルフアドボカシー）を目的として現在も活動を継続している。

難病に関しては、1960 年代以降、当事者団体が結成されてきたが、2005（平成 17）年に日本難病・疾病団体協議会（JPA）が設立された。難病の当事者活動は患者会から始まったが、2003（平成 15）年に難病相談支援センターの設置が始まり、センターや保健所での相談事業や交流会への参加、患者会での患者会リーダーとしての当事者活動が実施されている。ピア相談も、難病相談支援センターなどを中心に実施が進められている。

高次脳機能障害、発達障害に関しては、近年当事者団体が設立され、今後の活動が期待されている。多様なピアサポート活動が社会のなかに浸透し始めているのである。

2 日本の精神保健福祉分野におけるピアサポート活動

前述したように、日本の精神保健福祉分野におけるピアサポート活動は、アルコール依存症の人たちの断酒会や AA、病院患者会や地域のセルフヘルプグループの活動などから始まった。そこでは、ミーティングなどを通して、障害や疾患をはじめとする共通した課題を抱える仲間同士（ピア）が支えあうことを目的としていた。

病院や保健所では、もともと機関内で実施していたグループ活動の延長線上で、退院者やデイケア卒業者のグループに専門職が関与するサポートグループの活動が行われたりもしていた。社会資源が今ほど充実していないなかで、アメリカの障害当事者活動が紹介され、JHC 板橋会のクラブハウスなどを中心に日本でもピアカウンセリングが行われるようにもなった。その活動が注目されたことで、セルフヘルプグループ

の活動に生きがいを見出す当事者やセルフヘルプグループを担う人材育成に熱心な専門職も現れた。

　時間の経過とともに、活動は当事者だけで行われるようになり、セルフヘルプグループとして独立していった。そうして地域で育ってきたセルフヘルプグループが都道府県で組織化されたり、全国精神障害者団体連合会のような全国組織に発展していった経過がある。

　また、昨今では、ポプラの会が地域活動支援センターを立ち上げたように、サポートグループやセルフヘルプグループが障害福祉サービスに発展し、フォーマルな社会資源として活用されている例もある。さらに、社会福祉法人浦河べてるの家のような専門職と当事者が協働して事業展開をする例や、障害当事者が仲間とともに福祉サービスを立ち上げた一般社団法人北海道ピアサポート協会のような事業所もある。セルフヘルプという言葉から出発した活動が、1990年代以降はピアサポートと呼ばれることが多くなり、現在に至っている。

■3 ピアサポート活動の特徴

　では、どうしてピアサポート活動が精神保健医療福祉領域のなかで注目されるのであろうか。それは、リカバリー概念の隆盛に伴い、当事者主体、当事者参加ということが当たり前のこととしてリハビリテーションのなかにも位置づけられてきているからである。その背景には、アメリカの公民権運動を契機とする人権意識の高まりや、圧倒的な力を誇ってきた精神科医療のヒエラルキーや専門家支配への抵抗という意味合いもある。自立生活運動もまた、その一つの現れであり、その影響を強く受けたのが、オルタナティヴなアプローチである。精神保健福祉分野におけるオルタナティヴとは、これまでの専門家主導のサービスに対して、もう一つのサービス、つまり当事者主体の支援活動を指している。そうした専門家批判という流れから、専門家によってつくられてきた枠組みではなく、障害当事者側の視点からの回復、リカバリーを志向していくという方向性が見出されたのである。

　リカバリー志向のピアサポート活動には、いくつかの特徴がある。その一つがヘルパーセラピーの原則であり、他者を援助することによって、自らが援助されるということである。

　また、ピアサポート活動が公民権運動の影響を受けていることと関連して、エンパワメントや権利擁護の視点を含む。

　エンパワメントアプローチは、障害によって無力状態に陥っている人

であっても、潜在的な力をもっているという視点に立ち、その力を引き出し、高めていくという手法である。また、「できないこと」に着目するのではなく、その人のもっている強みや、その人自身が「やりたいこと」に焦点を当てるストレングス視点もピアサポート活動のなかでは重要な意味合いをもっている。リカバリーしていくことの根底にその人のストレングス（強み）があり、ストレングス視点に立った支援がその人をエンパワーしていくと考えられる。

　リカバリーした障害当事者は、回復途上の人たちのロールモデルとして重要な役割を果たす。しかし、それだけではなく、たとえば長期入院している人たちの退院支援等、医療スタッフと向き合う際に、代弁者としてのアドボカシー機能（ピアアドボカシー）も発揮できるのである。

2 ピアサポーターの雇用

1 雇用されるピアサポーターの登場

　アメリカにおけるピアスペシャリストの活動が日本にも紹介されるようになっているが、日本でも 1990 年代から徐々に当事者性を活かして働くピアサポーターが現れ始めた。2002（平成 14）年には大阪府で、精神障害者ピアヘルパー等養成事業が開始された。精神科病院からの長期入院者の退院を支援するピアサポーター、地域での生活を支援するピアカウンセラーなど、呼称はさまざまであるが、精神保健医療福祉分野において雇用されるピアサポーターが増加しつつあるのは間違いない。

　2015（平成 27）年には、各種専門職と協働し、精神障害者を支援できる精神障がい者ピアサポート専門員を育成することを目的として、日本メンタルヘルスピアサポート専門員研修機構が発足し、養成研修を実施している。その研修内容を基礎として、2016（平成 28）年度から 3 年間、厚生労働科学研究費補助金（障害者政策総合研究事業）により「障害ピアサポートの有効性を高めるための研修に関する研究」が実施された。

　研究で構築された研修の特徴は、大きく二つある。一つは、障害ピアサポーターの基礎研修では、これまで障害種別ごとに行われてきたピアサポーターの養成を多様な障害者をすべて対象として作り上げたという点である。もう一つは、雇用される側であるピアサポーターの参加だけでなく、雇用する側であり、一緒に働く専門職にも研修への参加を依頼

Active Learning

あなたが所属する教育機関や近隣の障害学生支援プログラムについて調べましょう。

したことである。専門職で構成された組織におけるピアサポートの位置づけや雇用体制、人材育成等はまだまだ発展途上であり、活動が注目されている反面、雇用されているピアスタッフの待遇、質の担保や労働環境の整備については、各事業所に任されているというのが現状である。そのなかで、ピアサポーターが安価な労働力として酷使されたり、職場のなかで孤立したり、逆に専門職に取り込まれることによって、本来の機能を果たすことができない状況に陥る可能性もある。福祉や医療のなかで働く専門職のなかにも、障害者に対する差別意識や偏見が少なからず存在する。そこを乗り越え、お互いを尊重しあえる関係性を構築できてこそ、ピアサポーターの福祉現場での定着が果たされる。

　実際にどのような現場でピアサポーターが働いているかというと、医療のなかでは精神科デイ・ケアで多く雇用されている。地域の福祉サービス事業所では、2000（平成12）年に「退院促進ピアサポーター事業」が、2001（平成13）年には「精神障害者ピアヘルパー養成講座」が大阪府単独の事業として始まり、ピアサポーターがヘルパーとして、あるいは自立支援員として雇用されることになった。精神科病院からの退院促進に関しては、のちに精神障害者退院促進支援事業のなかで自立支援員という形でピアサポーター等が活用され、障害者総合支援法の地域移行支援事業でも活躍している。また、就労系サービスやグループホームなどにも雇用が進んでおり、自治体でもピアサポーター養成が行われるようになってきている。

■2 これからの課題

　ピアサポーターの活動の特徴は前項でも述べたが、それに加えて、経験を共有した者同士であることから比較的速やかに信頼関係を構築できること、薬の飲み心地や地域での一人暮らしの体験などをリアリティをもって伝えられることなどのメリットがある。ピアサポーターが病院を訪問して入院患者にリカバリーストーリーを語ることは、専門職が退院事例を話すことよりも効果的である。

　しかし、ピアサポーターが雇用されて働くことには困難もつきまとう。当事者性を活かして働くがゆえに、障害当事者であることと、職員であることの立場の二重性に悩むことも多い。特に利用者として所属していた事業所等で職員として働く場合に葛藤はより大きくなる。これまで友人として付き合っていた人たちの個人情報を知ることにもなるし、職務上知ったことを漏らしてはいけない。他方、利用者からの相談事で、

職員には言わないでほしいと言われたときにどう対処するかといった課題がある。また、ピアサポーターとして雇用されたはずなのに、作業を管理・監督するだけになってしまったり、逆に、相談業務で当事者性を求められすぎてバーンアウトしてしまうといった状況もある。専門職もピアサポーターも、常にその専門性を活かして働いているというわけではなく、組織の一職員としてやらなければならないことをやるということが大前提なのである。

これまで、自治体ごとに開催されていたピアサポーター養成であるが、2020（令和 2）年度の地域生活支援事業として、障害者ピアサポート研修事業が位置づけられた。ピアサポートの有効性が真に試されるのはこれからである。

3 家族による家族支援

近年、「ピア」による支援活動が各地で展開されるようになってきている。「ピア（peer）」は「仲間」を示すものであり、家族同士の支援活動も「ピアサポート」に含まれる。

ここでは、精神障害者家族のリカバリーに重要な役割を果たしている家族による家族支援を取り上げる。精神障害者のリカバリーにピアサポートが欠かせないように、家族のリカバリーには家族同士のサポートが不可欠である。精神保健福祉士（ソーシャルワーカー）には、家族による家族支援が「家族のためにある」と認識することが重要であろう。

1 精神障害者家族会（セルフヘルプグループ）

精神障害者家族会の詳細については、第 4 章第 5 節を参照してほしい。

家族会は、大きく分けると「病院家族会」と「地域家族会」の二つに分けることができる。1969（昭和 44）年頃までは病院家族会が主流であったが、全国各地で地域家族会が急速に広がっていった。現在は「病院家族会」188 か所、「地域家族会」1056 か所と合わせて、1244 か所の家族会が活動していることが明らかになっている[1]。

近年は、地域の障害者施設を基盤とする家族会や、地域の枠を超えて有志で結成した家族会、インターネットでの交流を主とする家族会など、そのスタイルも多様化している。また、法人格を取得している家族会か

ら、少人数での定例会を中心とする家族会まで、その規模もさまざまである。本人が抱える精神疾患についても、これまでその中心であった統合失調症だけでなく、うつ病や発達障害等を対象としたものに広がっている。本人との続柄も親だけでなく、きょうだいや配偶者、子ども等の立場を限定して活動する家族会等、さまざまなものがあり、実際にはもっと多くの家族会が活動している可能性がある。

　精神障害者家族会の機能としては、①わかちあい（相互支援）、②学びあい（学習）、③働きかけ（運動）の三つに整理されている（p.189参照）。家族依存の意識が根強い社会において、家族会は家族が自分のことを安心して語ることができる場所であり、家族が「精神障害者家族」という役割から離れ、親睦会等で楽しむことも保障される場所である。さらには、地域で暮らす一市民として、社会的な活動にかかわり、これから仲間になるかもしれない家族を支えることができる場所でもある。家族会は、「精神障害者家族」としてあるべき姿に縛られず、「人」として尊重されるからこそ、これまで家族のリカバリーに重要な役割を果たしてきたといえるだろう。

■2 家族による家族相談

Active Learning

精神障害者家族会設立の経緯や果たしてきた役割について調べましょう。

　相談は支援の入り口であり、家族が孤立から脱出する最初の一歩となる。しかし、専門職の何気ない言葉や態度が、家族を相談から遠ざけてしまうことも少なくない。家族の立場である飯塚壽美も、「最初の一歩でつまずいた場合、開きかけた殻を相談者は閉じてしまうかもしれない」と指摘している[2]。実際に2009（平成21）年度に実施した全国調査[3]でも、約8割の家族が初めて精神科医療機関を受診した際に、「継続して受診・相談したいと思えないような体験をした」と回答している。

　精神障害者家族会の全国組織であるみんなねっと（全国精神保健福祉会連合会）[4]は、家族相談の意義を、❶さまざまな出会いの場、❷病気や障害の受容の場、❸隠さない生き方を学ぶ場、❹学び合い成長する場の四つに整理している。また、家族相談の特徴として、①非専門家同士であること、②同じ体験を共有する同士であること、③問題解決に即決は期待できないこと（問題解決の場ではないこと）を挙げている。

　家族相談の「家族である」という条件が、「同じ立場だからわかってもらえるのではないか」という家族の安心感につながり、家族が孤立から解放され、つながりを取り戻す第一歩になり得る。また、相談を受ける家族にとっても、自分の体験を伝えることで、「ほかの家族の役に立っ

ている」という自己肯定感につながり、ヘルパーセラピー原則が起こる。こうして、「ともに」リカバリーが促進される。

　後述するように、家族学習会や家族相談がきっかけとなり、家族会の新規会員の獲得や後継者の育成など、家族会の活性化につながることも少なくない。家族相談は特別な活動ではなく、わかちあいを中心とした家族会の例会のなかでも行われているものであり、家族会活動の原点ともいえる。こうした活動の積み重ねにより、家族相談が事業化された地域も多く、都道府県精神障害者家族会調査によると、47 都道府県の精神障害者家族会のうち、25 か所で家族による家族相談が家族相談事業として実施されていることが明らかになっている[5]。家族による家族相談は、体験に基づいた相互支援であり、専門家による相談支援体制の充実だけでなく、家族相談の制度化も望まれている。

3 家族による家族学習会

　家族心理教育は、医療機関や保健所等で実施されることが多いが、近年では地域の障害者施設や家族会で実施される機会も増えている。家族による家族学習会は、専門職が実施する心理教育とは異なり、家族自身が実施することに、その特徴がある。家族心理教育のベースとなっているのは、1991 年にアメリカの精神障害者家族会連合会（NAMI）によって開発された FFEP（Family-to-Family Education Program）である。日本では、全国精神障害者家族会連合会（全家連・2007（平成 19）年に解散）が FFEP を参考に「家族ゼミナール」を開発し、現在は「家族による家族学習会」としてみんなねっとがその活動を引き継いでいる。これまで年間 50 か所程度で取り組まれており、親の立場に限らず、きょうだいの立場、子どもの立場での家族学習会も実施されている。

　家族による家族学習会は、「精神疾患を患った人の家族を対象として、同じ立場の家族が、疾患・治療・回復・対応の仕方等に関する正しい知識と家族自身の体験的知識を共有する、小グループで行われる体系的なプログラムである。家族同士が共感することで、孤立感を軽減するとともに、正しい知識や対応の仕方を学び、さらに実施した家族も力をつけていく、家族相互のエンパワメントを目的としている」[6]ものである。

　家族による家族学習会は、これまでに家族会で積み重ねられてきた「わかちあい」「学びあい」がプログラムとして体系化されていることに特徴がある。その内容は、❶3 ～ 5 人の担当者がチームで運営すること、❷1 日 3 時間・1 クール 5 回、❸参加者は 10 人未満、❹クローズド形

式等である。参加する家族だけでなく、担当する家族も仲間の役に立てる喜びを感じ、自信や自己肯定感を取り戻し、家族同士がともに成長していくことにつながる。

4 ケアラーの支援

1 ケアラー（介護者）とは

ケアラー（介護者）とは、「心や体に不調のある人への『介護』『看病』『療養』『世話』『感情を支える』などにより、ケアの必要な家族や近親者・友人・知人などの日常生活をサポートする人たち[7]」のことである。福祉サービスとの関連では、「介護者」や「養護者」「家族」等と呼ばれることもある。インフォーマルな立場でケアをする人々であり、専門的・職業的ケア従事者は含まれない。なお、18歳未満のケアラー（介護者）については、成長・発達の重要な時期にあることから、成人のケアラーとは別に概念化し、ヤングケアラーと呼ばれている。

2 誰もがケアする・ケアされる社会

日本は少子高齢化が進み、誰もがケアする・ケアされる社会となりつつある。日本の高齢化率は、2020（令和2）年9月には28.7％[8]と世界で最も高い水準にあり、今後も65歳以上の高齢者人口は増加して、2065（令和47）年には約3700万人、高齢化率は38.4％に達すると推計されている[9]。また、このように高齢化率が上昇し、ケアを必要とする人が増加するということは、政策的に在宅介護が重視されるなか、ケアラー（介護者）の数が増加することを意味している。厚生労働省によると、「手助けや見守りを要する者」の主な介護者のうち、ケアラーにあたる者の数は、2001（平成13）年には約244万3000人であったが、2019（令和元）年には約464万7000人となり、倍増している[10][11]。

このように、ケアを必要とする人やケアラー（介護者）が増加し、国民の誰もが一生のうちに一度はケアする、ケアされる経験をする社会となるなか、ケアを必要とする人とケアラー（介護者）の両者が、尊厳ある健康的で文化的な生活を送ることを保障し支援する法制度を整え、ケアラー支援を促進させていくことが課題となっている。

3 ケアをすることでケアラーが受ける影響

　ケアラー（介護者）は家族を支えていることに誇りを感じている一方で、ケアをすることで自身の生活に否定的な影響を受けることがある。

　2017（平成 29）年に介護や看護のために仕事を辞めた人の数は、約10万人にのぼることが報じられている[12]。また、日本ケアラー連盟が行った調査は、ケアラー（介護者）の38.2％が日常的にストレスを感じており、抑うつ状態にある可能性が高いこと、43.4％が趣味などの機会が「減った」と回答したこと、収入を伴う仕事をしていた者の24.8％が「働き方を変更した」と回答していることを報告している[13]。

　このように、ケアラー（介護者）はケアをすることで、心身の健康や余暇活動、就業生活に否定的影響を受けることがあるため、ケアラーがケアをしていない者と同じように健康を維持し、余暇活動や就業生活を継続できるよう支援されることが必要であると考えられる。

　また、厚生労働省が要保護児童対策地域協議会を対象に行った調査によると、ヤングケアラーの登録児童の31.2％が「学校等にあまり行けていない」ことが報告されている[14]。また、ヤングケアラーは、ケアをすることで自身の成長・発達に必要な教育の機会等を得ることに困難を抱えることがあり、ケアをしていない子どもと同じように、教育の機会が保障されるよう支援されることが求められている。

4 日本におけるケアラーの支援

　ケアをすることでケアラー（介護者）の受ける影響が明らかになるなか、日本においてケアラー（介護者）の生活を保障し支えるための法制度を整備する取り組みが行われるようになってきている。

　日本では、1997（平成 9 ）年に介護保険法が制定されたが、その際には介護の社会化を進めることが第一に考えられ、女性に介護を強制するとして、現金給付による介護者支援に多くの反対が寄せられた。その後、介護者の高齢化や仕事との両立などを含めて家族介護者への支援のあり方が課題となるなか、2012（平成 24）年度には厚生労働省が「認知症施策推進 5 か年計画（オレンジプラン）」を公表し、「地域での日常生活・家族支援の強化」が掲げられた。また、2015（平成 27）年の新オレンジプランでは認知症カフェの普及などが図られている。さらに2016（平成 28）年には、「ニッポン一億総活躍プラン」が閣議決定され、介護離職ゼロが掲げられ、第 7 期介護保険事業計画（平成 30〜32 年度）に向けた社会保障審議会介護保険部会の基本指針では、「介護にとりく

む家族などへの支援の充実」が新設され、「就労継続や負担軽減の必要性」「必要な介護サービスの確保、家族の柔軟な働き方の確保、相談・支援体制の強化」が明示され、地域包括支援センターに相談支援の強化が求められることとなった。

　このように、ケアラー支援を法的に整備する動きは、高齢者を介護するケアラー（介護者）に焦点を当て進められているが、近年では、精神障害者家族を含むケアラー（介護者）支援に国が対応する動きもみられるようになってきている。2019（令和元）年7月に厚生労働省より出された通知「要保護児童対策地域協議会におけるヤングケアラーへの対応について」（子家発0704第1号令和元年7月4日）は、要保護児童対策地域協議会にヤングケアラーのニーズのアセスメントや学校との情報共有、高齢者福祉および障害者福祉部局などの関係部署との連携による支援を行うことを求めている。

　ヤングケアラーがケアをしている相手の状態については、母親で精神疾患が、父親で依存症が多くなっている。[15] 精神保健福祉士には、支援をしている精神障害者に子どもがある場合には、その子どもがヤングケアラーであるかを確認し、ヤングケアラーである場合には、子どもを要保護児童対策地域協議会につなぎ、精神疾患のある親と子どもの家族全体が支援される環境をつくることが求められる。

　また、地方自治体レベルでは、2020（令和2）年3月に、ケアラー支援に関する施策の基本事項を定めることを目的とした「埼玉県ケアラー支援条例」が制定されている。本条例では、その基本理念を「ケアラーの支援は、全てのケアラーが個人として尊重され、健康で文化的な生活を営むことができるように行われなければならない」としている。今後、このようなケアラー（介護者）の生活者としての権利を保障する条例や法律を、日本各地で制定されるようにしていくことで、精神障害リハビリテーションの家族支援に携わる人々に、「権利の主体者として家族一人ひとりをとらえていく視点」が共有されていくことが期待される（p.176参照）。

Active Learning

日本にケアラーズ法がない理由について考えてみましょう。

◇引用文献
1）竹島正他『精神保健医療福祉体系の改革に関する研究 総括・分担研究報告書』国立精神・神経センター精神保健研究所，2012.
2）飯塚壽美「家族による家族相談」『精神科臨床サービス』第10巻第3号，pp.301–305，2010.
3）全国精神保健福祉会連合会『精神障害者の自立した地域生活を推進し家族が安心して生活できるようにするための効果的な家族支援等の在り方に関する調査研究報告書』2010.
4）全国精神保健福祉会連合会『家族相談ハンドブック』2012.
5）竹島正他『精神保健医療福祉体系の改革に関する研究 総括・分担研究報告書』国立精神・神経センター精神保健研究所，2010.
6）全国精神保健福祉会連合会『家族による家族学習会実施マニュアル』2012.
7）堀越栄子「介護者（ケアラー）の現状、課題と支援を考える」埼玉県福祉部地域包括ケア課『地域包括支援センターが介護する人の良きサポーターとなるために』認定NPO法人・埼玉県指定NPO法人さいたまNPOセンター，p.6，2019.
8）総務省『統計からみた我が国の高齢者』2020.
9）国立社会保障・人口問題研究所『日本の将来推計人口（平成29年推計）』2017.
10）厚生労働省『平成13年国民生活基礎調査』2017.
11）厚生労働省『令和元年国民生活基礎調査』2019.
12）総務省『平成29年就業構造基本調査』2018.
13）日本ケアラー連盟『地域包括ケアシステムの構築に向けた地域の支え合いに基づく介護者支援の実践と普及に関するモデル事業 平成27年度老人保健事業推進費等補助金老人保健健康増進等事業報告書——ケアラーを支援する地域をつくる』日本ケアラー連盟，pp.21–27，2016.
14）三菱UFJリサーチ＆コンサルティング『（平成30年子ども・子育て支援推進調査研究事業）ヤングケアラーの実態に関する調査研究報告書』p.25，2019. https://www.murc.jp/wpcontent/uploads/2019/04/koukai_190426_14.pdf
15）同上，p.25

◇参考文献
・相川章子『精神障がいピアサポーター——活動の実際と効果的な養成・育成プログラム』中央法規出版，2013.
・江間由紀夫「ピアスタッフとソーシャルワーカーの関係性に関する一考察」『東京成徳大学人文学部・応用心理学部研究紀要』第23巻，pp.27–35，2016.
・岩崎香編著『障害ピアサポート——多様な障害領域の歴史と今後の展望』中央法規出版，2019.
・栄セツコ「リカバリーを促進するピアサポートの人材育成」『精神障害とリハビリテーション』第20巻第2号，pp.128–132，2016.
・坂本智代枝「ピアサポーターと支援者がよりよいパートナーシップを構築するために」『大正大學研究紀要 人間學部・文學部』第93巻，pp.172–190，2008.
・伊藤千尋『精神保健福祉領域における家族支援のあり方——統合失調症の子をもつ母親の語りから』萌文社，2019.
・日本精神保健福祉士協会「精神保健福祉士業務指針」作成委員会編著『精神保健福祉士業務指針及び業務分類第2版』日本精神保健福祉士協会，2014.

学習のポイント

- 依存症を抱えたクライエントに対する理解を深める
- 依存症の治療プログラムや生活支援の方法を学ぶ
- 依存症をめぐる課題を踏まえ、精神保健福祉士としての在り方を考察する

1 依存症を抱えたクライエントに対する理解

　我が国における依存症に対する差別や偏見は、精神障害のなかでもとりわけ根深いものがある。「だらしがない」「意志が弱い」「自業自得」など障害の原因がすべて個人の性格や責任に帰される傾向にあり、医学的な理解が十分されているとはいいがたい。覚せい剤など違法薬物の依存症にいたっては、障害やメンタルヘルスの問題としてさえ扱われず、犯罪の側面だけが強調されることもいまだ多い。

　このような社会において、精神保健福祉士（ソーシャルワーカー）が依存症という障害を抱えたクライエント（当事者）をどのように理解し、どのような姿勢で向き合うかは極めて重要な事柄である。

1 依存症を抱えたクライエントに対する理解

　依存症は、ある特定の精神作用物質や行為に対する強い渇望感やコントロールの喪失によって特徴づけられる慢性疾患であるが、薬物を使用したからといって誰もが依存症になるわけではない。実際に、飲酒者の多くはアルコール依存症にならずにその生涯を終えることができている。

　それでは、どのような人が特定の物質や行為に対するコントロールを失い、社会生活全般や周囲に大きな悪影響をおよぼすようになっても、なおそれを手放すことができなくなってしまうのか。その問いに対する完全な回答を得ることは難しいが、1980年代にカンツィアン（Khantzian, E. J.）らが提唱した[1]が重要な示唆を与えてくれる。それは、「依存症になる人は、それ以前から心理的な苦痛を抱

えており、無意識のうちにその苦痛を一時的にでも緩和するために役立つ物質を選択的に用いる結果、依存症に陥ってしまう」という考え方である。

　実際に、依存症を抱えたクライエントのなかには、幼少期の被虐待や学校でのいじめ、ドメスティックバイオレンスの被害などトラウマティックな経験を有する者が少なくない。トラウマの想起やつらく苦しい感情を回避するための方法として薬物使用が短期的に役立っているという場合もあるので、その可能性を視野に入れた見方が不可欠である。

■2 依存症を抱えたクライエントに対する精神保健福祉士の基本姿勢

　アルコールや薬物のために多くの問題を抱え周囲にも悪影響を与えながら、自分が依存症であることを受け入れなかったり、関連する問題を認めようとしなかったりすることから、依存症はよく否認の病といわれる。その否認を打破するためには、依存症に関連する問題を鋭く指摘して認めさせるなど、強い直面化（confrontation）が効果的であるといわれてきたが、近年は必ずしもそうではないとの指摘が多くなされている。

　前述したカンツィアンの自己治療仮説を念頭におきながら、依存症のクライエントを「自己中心的に快楽をむさぼり続けた人」としてではなく、「心の苦痛を抱えながら助けを求めることもできずになんとか自分の力で対処しようとする人」と捉えれば、強い直面化はむしろマイナスの効果を生む可能性が高いので十分な注意が必要である。ただでさえ他者を信じられないでいるクライエントに対して精神保健福祉士が強い直面化をはかることは、ようやく支援の現場に登場したクライエントとの信頼関係の構築を困難にして支援から遠ざけてしまうという大きな危険性をはらんでいることを忘れてはならない。

　成瀬暢也[2]は、豊富な依存症臨床の経験を踏まえ、「病棟スタッフの依存症患者への対応の留意点 10 か条」を挙げている（**表 5-1**）。依存症領域で支援にあたる精神保健福祉士に求められる基本姿勢や態度は、第一に、依存症に対する内なるスティグマ（偏見）がないかを自らに厳しく問い直し、根拠のない陰性感情を手放してクライエントが今いる場所にともに立ち、そこから支援を始めることである。

表5-1　病棟スタッフの依存症患者への対応の留意点10か条

1	患者一人ひとりに敬意をもって接する
2	患者と対等の立場にあることを常に自覚する
3	患者の自尊感情を傷つけない
4	患者を選ばない
5	患者をコントロールしようとしない
6	患者にルールを守らせることにとらわれすぎない
7	患者との1対1の関係づくりを大切にする
8	患者に過大な期待をせず、長い目で回復を見守る
9	患者に明るく安心できる場を提供する
10	患者の自立を促すかかわりを心がける

出典：成瀬暢也「臨床家が知っておきたい依存症治療の基本とコツ」和田清編『依存と嗜癖——どう理解し，どう対処するか（精神科臨床エキスパート）』医学書院，p.9，2013.

3 依存症を抱えたクライエントに対するアセスメント

　クライエントの多くは、薬物やアルコールの問題に加えて、身体的・精神的健康、対人関係、就労など社会生活全般にかかわる問題を抱えていることから、アセスメントの際にはこれらすべての問題を幅広く評価する必要がある。

　ASI（Addiction Severity Index）は、薬物やアルコールなど物質依存症患者の状態を評価するための半構造化面接として最もよく用いられているアセスメント手法の一つであるが、「医学的状態」「雇用／生計状態」「薬物使用」「アルコール使用」「法的状態」「家族／人間関係」「精神医学的状態」と、七つの領域によって構成されている（**表 5-2**）。

　アセスメントの際には、必要に応じて依存症のスクリーニングや重症度評価のためのツールも活用するとよい。アルコール関連問題のスクリーニングとしては AUDIT（Alcohol Use Disorders Identification Test）、薬物依存の重症度を測定するのには DAST-20（Drug Abuse

表5-2　Addiction Severity Index（ASI）で評価する七つの領域

領域	評価項目
医学的状態	過去における医学的な問題による入院回数、慢性疾患の有無など
雇用／生計状態	教育および職業訓練歴、資格・技能の有無、常勤の仕事期間、最近の雇用状態など
薬物使用	薬物使用歴、断薬歴、大量服用歴、治療歴など
アルコール使用	アルコール使用歴、断酒歴、振戦せん妄の有無、治療歴など
法的状態	過去の逮捕歴、有罪確定件数、最近の違法行為など
家族／人間関係	婚姻状態の安定度・満足度、同居形態の安定度・満足度、関係者との深刻なトラブルの有無など
精神医学的状態	精神心理的問題に関する治療歴、最近および生涯の精神医学的症状など

Screening Test）、ギャンブル障害のスクリーニングテストとしては
SOGS（South Oaks Gambling Screen）などがよく知られている。

2 ▶ 依存症の治療プログラムと生活支援

■1 認知行動療法の手法を活用した依存症治療プログラム

　認知行動療法は効果的な依存症治療の一つであり、マーラット
（Marlatt, G. A.）らが提示した認知行動モデルに基づくリラプスプリ
ベンションを主要な構成要素としたものが多い。認知行動療法的なアプ
ローチを用いた依存症治療の種類は数多く、ひとくくりに論じることは
難しいが、我が国では SMARPP（Serigaya Methamphetamine
Relapse Prevention Program）（スマープ）が依存症の治療プログ
ラムとしてよく知られており、2016（平成 28）年度の診療報酬改定に
おいては、薬物に関する「依存症集団療法」として保険医療の算定対象
と認められるようになった。

　SMARPP の主たる内容は、依存症や回復段階について理解を深めた
り、薬物やアルコールの害について学習したりする心理教育のほか、再
使用のきっかけ（引き金）を同定し、引き金を回避したり、出会ってし
まったときに上手く対処するスキルを獲得したりすることである。

　SMARPP は、通常グループ形式で提供される。プログラムで用いる
ワークブックは、標準の 1 クール 24 回版のほか、16 回版や 28 回版も
ある。SMARPP に類似するプログラムも数多く開発され、全国の医療
機関や精神保健福祉センターなどで実施されている。グループの主たる
運営スタッフとしては、司会進行を務めるファシリテーター、ファシリ
テーターの補助を行うコファシリテーターのほか、自助活動へのつなぎ
を促進するためにも当事者スタッフを置くことが望ましい。ファシリ
テーターの役割は**表 5-3** の通りである。

表5-3　SMARPPにおけるファシリテーターの役割

1　明るく受容的なグループの雰囲気をつくる
2　両価性を受け入れ、一方の立場（例：薬物・アルコール使用をやめる）を擁護する姿勢に陥らない
3　再発予防の考え方が正しく理解できるよう、丁寧な解説、例示、質問、当事者スタッフの経験を活用する
4　よい変化を強化する
5　治療的な場の雰囲気を維持する

▌2 動機づけ面接

　SMARPP のファシリテーターには、動機づけ面接に対する基本的な理解が不可欠である。ミラー（Miller, R. W.）らが開発した動機づけ面接は、変化に対するクライエント自身の動機を高め、その決心を強化するための協働的な面接スタイルであり、依存症のみならず広く医療保健、教育、司法領域で用いられている。行動変容に伴う両価性（たとえば、使いたいという気持ちがあるその一方で、やめたいという気持ちもある）を丁寧に扱い、変化に向けたクライエントの動機を強化していく。SMARPP の実施にあたって、動機づけ面接の基本精神（PACE）（図5-1）と中核スキル（OARS）（表5-4）は理解しておく必要がある。

▌3 生活支援

　依存症を抱えたクライエントに対する支援を行う際は、最初から断酒や断薬に重点を置きすぎないほうがよい。精神保健福祉士が行う生活支

図5-1　動機づけ面接の基本精神（PACE）

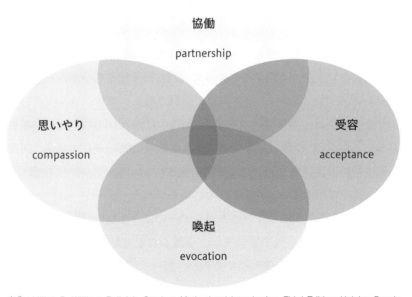

出典：Miller, R. William, Rollnick, Stephen *Motivational Interviewing, Third Edition: Helping People Change (Applications of Motivational Interviewing)* Guilford Press, 2012, p.22. を基に著者作成

表5-4　動機づけ面接の中核スキル（OARS）

O：open question	開かれた質問
A：affirming	認める、是認
R：reflection	聞き返し（単純な聞き返し、複雑な聞き返し）
S：summarizing	要約

援の目指すところはエンパワメントであり、そのプロセスであるリカバリーを支え見守ることであるというソーシャルワークの基本に立ち返ると、衣食住が満たされた安心安全な生活の実現に加え、クライエントが依存症であることも含めて自分自身を肯定的に捉えられるようになること、社会参加を通して自分の存在意義を感じられるようになること、そして、ありのままの自分を受容してくれる安全な居場所や人間関係をつくり上げていくことなどが、生活支援の重要な目標となる。

　最初から断酒や断薬に重きを置きすぎると、使用の有無に振り回されて真の目標を見失うばかりでなく、良好な援助関係を損なうことにもつながるので、依存症治療の継続には重点を置きつつ、リカバリーやエンパワメントの先にアルコールや薬物やギャンブルを必要としないその人らしい生活があると考えるほうがよい。

　次に、就労支援を行う際の注意点をあげる。依存症は再発の多い障害であり、再発の最大の要因は過剰なストレスでもあることから、早すぎる就労やその人の特性や能力に合わない職業選択は避けるべきである。依存症の治療や回復のための取り組みと就労のバランスをよく保ち、焦らず着実に前に進むことが望ましい。個人差が大きいので一概にはいえないが、精神科病院の入退院や矯正施設の長期入所など社会的な空白ができてしまった後は、週数日のアルバイトなどからスタートし、徐々に治療の比重を低くしながら最終的にフルタイムの雇用を目指すなどのペースで進めるのが安全であろう。

　クライエントだけでなく、家族など周囲の人々がよく理解し、焦らず落ち着いて見守れるようになることも重要である。また、これまでと同じ職業に戻る場合には、職場での人間関係や業務内容がアルコールや薬物の再使用につながることがないかよく点検する必要がある。

　余暇の充実も生活支援の重要なポイントである。依存症を抱える人の多くは、これまでアルコールや薬物を最優先にした生活を続けてきたために自由な時間の使い方が不得手であるが、過剰なストレスに加えて退屈も再発のリスクを高める要因であることから、その人に合った余暇の過ごし方を発展させていく必要がある。就労後は気持ちの余裕もなく新たな趣味をみつけることが難しいので、できるだけ治療の一環として余暇を充実させるための取り組みに時間をかけられるとよい。

　また、一人で自分に合った趣味をみつけ発展させていくのは難しいことが多いので、スポーツや音楽などを通じて一緒に余暇の時間を楽しむことができる安全な人間関係につなげられるとよい。その意味でも、後

述するピアサポートの意義は大きい。

■4 ピアサポート

　共通の経験・体験をもつ者同士が対等な関係のなかで支え合うピアサポートは、「リカバリー」を構成する主たる要素の一つである。精神障害をもつ人のリカバリーの思想的起源の一つがアルコール依存症からの回復を目指す自助グループAA（Alcoholics Anonymous）であるといわれている。このことからもわかるように、アルコールや薬物の問題を抱える人のリカバリーにおけるピアサポートの意義は極めて大きい。

　依存症の支援に携わる精神保健福祉士は常にその視点をもちつつ、ピアサポートの現場に足を運びそこで起きていることを体験的に理解することが重要である。また、専門家と自助活動の望ましい協働関係を模索したりすることが必要である。

●自助グループ

　依存症の自助グループとして、アルコール依存症ではAA（Alcoholics Anonymous）、薬物依存症ではNA（Narcotics Anonymous）、ギャンブル依存症ではGA（Gamblers Anonymous）が世界的によく知られている。

　これらのグループは全国各地に存在し、メンバーの発言に対して意見や批判をせずにただ傾聴する「言いっぱなし・聞きっぱなし」のミーティングを中心とした活動を行っている。また、特徴としては、無名性、スポンサーシップ、献金制、12ステップなどが挙げられる。

　つまり、これらのグループでは、メンバー同士が名前や社会的身分を明かさないことにより横並びで平等な関係性が保たれている。一方で、回復の道を先に行くメンバーが、後から来るメンバーからの相談に乗ったり、助言や提案をしたりする一対一の関係性もあり、それがスポンサーシップと呼ばれるものである。また、活動資金はミーティングの度に支払われる献金で賄われており、外部団体の経済支援は受けない。そして、メンバーが回復のよりどころとして大事にしているのが、12ステップという回復のためのプログラムである。

　自助グループのミーティングは、地域の教会や公民館を借りて開催されていることが多い。また、オープンミーティングとクローズドミーティングの2種類があり、前者は支援者や家族、友人なども参加することができるが、後者は当事者のみ参加が可能である。ミーティング会場やグループの種類に関する情報はインターネットで公開されており、誰でも

その情報にアクセスすることができる。

　我が国では、上記のほかに断酒会というアルコール依存症の自助グループがよく知られている。断酒会は AA を手本にしつつ、非匿名性、会費制など異なる部分もあり、ミーティングは当事者以外の参加が可能である。

　回復に役立つことが立証されており、生涯利用し続けることができる自助グループの意義は大きいが、12 ステップの原理は抽象的で、これを実践し続けることがどのように回復に役立つかを言葉でわかりやすく伝えることは難しい。クライエントに自助グループの意義を理解してもらうには、言葉による説明だけでなく、実際の雰囲気を体験できる機会をつくることが重要である。自助グループに初めて参加するのはとても勇気がいるので、最初はできるだけ支援者が同行したり、地域の事情をよく知る自助グループのメンバーに相談して、その人に合いそうなグループに同行してもらったりするのがよい。

❷ 回復支援施設

　依存症の回復支援施設の特徴として、職員のほとんどが依存症の当事者であること、自助グループと同様に 12 ステッププログラムを柱とした支援を行っていることなどが挙げられる。全国的によく知られているのは、ダルク（Drug Addiction Rehabilitation Center：DARC）やマック（Maryknoll Alcohol Center：MAC）で、居住型と通所型の 2 種類がある。

　回復支援施設は、施設職員がいることや利用者同士で過ごす時間が長いことなど自助グループにはない利点がいくつもある。たとえば、アルコールや薬物に対する渇望感が非常に強く、自宅などで自由な生活を続けながら使用をやめることがどうしても難しい場合は、回復支援施設の利用が役立つ。また、生活支援や就労支援も行ってくれるので、規則正しい生活や金銭管理が難しかったり、就労経験が乏しかったりするクライエントの場合にも、施設の利用を視野に入れた支援が有効である。

　このように、回復支援施設は重要な社会資源の一つであるが、その一方で、施設入所には強い抵抗を示す者が多く、入所支援に苦慮することが度々ある。主体性や自己決定の尊重は対人援助の基本であるが、クライエントにとって施設入所の必要性が高いと判断できる場合には、嫌がるからといって簡単にその選択肢を捨ててしまうべきではない。かといって、強引につなげようとするとかえってクライエントの抵抗や拒否感を強めてしまうことにもなるので控えたほうがよい。まずは支援関係

を維持しながら、そのなかで、連続使用や家族関係の悪化など施設入所の必要性に対する認識が高まるタイミングを見計らって、繰り返しゆるやかな動機づけを行うべきであろう。

また、クライエントと施設職員との自然な出会いをつくることが極めて重要である。その出会いを通じて施設入所に対する不安が軽減され、早期の利用開始につながることが期待できる。

5 家族支援

依存症の支援において、ファーストクライエントは家族であることが圧倒的に多い。依存症の当事者は自ら治療や支援を求めようとせず、困り果てた家族がまず相談にやってくるからである。精神保健福祉士は、その家族とよいパートナーシップを築くことにより、まだ登場しない当事者に有効に働きかけていくことができる。依存症の家族支援というと、当事者を治療につなげるまでの初期段階の支援や、医療機関などの社会資源の紹介に限定されがちであるが、回復には長期間を要することが多いので、その回復に寄り添う家族にも継続的な支援が必要である。精神保健福祉士が家族支援を行う際に求められる基本姿勢を**表5-5**に示す。

依存症の家族に対する相談支援を行う主たる機関として、精神保健福祉センターや保健所がある。多くの精神保健福祉センターでは、個別相談のみならず家族教室など集団心理教育も実施している。また、家族のための自助グループとして、アルコール依存症ではアラノン（Al-Anon）、薬物依存症ではナラノン（Nar-Anon）、ギャンブル障害ではギャマノン（Gam-Anon）がある。

❶集団心理教育（家族教室）

家族を対象とした心理教育では、❶依存症という病気や回復について正しく理解すること、❷依存症の当事者に対する適切な対応法を学び実

表5-5　依存症の家族支援を行う支援者に求められる七つの基本姿勢

1　家族を責めたり批判したりしない
2　これまでさまざまな努力をしてきた家族に対して敬意の気持ちを表す
3　「自責の念」にとらわれすぎず、「希望」をもち未来のために行動できるよう働きかける
4　依存症という病気や陥りやすい家族関係など、現状を正しく理解できるよう支援する
5　回復のために効果がないかかわりを減らし、効果のあるかかわりを増やせるよう支援する
6　ともに支援計画を作成し、適宜見直しながら、継続的に支援を行う
7　家族や当事者が利用できる地域資源についてよく理解しておく

践できるようになること、❸家族自身が心身ともに健康でいられること
などが重要な目標となる。

① 依存症という病気や回復について正しく理解すること

これによって、家族の当事者に対するネガティブな感情が低下し、治
療の重要性への認識が高まることが期待できる。また、依存症治療や自
助グループなど依存症からの回復に役立つさまざまな選択肢について家
族が学んでおくことは、当事者に治療の提案をするときなどに大いに役
立つ。さらに、家族が依存症の回復段階について学ぶことは、なにより
希望の増大につながる。

② 依存症の当事者に対する適切な対応法を学び実践できるように なること

また、これによって、家族と当事者の関係性が良好になり、両者の精
神的なストレスが軽減される。家族からの助言や提案が当事者に届きや
すくなるという利点もある。よりよいコミュニケーションスキルの獲得
は家族支援の重要な課題の一つであるが、家族のコミュニケーションが
実際に変化するためには、ロールプレイングを活用するなど実践の機会
を積極的につくる必要がある。

③ 家族自身が心身ともに健康でいられること

そして、「家族自身が心身ともに健康でいられること」によって、家
族は当事者のよき回復支援者としての力を十分発揮できるようになる。
依存症からの回復には長い年月を要することが多いので、それに寄り添
う家族は常に自身の健康に着目し、ケアする必要がある。また、家族の
心身の健康や安定のためには家族同士の共感や支え合いが重要であるこ
とから、自助グループへのつなぎも忘れてはならない。

❷CRAFT

依存症の家族に対する新しい支援介入方法として、近年 CRAFT
（community reinforcement and family training）が世界的に注
目されており、我が国における実践も広がりつつある（p186 参照）。
CRAFT（クラフト）では、家族が当事者に積極的に働きかけることで、
当事者の望ましい行動を増やしたり、望ましくない行動を減らしたり、
未治療の当事者を治療につなげたりすることを支援する。実際に、本人
を治療につなげるという点について、CRAFT はこれまでの代表的な家
族アプローチと比較しても格段に高い成功率をあげている。CRAFT は
八つの構成要素から成るが（**表 5-6**）、すべてを実践しなくてはならない、
一律の順序で進めなければならないというものではないので、家族の

表5-6　CRAFTを構成する八つの要素

1　家族の動機を高める
2　当事者の物質使用行動の機能分析
3　家庭内暴力の予防
4　コミュニケーショントレーニング
5　当事者の望ましい行動を増やす
6　当事者の望ましくない行動を減らす
7　家族の生活の質を高める
8　当事者への治療の提案

ニーズを中心に据えた柔軟な支援を行うことが可能である。

依存・嗜癖問題をめぐる今後の課題

1 新たな嗜癖問題―インターネット依存

　近年新たな問題として浮上しているのがインターネットに対する依存である。スマートフォンを通信手段として用いる場合はスマホ依存と呼ばれることもある。インターネットやスマートフォンの普及に伴い、我が国におけるインターネット依存問題は急速に深刻化しつつある。インターネット依存のスクリーニング方法としてIAT（internet addiction test）を用いた2008（平成20）年と2013（平成25）年の全国調査結果を比較すると、2008（平成20）年の調査では日本全国成人のうちインターネット嗜癖と疑われる人は275万人であったのに対し、2013（平成25）年では421万人と推計され、5年間で1.5倍に増加しているのである。

　一般的には「ネット依存」「スマホ依存」などといわれてはいるものの、実際はインターネットやスマートフォンそのものに没頭しているわけでなく、オンラインゲームやソーシャルネットワークサービス（SNS）、動画など、依存する対象にはさまざまな種類がある。男性に多いのはオンラインゲームであり、ある一定の基準を満たすとゲーム障害（ゲーム依存）との診断に至る。他方で、女性はSNSに依存する割合が高く、依存対象には性差があるといわれている。

　治療的には、ほかの依存症と同様に認知行動療法を中心とした介入がなされているものの、有効な治療方法を確立するための研究が十分行われているとはいえない状況にある。我が国では、国立病院機構久里浜医療センターが2011（平成23）年からインターネット依存症治療研究部

門（TIAR）を立ち上げ、当事者と家族に対する治療および相談にあたっている。若年者が多いことや、現代社会においてインターネットと無縁の生活を送り続けるのは困難である。また、治療目標をどこに設定するかなど、ほかの依存症とは異なる点もあるため、支援者の育成や対応機関の増設が今後の重要な課題である。

▌2 依存症に対する差別や偏見のない社会づくり

　日本の社会には依存症に対する強いスティグマが蔓延しており、そのなかでも覚せい剤など違法薬物の依存症に対する差別や偏見は極めて深刻である。そのことは、違法薬物の使用により逮捕された芸能人に対する激しいバッシングや排除志向によく表れている。薬物使用歴があるというだけで障害福祉サービスの利用を断られるなど、依存症を事由とする福祉制度利用の制限も現実に起きている。とりわけ、逮捕経験がある者や刑務所出所者に対する眼差しは厳しく、それにより社会復帰のハードルが格段に高くなっている。そして、世間の厳しい眼差しは家族にまでもおよび、依存症の原因が家族にあるかのようにみなされたり、家族として当事者の更生の責任を追及されたりするのである。

　だからこそ、依存症支援に携わる精神保健福祉士には、権利擁護やアンチスティグマの視点が不可欠である。依存症を抱えるクライエントやその家族に対する支援だけでなく、啓発活動など依存症に対する差別や偏見がない地域社会の実現に向けた積極的な取り組みが求められている。

◇引用文献
　1）エドワード．Ｊ．カンツィアン・マーク．Ｊ．アルバニーズ，松本俊彦翻訳『人はなぜ依存症になるのか──自己治療としてのアディクション』星和書店，pp.3-4，2013.
　2）成瀬暢也「臨床家が知っておきたい依存症治療の基本とコツ」和田清『依存と嗜癖──どう理解し，どう対処するか（精神科臨床エキスパート）』医学書院，p.39，2013.

◇参考文献
　・SMARPP-24 物質使用障害治療プログラム
　・CRAFT 依存症者家族のための対応ハンドブック

第5章

精神障害リハビリテーションの動向と実際

索引

近藤 あゆみ （こんどう・あゆみ）・・・・・・・・・・・・・・・・・・・・・・・・・・・第5章第2節
国立研究開発法人国立精神・神経医療研究センター精神保健研究所薬物依存研究部診断治療開発研究室室長

阪田 憲二郎 （さかた・けんじろう）・・・・・・・・・・・・・・・・・・第2章第1節・第2節
神戸学院大学総合リハビリテーション学部教授

坂本 明子 （さかもと・あきこ）・・・・・・・・・・・・・・・・・・・・・・・・・第4章第3節5
久留米大学文学部准教授

佐藤 純 （さとう・あつし）・・・・・・・・・・・・・・・・・・・・・・・・・・・・・第4章第5節
京都ノートルダム女子大学現代人間学部准教授

下平 美智代 （しもだいら・みちよ）・・・・・・・・・・・・・・・・・第4章第6節1・2
国立研究開発法人国立精神・神経医療研究センター精神保健研究所地域・司法精神医療研究部所沢市アウトリーチ支援チーム

白石 弘巳 （しらいし・ひろみ）・・・・・・・・・・・・・・・・・・・・・・・・・・第4章第1節
なでしこメンタルクリニック院長

鈴木 和 （すずき・わたる）・・・・・・・・・・・・・・・・・・・・・・・・・・・・・第4章第3節6
北海道医療大学看護福祉学部助教

辻井 誠人 （つじい・まこと）・・・・・・・・・・・・・・・・・・・・・・・・・・・第3章第1節
桃山学院大学社会学部教授

長崎 和則 （ながさき・かずのり）・・・・・・・・・・・・・・・・・・・・・・・・・・第1章
川崎医療福祉大学医療福祉学部教授

宮本 有紀 （みやもと・ゆき）・・・・・・・・・・・・・・・・・・・・・・・・・第4章第6節3
東京大学大学院医学系研究科精神看護学分野准教授

向谷地 生良 （むかいやち・いくよし）・・・・・・・・・・・・・・・・・第4章第3節6
北海道医療大学看護福祉学部教授

森田 久美子 （もりた・くみこ）・・・・・・・・・・・・・・・・・・・・・・・第5章第1節4
立正大学社会福祉学部教授

山口 創生 （やまぐち・そうせい）・・・・・・・・・・・・・・・・・・・・・・・第3章第3節
国立研究開発法人国立精神・神経医療研究センター精神保健研究所地域・司法精神医療研究部精神保健サービス評価研究室室長

吉田 みゆき （よしだ・みゆき）・・・・・・・・・・・・・・・・・・第4章第3節1～4・7
同朋大学社会福祉学部准教授

最新 精神保健福祉士養成講座
3　精神障害リハビリテーション論

| 2021年2月1日 | 初 版 発 行 |
| 2024年9月5日 | 初版第3刷発行 |

編　集　　一般社団法人日本ソーシャルワーク教育学校連盟
発行者　　荘村明彦
発行所　　中央法規出版株式会社
　　　　　〒110-0016　東京都台東区台東3-29-1　中央法規ビル
　　　　　TEL 03（6387）3196
　　　　　https://www.chuohoki.co.jp/

印刷・製本　株式会社アルキャスト
本文デザイン　株式会社デジカル
装　　　幀　株式会社デジカル
装　　　画　酒井ヒロミツ